TRANZLATY
El idioma es para todos
언어는 모든 사람을 위한 것입니다

El llamado de lo salvaje

야생의 부름

Jack London
잭 런던

Español / 한국어

Copyright © 2025 Tranzlaty
All rights reserved
Published by Tranzlaty
ISBN: 978-1-80572-876-4
Original text by Jack London
The Call of the Wild
First published in 1903
www.tranzlaty.com

Hacia lo primitivo
원시 속으로

Buck no leía los periódicos.
벅은 신문을 읽지 않았다.
Si hubiera leído los periódicos habría sabido que se avecinaban problemas.
그가 신문을 읽었더라면 문제가 생길 것이라는 걸 알았을 겁니다.
Hubo problemas, no sólo para él sino para todos los perros de la marea.
문제는 그 자신에게만 있는 것이 아니라 모든 조수 개에게 있었습니다.
Todo perro con músculos fuertes y pelo largo y cálido iba a estar en problemas.
근육이 튼튼하고 털이 따뜻하고 긴 개들은 모두 곤경에 처할 것입니다.
Desde Puget Bay hasta San Diego ningún perro podía escapar de lo que se avecinaba.
퓨젯 베이에서 샌디에이고까지, 어떤 개도 다가오는 일에서 벗어날 수 없었습니다.
Los hombres, a tientas en la oscuridad del Ártico, encontraron un metal amarillo.
사람들은 북극의 어둠 속에서 더듬거리다가 노란 금속을 발견했습니다.
Las compañías navieras y de transporte iban en busca del descubrimiento.
증기선과 운송 회사들이 그 발견을 추적했습니다.
Miles de hombres se precipitaron hacia el norte.
수천 명의 사람들이 북쪽 땅으로 달려갔습니다.
Estos hombres querían perros, y los perros que querían eran perros pesados.
이 남자들은 개를 원했는데, 그들이 원했던 개는 몸집이 큰 개들이었습니다.
Perros con músculos fuertes para trabajar.
힘든 일을 할 수 있을 만큼 강한 근육을 가진 개.

Perros con abrigos peludos para protegerlos de las heladas.
서리로부터 몸을 보호하기 위해 털이 있는 개.

Buck vivía en una casa grande en el soleado valle de Santa Clara.
벅은 햇살이 가득한 산타클라라 밸리의 큰 집에서 살았습니다.
El lugar del juez Miller, se llamaba su casa.
밀러 판사의 집이라고 불렸습니다.
Su casa estaba apartada de la carretera, medio oculta entre los árboles.
그의 집은 길에서 멀리 떨어져 있었고, 나무 사이에 반쯤 숨겨져 있었습니다.
Se podían ver destellos de la amplia terraza que rodeaba la casa.
집 주변에 펼쳐진 넓은 베란다를 엿볼 수 있었습니다.
Se accedía a la casa mediante caminos de grava.
그 집은 자갈길을 따라 접근했습니다.
Los caminos serpenteaban a través de amplios prados.
길은 넓게 펼쳐진 잔디밭 사이로 구불구불하게 이어져 있었습니다.
Allá arriba se veían las ramas entrelazadas de altos álamos.
머리 위로는 키 큰 포플러나무 가지가 서로 얽혀 있었습니다.
En la parte trasera de la casa las cosas eran aún más espaciosas.
집 뒤쪽은 훨씬 더 넓었습니다.
Había grandes establos, donde una docena de mozos de cuadra charlaban.
12명의 신랑이 이야기를 나누고 있는 큰 마구간이 있었습니다.
Había hileras de casas de servicio cubiertas de enredaderas.
포도나무로 덮인 하인들의 오두막이 줄지어 있었습니다.
Y había una interminable y ordenada serie de letrinas.
그리고 끝없이 질서정연하게 늘어선 변소들이 있었습니다.

Largos parrales, verdes pastos, huertos y campos de bayas.
긴 포도 나무, 푸른 목초지, 과수원, 딸기 농장.
Luego estaba la planta de bombeo del pozo artesiano.
그리고 자연 샘물을 위한 펌핑 시설도 있었습니다.
Y allí estaba el gran tanque de cemento lleno de agua.
그리고 물이 가득 찬 큰 시멘트 탱크가 있었습니다.
Aquí los muchachos del juez Miller dieron su chapuzón matutino.
여기서 밀러 판사의 아들들이 아침 수영을 했습니다.
Y allí también se refrescaron en la calurosa tarde.
그리고 그들은 더운 오후에도 그곳에서 식었습니다.
Y sobre este gran dominio, Buck era quien lo gobernaba todo.
그리고 이 광대한 영역 전체를 통치하는 사람은 벅이었습니다.
Buck nació en esta tierra y vivió aquí todos sus cuatro años.
벅은 이 땅에서 태어나서 4년 동안 이곳에서 살았습니다.
Efectivamente había otros perros, pero realmente no importaban.
물론 다른 개들도 있었지만, 그들은 정말 중요하지 않았습니다.
En un lugar tan vasto como éste se esperaban otros perros.
이처럼 넓은 장소에는 다른 개들이 있을 것으로 예상되었습니다.
Estos perros iban y venían, o vivían dentro de las concurridas perreras.
이 개들은 왔다가 갔거나, 바쁜 개집 안에서 살았습니다.
Algunos perros vivían escondidos en la casa, como Toots e Ysabel.
어떤 개들은 투츠와 이사벨처럼 집 안에 숨어서 살았습니다.
Toots era un pug japonés, Ysabel una perra mexicana sin pelo.
투츠는 일본산 퍼그이고, 이사벨은 털이 없는 멕시코산 개입니다.
Estas extrañas criaturas rara vez salían de la casa.

이 이상한 생물들은 집 밖으로 거의 나가지 않았습니다.
No tocaron el suelo ni olieron el aire libre del exterior.
그들은 땅을 밟지도 않았고, 바깥 공기를 맡지도 않았습니다.
También estaban los fox terriers, al menos veinte en número.
또한 폭스 테리어도 있었는데, 그 수가 적어도 20마리는 되었습니다.
Estos terriers le ladraron ferozmente a Toots y a Ysabel dentro de la casa.
이 테리어들은 집 안에 있는 투츠와 이사벨을 향해 사납게 짖었습니다.
Toots e Ysabel se quedaron detrás de las ventanas, a salvo de todo daño.
투츠와 이사벨은 창문 뒤에 숨어서 피해를 입지 않았습니다.
Estaban custodiados por criadas con escobas y trapeadores.
그들은 빗자루와 걸레를 든 하녀들의 보호를 받았습니다.
Pero Buck no era un perro de casa ni tampoco de perrera.
하지만 벅은 집에서 키우는 개도 아니고, 개집에 있는 개도 아니었습니다.
Toda la propiedad pertenecía a Buck como su legítimo reino.
그 재산 전체는 벅의 합법적 영토에 속했습니다.
Buck nadaba en el tanque o salía a cazar con los hijos del juez.
벅은 탱크에서 수영을 하거나 판사의 아들들과 사냥을 갔습니다.
Caminaba con Mollie y Alice temprano o tarde.
그는 이른 아침이나 늦은 시간에 몰리와 앨리스와 함께 걸었습니다.
En las noches frías yacía junto al fuego de la biblioteca con el juez.
추운 밤에는 그는 판사와 함께 도서관 불 앞에 누워 있었습니다.
Buck llevaba a los nietos del juez en su fuerte espalda.
벅은 튼튼한 등에 판사의 손자들을 태워주었다.

Se revolcó en el césped con los niños, vigilándolos de cerca.
그는 소년들과 함께 풀밭에 뒹굴며 그들을 단단히 지켰다.
Se aventuraron hasta la fuente e incluso pasaron por los campos de bayas.
그들은 분수까지 갔고 심지어 베리밭을 지나치기도 했습니다.
Entre los fox terriers, Buck caminaba siempre con orgullo real.
폭스 테리어들 사이에서 벅은 언제나 왕족의 자부심을 가지고 걸었다.
Él ignoró a Toots y Ysabel, tratándolos como si fueran aire.
그는 투츠와 이사벨을 무시하고 공기처럼 대했습니다.
Buck reinaba sobre todas las criaturas vivientes en la tierra del juez Miller.
벅은 밀러 판사의 땅에 사는 모든 생물을 다스렸습니다.
Él gobernaba a los animales, a los insectos, a los pájaros e incluso a los humanos.
그는 동물, 곤충, 새, 심지어 인간까지 다스렸습니다.
El padre de Buck, Elmo, había sido un San Bernardo enorme y leal.
벅의 아버지 엘모는 거대하고 충성스러운 세인트 버나드였습니다.
Elmo nunca se apartó del lado del juez y le sirvió fielmente.
엘모는 판사 곁을 떠난 적이 없으며, 충실하게 그를 섬겼습니다.
Buck parecía dispuesto a seguir el noble ejemplo de su padre.
벅은 아버지의 고귀한 모범을 따를 준비가 된 것 같았다.
Buck no era tan grande: pesaba ciento cuarenta libras.
벅은 그보다 조금 더 컸고, 무게는 140파운드였다.
Su madre, Shep, había sido una excelente perra pastor escocesa.
그의 어머니 셰프는 훌륭한 스코티시 셰퍼드견이었습니다.

Pero incluso con ese peso, Buck caminaba con presencia majestuosa.
하지만 그 무게에도 불구하고 벅은 당당한 위엄을 가지고 걸었다.
Esto fue gracias a la buena comida y al respeto que siempre recibió.
이는 맛있는 음식과 그가 항상 받았던 존경에서 비롯되었습니다.
Durante cuatro años, Buck había vivido como un noble mimado.
4년 동안 벅은 버릇없는 귀족처럼 살았습니다.
Estaba orgulloso de sí mismo y hasta era un poco egoísta.
그는 자신을 자랑스러워했고, 심지어 약간은 자만심이 강했습니다.
Ese tipo de orgullo era común entre los señores de países remotos.
그런 종류의 자부심은 멀리 떨어진 시골 영주들에게서 흔히 볼 수 있었습니다.
Pero Buck se salvó de convertirse en un perro doméstico mimado.
하지만 벅은 자신을 애지중지하는 집고양이로 전락하는 것을 막았습니다.
Se mantuvo delgado y fuerte gracias a la caza y el ejercicio.
그는 사냥과 운동을 통해 날씬하고 강한 몸매를 유지했습니다.
Amaba profundamente el agua, como la gente que se baña en lagos fríos.
그는 차가운 호수에서 목욕하는 사람들처럼 물을 매우 사랑했습니다.
Este amor por el agua mantuvo a Buck fuerte y muy saludable.
물을 좋아하는 마음 덕분에 벅은 강하고 매우 건강하게 자랐습니다.
Éste era el perro en que se había convertido Buck en el otoño de 1897.
벅은 1897년 가을에 이런 개로 변했습니다.

Cuando la huelga de Klondike arrastró a los hombres hacia el gélido Norte.
클론다이크 파업으로 사람들이 얼어붙은 북쪽으로 이주하게 됐습니다.
La gente acudió en masa desde todos los rincones del mundo hacia aquella tierra fría.
사람들은 전 세계에서 추운 땅으로 몰려들었습니다.
Buck, sin embargo, no leía los periódicos ni entendía las noticias.
하지만 벅은 신문을 읽지 않았고, 뉴스도 이해하지 못했습니다.
Él no sabía que Manuel era un mal hombre con quien estar.
그는 마누엘이 주변에 있으면 안 좋은 사람이라는 걸 몰랐다.
Manuel, que ayudaba en el jardín, tenía un problema profundo.
정원 일을 돕는 마누엘은 심각한 문제를 안고 있었습니다.
Manuel era adicto al juego de la lotería china.
마누엘은 중국 복권 도박에 중독되어 있었습니다.
También creía firmemente en un sistema fijo para ganar.
그는 또한 승리를 위한 고정된 시스템을 굳게 믿었습니다.
Esa creencia hizo que su fracaso fuera seguro e inevitable.
그 믿음이 그의 실패를 확실하고 불가피하게 만들었습니다.
Jugar con un sistema exige dinero, del que Manuel carecía.
시스템에 따라 플레이하려면 돈이 필요한데, 마누엘에게는 그게 없었습니다.
Su salario apenas alcanzaba para mantener a su esposa y a sus numerosos hijos.
그의 급여로는 아내와 많은 아이들을 부양하기 어려웠습니다.
La noche en que Manuel traicionó a Buck, las cosas estaban normales.
마누엘이 벅을 배신한 밤, 모든 것은 평범했습니다.

El juez estaba en una reunión de la Asociación de Productores de Pasas.
판사는 건포도 재배자 협회 회의에 참석했습니다.
Los hijos del juez estaban entonces ocupados formando un club atlético.
그 당시 판사의 아들들은 운동 클럽을 조직하는 데 바빴습니다.
Nadie vio a Manuel y Buck salir por el huerto.
마누엘과 벅이 과수원을 떠나는 것을 본 사람은 아무도 없었다.
Buck pensó que esta caminata era simplemente un simple paseo nocturno.
벅은 이 산책이 단순한 야간 산책일 뿐이라고 생각했습니다.
Se encontraron con un solo hombre en la estación de la bandera, en College Park.
그들은 칼리지 파크의 깃발 역에서 단 한 명의 남자를 만났습니다.
Ese hombre habló con Manuel y intercambiaron dinero.
그 남자는 마누엘에게 말을 걸었고, 그들은 돈을 교환했습니다.
"Envuelva la mercancía antes de entregarla", sugirió.
"물품을 배달하기 전에 포장하세요."라고 그는 제안했습니다.
La voz del hombre era áspera e impaciente mientras hablaba.
그 남자는 말할 때 거칠고 참을성 없는 목소리로 말했다.
Manuel ató cuidadosamente una cuerda gruesa alrededor del cuello de Buck.
마누엘은 벅의 목에 두꺼운 밧줄을 조심스럽게 묶었다.
"Si retuerces la cuerda, lo estrangularás bastante"
"밧줄을 비틀면 그를 충분히 목졸라 죽일 수 있을 거야"
El extraño emitió un gruñido, demostrando que entendía bien.
낯선 사람은 웅얼거림을 내며 잘 이해했다는 것을 보여주었다.

Buck aceptó la cuerda con calma y tranquila dignidad ese día.
그날 벅은 침착하고 조용한 품위로 밧줄을 받았습니다.
Fue un acto inusual, pero Buck confiaba en los hombres que conocía.
특이한 행동이었지만 벅은 자신이 아는 사람들을 신뢰했습니다.
Él creía que su sabiduría iba mucho más allá de su propio pensamiento.
그는 그들의 지혜가 자신의 생각을 훨씬 뛰어넘는다고 믿었습니다.
Pero entonces la cuerda fue entregada a manos del extraño.
하지만 그 밧줄은 낯선 사람의 손에 건네졌습니다.
Buck emitió un gruñido bajo que advertía con una amenaza silenciosa.
벅은 조용한 위협으로 경고하는 낮은 으르렁거림을 냈다.
Era orgulloso y autoritario y quería mostrar su descontento.
그는 거만하고 권위적이었고, 자신의 불만을 표현하고 싶어했습니다.
Buck creyó que su advertencia sería entendida como una orden.
벅은 자신의 경고가 명령으로 받아들여질 것이라고 믿었다.
Para su sorpresa, la cuerda se tensó rápidamente alrededor de su grueso cuello.
그는 깜짝 놀랐다. 밧줄이 그의 두꺼운 목을 단단히 조였다.
Se quedó sin aire y comenzó a luchar con una furia repentina.
그의 숨이 끊어지자 그는 갑자기 분노하여 싸우기 시작했습니다.
Saltó hacia el hombre, quien rápidamente se encontró con Buck en el aire.
그는 그 남자에게 달려들었고, 그 남자는 공중에서 벅을 빠르게 만났다.

El hombre agarró la garganta de Buck y lo retorció hábilmente en el aire.
그 남자는 벅의 목을 움켜쥐고 능숙하게 그를 공중으로 휘둘렀다.
Buck fue arrojado al suelo con fuerza, cayendo de espaldas.
벅은 세게 내던져져 등을 땅에 박았다.
La cuerda ahora lo estrangulaba cruelmente mientras él pateaba salvajemente.
그는 격렬하게 발길질을 하는 동안 밧줄이 잔인하게 그를 질식시켰다.
Se le cayó la lengua, su pecho se agitó, pero no recuperó el aliento.
그의 혀가 빠지고, 가슴이 뛰었지만, 숨을 쉴 수 없었다.
Nunca había sido tratado con tanta violencia en su vida.
그는 평생 그렇게 폭력적인 대우를 받은 적이 없었습니다.
Tampoco nunca antes se había sentido tan lleno de furia.
그는 이전에 그렇게 깊은 분노에 사로잡힌 적이 없었습니다.
Pero el poder de Buck se desvaneció y sus ojos se volvieron vidriosos.
하지만 벅의 힘은 약해졌고, 그의 눈은 유리처럼 변했습니다.
Se desmayó justo cuando un tren se detuvo cerca.
그는 근처에서 기차가 정차하는 순간 기절했습니다.
Luego los dos hombres lo arrojaron rápidamente al vagón de equipaje.
그러자 두 남자는 그를 재빨리 짐차에 집어넣었다.
Lo siguiente que sintió Buck fue dolor en su lengua hinchada.
벅이 느낀 다음 느낌은 부어오른 혀에 느껴지는 통증이었습니다.
Se desplazaba en un carro tambaleante, apenas consciente.
그는 흔들리는 수레를 타고 움직이고 있었고, 의식은 희미했습니다.

El agudo grito del silbato del tren le indicó a Buck su ubicación.
날카로운 기차 기적 소리가 벅의 위치를 알려주었다.
Había viajado muchas veces con el Juez y conocía esa sensación.
그는 종종 판사와 함께 말을 타고 다녔고 그 느낌을 알고 있었습니다.
Fue una experiencia única viajar nuevamente en un vagón de equipajes.
그것은 다시 한번 수하물 운반차를 타고 여행하는 독특한 충격이었습니다.
Buck abrió los ojos y su mirada ardía de rabia.
벅은 눈을 떴고, 그의 시선은 분노로 불타올랐다.
Esta fue la ira de un rey orgulloso destronado.
이는 왕좌에서 쫓겨난 거만한 왕의 분노였다.
Un hombre intentó agarrarlo, pero Buck lo atacó primero.
한 남자가 그를 붙잡으려고 했지만 벅이 먼저 공격했습니다.
Hundió los dientes en la mano del hombre y la sujetó con fuerza.
그는 그 남자의 손에 이빨을 박고 꽉 잡았다.
No lo soltó hasta que se desmayó por segunda vez.
그는 두 번째로 기절할 때까지 놓지 않았습니다.
—Sí, tiene ataques —murmuró el hombre al maletero.
"그래, 발작이 일어났지." 그 남자는 짐꾼에게 중얼거렸다.
El maletero había oído la lucha y se acercó.
짐꾼이 몸싸움 소리를 듣고 가까이 다가왔습니다.
"Lo llevaré a Frisco para el jefe", explicó el hombre.
"사장님을 만나러 그를 프리스코로 데려갈 거예요." 그 남자가 설명했다.
"Allí hay un buen veterinario que dice poder curarlos".
"그곳에 훌륭한 개 의사가 있어서 그들을 고칠 수 있다고 합니다."
Más tarde esa noche, el hombre dio su propio relato completo.

그날 밤 늦게 그 남자는 자신의 모든 사실을
진술했습니다.
Habló desde un cobertizo detrás de un salón en los muelles.
그는 부두의 술집 뒤에 있는 창고에서 연설했다.
"Lo único que me dieron fueron cincuenta dólares", se quejó
al tabernero.
그는 술집 주인에게 "제가 받은 건 겨우
50달러뿐이에요"라고 불평했다.
"No lo volvería a hacer ni por mil dólares en efectivo".
"다시는 그런 짓은 하지 않을 거예요. 천만 원의 현금을
준다고 해도요."
Su mano derecha estaba fuertemente envuelta en un paño
ensangrentado.
그의 오른손은 피 묻은 천으로 단단히 감싸져
있었습니다.
La pernera de su pantalón estaba abierta de par en par desde
la rodilla hasta el pie.
그의 바지 다리는 무릎부터 발끝까지 찢어져
있었습니다.
—¿Cuánto le pagaron al otro tipo? —preguntó el tabernero.
"다른 놈은 얼마 받았지?" 술집 주인이 물었다.
"Cien", respondió el hombre, "no aceptaría ni un centavo
menos".
"100달러면 한 푼도 덜 받지 않겠어요." 그 남자가
대답했다.
—Eso suma ciento cincuenta —dijo el tabernero.
"그럼 150이 되는군요." 술집 주인이 말했다.
"Y él lo vale todo, o no soy más que un idiota".
"그가 그 모든 것의 가치가 있다면, 그렇지 않다면 나는
멍청이에 불과할 거야."
El hombre abrió los envoltorios para examinar su mano.
그 남자는 포장을 뜯어 자신의 손을 살펴보았다.
La mano estaba gravemente desgarrada y cubierta de sangre
seca.
손은 심하게 찢어졌고 마른 피로 딱딱하게 굳어
있었습니다.

"Si no consigo la hidrofobia..." empezó a decir.
"내가 공수증에 걸리지 않는다면..." 그는 말을 시작했다.
"Será porque naciste para la horca", dijo entre risas.
"그건 네가 교수형에 처해지기 위해 태어났기 때문이겠지." 웃음이 터져 나왔다.
"Ven a ayudarme antes de irte", le pidieron.
"떠나기 전에 좀 도와주세요." 그가 부탁을 받았습니다.
Buck estaba aturdido por el dolor en la lengua y la garganta.
벅은 혀와 목의 통증으로 멍해졌습니다.
Estaba medio estrangulado y apenas podía mantenerse en pie.
그는 반쯤 목이 졸려 있었고, 제대로 서 있기도 힘들었습니다.
Aún así, Buck intentó enfrentar a los hombres que lo habían lastimado.
그럼에도 불구하고 벅은 자신을 그렇게 다치게 한 사람들과 마주하려고 노력했습니다.
Pero lo derribaron y lo estrangularon una vez más.
하지만 그들은 그를 다시 쓰러뜨리고 목을 조르더군요.
Sólo entonces pudieron quitarle el pesado collar de bronce.
그제서야 그들은 그의 무거운 황동 칼라를 떼어낼 수 있었습니다.
Le quitaron la cuerda y lo metieron en una caja.
그들은 밧줄을 제거하고 그를 상자 속으로 밀어 넣었다.
La caja era pequeña y tenía la forma de una tosca jaula de hierro.
상자는 작았고 거친 철제 우리 모양이었습니다.
Buck permaneció allí toda la noche, lleno de ira y orgullo herido.
벅은 밤새도록 거기에 누워 분노와 상처받은 자존심에 가득 차 있었습니다.
No podía ni siquiera empezar a comprender lo que le estaba pasando.
그는 자신에게 무슨 일이 일어나고 있는지 이해할 수 없었습니다.

¿Por qué estos hombres extraños lo mantenían en esa pequeña caja?
이 이상한 남자들은 왜 그를 작은 상자에 가두었을까요?
¿Qué querían de él y por qué este cruel cautiverio?
그들은 그에게서 무엇을 원했고, 왜 이런 잔혹한 포로 생활을 했을까?
Sintió una presión oscura; una sensación de desastre que se acercaba.
그는 어두운 압박감을 느꼈다. 재앙이 다가오는 느낌이 들었다.
Era un miedo vago, pero que se apoderó pesadamente de su espíritu.
그것은 막연한 두려움이었지만, 그의 정신에 깊이 자리 잡았습니다.
Saltó varias veces cuando la puerta del cobertizo vibró.
창고 문이 덜컹거리자 그는 몇 번이나 뛰어올랐다.
Esperaba que el juez o los muchachos aparecieran y lo rescataran.
그는 판사나 소년들이 나타나서 자신을 구해줄 것으로 기대했습니다.
Pero cada vez sólo se asomaba el rostro gordo del tabernero.
하지만 그때마다 술집 주인의 뚱뚱한 얼굴만이 들여다보였다.
El rostro del hombre estaba iluminado por el tenue resplandor de una vela de sebo.
그 남자의 얼굴은 쇠기름 촛불의 희미한 빛으로 밝혀져 있었습니다.
Cada vez, el alegre ladrido de Buck cambiaba a un gruñido bajo y enojado.
그때마다 벅의 즐거운 짖는 소리는 낮고 화난 으르렁거림으로 바뀌었다.

El tabernero lo dejó solo durante la noche en el cajón.
술집 주인은 그를 밤새도록 상자에 혼자 두었습니다.
Pero cuando se despertó por la mañana, venían más hombres.

하지만 아침에 깨어나 보니 더 많은 사람들이 오고 있었습니다.
Llegaron cuatro hombres y recogieron la caja con cuidado y sin decir palabra.
네 명의 남자가 와서 아무 말 없이 조심스럽게 상자를 집어 올렸습니다.
Buck supo de inmediato en qué situación se encontraba.
벅은 자신이 처한 상황을 즉시 알아챘다.
Eran otros torturadores contra los que tenía que luchar y a los que tenía que temer.
그들은 그가 싸우고 두려워해야 할 더욱 큰 괴롭힘이었습니다.
Estos hombres parecían malvados, andrajosos y muy mal arreglados.
이 남자들은 사악하고, 초라하고, 매우 형편없이 차려입은 모습이었습니다.
Buck gruñó y se abalanzó sobre ellos ferozmente a través de los barrotes.
벅은 으르렁거리며 창살 너머로 그들에게 사납게 달려들었다.
Ellos simplemente se rieron y lo golpearon con largos palos de madera.
그들은 그저 웃으며 긴 나무막대기로 그를 찔렀습니다.
Buck mordió los palos y luego se dio cuenta de que eso era lo que les gustaba.
벅은 막대기를 물어뜯다가 그것이 그들이 좋아하는 것이라는 걸 깨달았습니다.
Así que se quedó acostado en silencio, hosco y ardiendo de rabia silenciosa.
그래서 그는 조용히 누워서 침울한 표정으로 조용한 분노에 불타올랐습니다.
Subieron la caja a un carro y se fueron con él.
그들은 상자를 마차에 싣고 그를 데리고 떠났다.
La caja, con Buck encerrado dentro, cambiaba de manos a menudo.
벅이 갇혀 있는 상자는 자주 주인이 바뀌었다.

Los empleados de la oficina exprés se hicieron cargo de él y lo atendieron brevemente.
택배 사무실 직원들이 책임을 맡아 그를 잠깐 처리했습니다.
Luego, otro carro transportó a Buck a través de la ruidosa ciudad.
그리고 또 다른 마차가 벅을 시끄러운 마을을 가로질러 태워갔다.
Un camión lo llevó con cajas y paquetes a un ferry.
트럭이 그를 상자와 소포를 실은 채 페리보트에 실어 날랐다.
Después de cruzar, el camión lo descargó en una estación ferroviaria.
그는 강을 건너 철도 차량기지에서 트럭으로 내렸다.
Finalmente, colocaron a Buck dentro de un vagón expreso que lo esperaba.
마침내 벅은 대기하고 있던 급행열차에 태워졌습니다.
Durante dos días y dos noches, los trenes arrastraron el vagón expreso.
이틀 밤낮으로 기차가 급행차를 끌고 나갔습니다.
Buck no comió ni bebió durante todo el doloroso viaje.
벅은 고통스러운 여행 내내 아무것도 먹지 않고 마시지도 않았습니다.
Cuando los mensajeros expresos intentaron acercarse a él, gruñó.
급행사원들이 그에게 다가가려고 하자 그는 으르렁거렸다.
Ellos respondieron burlándose de él y molestándolo cruelmente.
그들은 그를 조롱하고 잔인하게 놀림으로써 대응했습니다.
Buck se arrojó contra los barrotes, echando espuma y temblando.
벅은 막대에 몸을 던지고 거품을 내며 몸을 떨었습니다.
Se rieron a carcajadas y se burlaron de él como matones del patio de la escuela.

그들은 큰 소리로 웃으며, 학교 괴롭힘꾼처럼 그를
놀렸다.
Ladraban como perros de caza y agitaban los brazos.
그들은 가짜 개처럼 짖으며 팔을 퍼덕였다.
Incluso cantaron como gallos sólo para molestarlo más.
그들은 그를 더욱 화나게 하기 위해 수탉처럼
울부짖기도 했습니다.
Fue un comportamiento tonto y Buck sabía que era ridículo.
그것은 어리석은 행동이었고, 벅은 그것이 터무니없다는
것을 알고 있었습니다.
Pero eso sólo profundizó su sentimiento de indignación y vergüenza.
하지만 그것은 그의 분노와 수치심을 더욱 깊게 할
뿐이었습니다.
Durante el viaje no le molestó mucho el hambre.
그는 여행하는 동안 배고픔을 크게 느끼지 않았습니다.
Pero la sed traía consigo un dolor agudo y un sufrimiento insoportable.
하지만 갈증은 극심한 통증과 견딜 수 없는 고통을
가져왔습니다.
Su garganta y lengua secas e inflamadas ardían de calor.
그의 건조하고 염증이 있는 목과 혀는 열로 인해
타올랐다.
Este dolor alimentó la fiebre que crecía dentro de su orgulloso cuerpo.
이 고통은 그의 거만한 몸 속에서 치솟는 열을 더욱
부추겼다.
Buck estuvo agradecido por una sola cosa durante esta prueba.
벅은 이 시련 동안 단 한 가지에 대해서만 감사했습니다.
Le habían quitado la cuerda que le rodeaba el grueso cuello.
그의 두꺼운 목에 감긴 밧줄이 제거되었습니다.
La cuerda había dado a esos hombres una ventaja injusta y cruel.
그 밧줄은 그 남자들에게 불공평하고 잔인한 이점을
제공했습니다.

Ahora la cuerda había desaparecido y Buck juró que nunca volvería.
이제 밧줄은 사라졌고, 벅은 그것이 다시는 돌아오지 않을 것이라고 맹세했습니다.

Decidió que nunca más volvería a pasarle una cuerda al cuello.
그는 다시는 자신의 목에 밧줄을 두르지 않겠다고 결심했습니다.

Durante dos largos días y noches sufrió sin comer.
그는 긴 이틀 밤낮으로 아무것도 먹지 못하고 고생했습니다.

Y en esas horas se fue acumulando en su interior una rabia enorme.
그리고 그 시간 동안 그는 엄청난 분노를 품게 되었습니다.

Sus ojos se volvieron inyectados en sangre y salvajes por la ira constante.
그의 눈은 끊임없는 분노로 인해 충혈되고 사납게 변했습니다.

Ya no era Buck, sino un demonio con mandíbulas chasqueantes.
그는 더 이상 버크가 아니라, 딱딱거리는 턱을 가진 악마가 되었습니다.

Ni siquiera el juez habría reconocido a esta loca criatura.
심지어 판사조차도 이 미친 생물을 알아보지 못했을 것이다.

Los mensajeros exprés suspiraron aliviados cuando llegaron a Seattle.
급행 배달원들은 시애틀에 도착하자 안도의 한숨을 쉬었다.

Cuatro hombres levantaron la caja y la llevaron a un patio trasero.
네 명의 남자가 상자를 들어올려 뒷마당으로 가져왔습니다.

El patio era pequeño, rodeado de muros altos y sólidos.

마당은 작았고, 높고 튼튼한 벽으로 둘러싸여 있었습니다.
Un hombre corpulento salió con una camisa roja holgada.
늘어진 붉은 스웨터 셔츠를 입은 큰 남자가 나왔다.
Firmó el libro de entrega con letra gruesa y atrevida.
그는 두껍고 굵은 글씨로 납품서에 서명했다.
Buck sintió de inmediato que este hombre era su próximo torturador.
벅은 이 남자가 자신을 괴롭히는 다음 대상이라는 것을 즉시 감지했습니다.
Se abalanzó violentamente contra los barrotes, con los ojos rojos de furia.
그는 맹렬하게 쇠창살을 향해 달려들었고, 눈은 분노로 붉어졌다.
El hombre simplemente sonrió oscuramente y fue a buscar un hacha.
그 남자는 그저 어두운 미소를 지으며 도끼를 가져오러 갔다.
También traía un garrote en su gruesa y fuerte mano derecha.
그는 두껍고 강한 오른손에 몽둥이를 들고 있었습니다.
"¿Vas a sacarlo ahora?" preguntó preocupado el conductor.
운전사는 걱정스러운 듯이 "지금 그를 데리고 나갈 건가요?"라고 물었다.
—Claro —dijo el hombre, metiendo el hacha en la caja a modo de palanca.
"물론이죠." 그 남자는 도끼를 상자에 지렛대 삼아 꽂으며 말했다.
Los cuatro hombres se dispersaron instantáneamente y saltaron al muro del patio.
네 남자는 즉시 흩어져 마당 담 위로 뛰어올랐다.
Desde sus lugares seguros arriba, esperaban para observar el espectáculo.
그들은 위쪽의 안전한 장소에서 그 광경을 지켜보았습니다.

Buck se abalanzó sobre la madera astillada, mordiéndola y sacudiéndola ferozmente.
벅은 쪼개진 나무에 달려들어 사납게 물고 흔들었다.
Cada vez que el hacha golpeaba la jaula, Buck estaba allí para atacarla.
도끼가 우리를 칠 때마다 벅이 우리를 공격했습니다.
Gruñó y chasqueó los dientes con furia salvaje, ansioso por ser liberado.
그는 으르렁거리고 격노하여 자유로워지고 싶어 안달이 났다.
El hombre que estaba afuera estaba tranquilo y firme, concentrado en su tarea.
밖에 있는 남자는 침착하고 안정적이었으며, 자신의 임무에 집중하고 있었습니다.
"Muy bien, demonio de ojos rojos", dijo cuando el agujero fue grande.
"그럼, 붉은 눈의 악마야." 구멍이 커졌을 때 그는 말했다.
Dejó caer el hacha y tomó el garrote con su mano derecha.
그는 도끼를 떨어뜨리고 오른손에 곤봉을 쥐었다.
Buck realmente parecía un demonio; con los ojos inyectados en sangre y llameantes.
벅은 정말 악마 같았습니다. 눈은 충혈되어 불타오르고 있었습니다.
Su pelaje se erizó, le salía espuma por la boca y sus ojos brillaban.
그의 털은 뻣뻣해지고, 입에서는 거품이 솟아오르고, 눈은 반짝였다.
Tensó los músculos y se lanzó directamente hacia el suéter rojo.
그는 근육을 움츠리고 빨간 스웨터를 향해 곧장 달려들었다.
Ciento cuarenta libras de furia volaron hacia el hombre tranquilo.
침착한 남자에게 140파운드의 분노가 날아들었다.

Justo antes de que sus mandíbulas se cerraran, un golpe terrible lo golpeó.
그의 턱이 닫히기 직전, 끔찍한 타격이 그에게 가해졌습니다.

Sus dientes chasquearon al chocar contra nada más que el aire.
그의 이빨은 공기 외에는 아무것도 없이 딱딱 부딪혔다.

Una sacudida de dolor resonó a través de su cuerpo
그의 몸에는 고통의 충격이 울려 퍼졌다

Dio una vuelta en el aire y se estrelló sobre su espalda y su costado.
그는 공중에서 뒤집어져 등과 옆구리를 땅에 박살냈다.

Nunca antes había sentido el golpe de un garrote y no podía agarrarlo.
그는 이전에 곤봉의 타격을 느껴본 적이 없었고 그것을 이해할 수도 없었다.

Con un gruñido estridente, mitad ladrido, mitad grito, saltó de nuevo.
그는 비명과 짖는 소리, 비명과도 같은 괴성을 지르며 다시 뛰어올랐습니다.

Otro golpe brutal lo alcanzó y lo arrojó al suelo.
또다시 잔혹한 일격이 그를 강타하여 땅에 쓰러뜨렸다.

Esta vez Buck lo entendió: era el pesado garrote del hombre.
이번에는 벅이 깨달았다. 그것은 그 남자가 들고 있던 무거운 곤봉이었다.

Pero la rabia lo cegó y no pensó en retirarse.
하지만 분노가 그를 눈멀게 했고, 후퇴할 생각은 전혀 없었다.

Doce veces se lanzó y doce veces cayó.
그는 12번이나 뛰어올랐고, 12번이나 떨어졌습니다.

El palo de madera lo golpeaba cada vez con una fuerza despiadada y aplastante.
그때마다 나무 곤봉은 무자비하고 파괴적인 힘으로 그를 내리쳤다.

Después de un golpe feroz, se tambaleó hasta ponerse de pie, aturdido y lento.

그는 강력한 타격을 한 번 받은 후 비틀거리며
일어섰는데, 멍하고 움직임이 느렸다.
Le salía sangre de la boca, de la nariz y hasta de las orejas.
그의 입, 코, 심지어 귀에서도 피가 흘러내렸습니다.
Su pelaje, otrora hermoso, estaba manchado de espuma sanguinolenta.
한때 아름다웠던 그의 털은 피 묻은 거품으로 얼룩져 있었습니다.
Entonces el hombre se adelantó y le dio un golpe tremendo en la nariz.
그러자 그 남자가 앞으로 나서서 코를 사악하게 내리쳤다.
La agonía fue más aguda que cualquier cosa que Buck hubiera sentido jamás.
그 고통은 벅이 느껴본 어떤 고통보다 더 극심했습니다.
Con un rugido más de bestia que de perro, saltó nuevamente para atacar.
그는 개보다 짐승에 가까운 포효와 함께 다시 공격하려고 뛰어올랐다.
Pero el hombre se agarró la mandíbula inferior y la torció hacia atrás.
그런데 그 남자는 그의 아래턱을 잡아 뒤로 비틀었다.
Buck se dio una vuelta de cabeza y volvió a caer con fuerza.
벅은 머리 위로 뒤집어져서 다시 세게 떨어졌다.
Una última vez, Buck cargó contra él, ahora apenas capaz de mantenerse en pie.
벅은 마지막으로 그에게 달려들었고, 이제는 서 있기도 힘들어졌습니다.
El hombre atacó con una sincronización experta, dando el golpe final.
그 남자는 뛰어난 타이밍으로 마지막 일격을 가했다.
Buck se desplomó en un montón, inconsciente e inmóvil.
벅은 의식을 잃고 움직이지 못한 채 쓰러졌습니다.
"No es ningún inútil a la hora de domar perros, eso es lo que digo", gritó un hombre.

"그는 개 훈련에 능숙한 사람이에요, 제 말은요." 한 남자가 소리쳤다.

"Druther puede quebrar la voluntad de un perro cualquier día de la semana".

"드루더는 일주일 중 언제든지 사냥개의 의지를 꺾을 수 있어요."

"¡Y dos veces el domingo!" añadió el conductor.

운전사는 "그리고 일요일에도 두 번이나!"라고 덧붙였다.

Se subió al carro y tiró de las riendas para partir.

그는 마차에 올라타 고삐를 당겨 떠났다.

Buck recuperó lentamente el control de su conciencia.

벅은 천천히 자신의 의식을 되찾았습니다.

Pero su cuerpo todavía estaba demasiado débil y roto para moverse.

하지만 그의 몸은 여전히 너무 약하고 망가져서 움직일 수 없었습니다.

Se quedó donde había caído, observando al hombre del suéter rojo.

그는 쓰러진 자리에 누워서 빨간 스웨터를 입은 남자를 지켜보고 있었다.

"Responde al nombre de Buck", dijo el hombre, leyendo en voz alta.

"그는 벅이라는 이름을 따릅니다." 그 남자는 큰 소리로 읽으며 말했다.

Citó la nota enviada con la caja de Buck y los detalles.

그는 벅의 상자와 함께 보낸 메모에서 자세한 내용을 인용했다.

—Bueno, Buck, muchacho —continuó el hombre con tono amistoso—.

"그래, 벅, 내 아들아." 그 남자는 친절한 어조로 말을 이었다.

"Hemos tenido nuestra pequeña pelea y ahora todo ha terminado entre nosotros".

"우리가 잠깐 싸웠는데, 이제 우리 사이는 끝났어."

"Tú has aprendido cuál es tu lugar y yo he aprendido cuál es el mío", añadió.

그는 "당신은 당신의 위치를 알게 되었고, 나는 내 위치를 알게 되었습니다"라고 덧붙였다.
"Sé bueno y todo irá bien y la vida será placentera".
"착하게 지내면 모든 게 잘 될 거고, 인생은 즐거울 거야."
"Pero si te portas mal, te daré una paliza, ¿entiendes?"
"하지만 나쁜 짓을 하면, 내가 너를 혼내줄게, 알겠어?"
Mientras hablaba, extendió la mano y acarició la cabeza dolorida de Buck.
그는 말하면서 손을 내밀어 벅의 아픈 머리를 쓰다듬었다.
El cabello de Buck se erizó ante el toque del hombre, pero no se resistió.
남자의 손길에 벅의 머리카락이 곤두섰지만 그는 저항하지 않았다.
El hombre le trajo agua, que Buck bebió a grandes tragos.
그 남자는 벅에게 물을 가져다 주었고, 벅은 그것을 크게 벌컥벌컥 마셨다.
Luego vino la carne cruda, que Buck devoró trozo a trozo.
그 다음에는 날고기가 나왔는데, 벅은 그것을 조각조각 먹어치웠다.
Sabía que estaba derrotado, pero también sabía que no estaba roto.
그는 자신이 패배했다는 것을 알았지만, 무너지지 않았다는 것도 알았습니다.
No tenía ninguna posibilidad contra un hombre armado con un garrote.
그는 곤봉을 든 남자에게 대항할 수 없었다.
Había aprendido la verdad y nunca olvidó esa lección.
그는 진실을 깨달았고, 그 교훈을 결코 잊지 않았습니다.
Esa arma fue el comienzo de la ley en el nuevo mundo de Buck.
그 무기는 벅의 새로운 세상에서 법의 시작이었습니다.
Fue el comienzo de un orden duro y primitivo que no podía negar.

그것은 그가 거부할 수 없는 가혹하고 원시적인 질서의 시작이었습니다.
Aceptó la verdad; sus instintos salvajes ahora estaban despiertos.
그는 진실을 받아들였습니다. 그의 거친 본능이 이제 깨어났습니다.
El mundo se había vuelto más duro, pero Buck lo afrontó con valentía.
세상은 더욱 가혹해졌지만, 벅은 용감하게 맞섰습니다.
Afrontó la vida con nueva cautela, astucia y fuerza silenciosa.
그는 새로운 조심성과 교활함, 그리고 조용한 힘으로 삶에 맞섰습니다.
Llegaron más perros, atados con cuerdas o cajas como había estado Buck.
더 많은 개들이 밧줄이나 상자에 묶인 채로 도착했습니다.
Algunos perros llegaron con calma, otros se enfurecieron y pelearon como bestias salvajes.
어떤 개들은 차분하게 다가왔고, 어떤 개들은 맹수처럼 격노하며 싸웠습니다.
Todos ellos quedaron bajo el dominio del hombre del suéter rojo.
그들 모두는 붉은 스웨터를 입은 남자의 지배를 받게 되었습니다.
Cada vez, Buck observaba y veía cómo se desarrollaba la misma lección.
그때마다 벅은 똑같은 교훈이 펼쳐지는 것을 지켜보았습니다.
El hombre con el garrote era la ley, un amo al que había que obedecer.
곤봉을 든 남자는 법이었고, 복종해야 할 주인이었습니다.
No necesitaba ser querido, pero sí obedecido.
그는 좋아할 필요는 없었지만, 복종은 필요했습니다.

Buck nunca adulaba ni meneaba la cola como lo hacían los perros más débiles.
벅은 약한 개들처럼 아첨하거나 꼬리를 흔들지 않았습니다.

Vio perros que estaban golpeados y todavía lamían la mano del hombre.
그는 구타당한 개들이 여전히 그 남자의 손을 핥는 것을 보았습니다.

Vio un perro que no obedecía ni se sometía en absoluto.
그는 전혀 복종하거나 복종하지 않는 개 한 마리를 보았습니다.

Ese perro luchó hasta que murió en la batalla por el control.
그 개는 통제권을 놓고 싸우다가 죽을 때까지 싸웠습니다.

A veces, desconocidos venían a ver al hombre del suéter rojo.
낯선 사람들이 가끔 빨간 스웨터를 입은 남자를 보러 오곤 했습니다.

Hablaban en tonos extraños, suplicando, negociando y riendo.
그들은 이상한 어조로 애원하고, 흥정하고, 웃으며 말했다.

Cuando se intercambiaba dinero, se iban con uno o más perros.
돈을 교환한 뒤, 그들은 한 마리 이상의 개를 데리고 떠났습니다.

Buck se preguntó a dónde habían ido esos perros, pues ninguno regresaba jamás.
벅은 이 개들이 어디로 갔는지 궁금했습니다. 아무도 돌아오지 않았거든요.

El miedo a lo desconocido llenaba a Buck cada vez que un hombre extraño se acercaba.
낯선 남자가 나타날 때마다 벅은 미지의 두려움에 사로잡혔다.

Se alegraba cada vez que se llevaban a otro perro en lugar de a él mismo.

그는 자신이 아닌 다른 개가 데려가질 때마다
기뻤습니다.
Pero finalmente, llegó el turno de Buck con la llegada de un hombre extraño.
하지만 마침내 벅의 차례가 왔고, 낯선 남자가
나타났습니다.
Era pequeño, fibroso y hablaba un inglés deficiente y decía palabrotas.
그는 키가 작고, 힘없었으며, 엉터리 영어와 욕설로
말했습니다.
—¡Sacredam! —gritó cuando vio el cuerpo de Buck.
그는 벅의 몸을 보자마자 "신성하다!"고 소리쳤다.
—¡Qué perro tan bravucón! ¿Eh? ¿Cuánto? —preguntó en voz alta.
"이거 진짜 깡패 개잖아! 응? 얼마야?" 그가 큰 소리로
물었다.
"Trescientos, y es un regalo a ese precio".
"300달러면 그 가격에 선물이 되는 셈이죠."
—Como es dinero del gobierno, no deberías quejarte, Perrault.
"정부 돈이니까 불평할 필요는 없지, 페로."
Perrault sonrió ante el trato que acababa de hacer con aquel hombre.
페로는 그 남자와 방금 한 거래를 보고 싱긋이 웃었다.
El precio de los perros se disparó debido a la repentina demanda.
급격한 수요 증가로 인해 개 가격이 급등했습니다.
Trescientos dólares no era injusto para una bestia tan bella.
그렇게 훌륭한 짐승에게 300달러는 불공평한 게
아니었습니다.
El gobierno canadiense no perdería nada con el acuerdo
캐나다 정부는 이 거래에서 아무것도 잃지 않을
것입니다.
Además sus despachos oficiales tampoco sufrirían demoras en el tránsito.
공식적인 발송도 운송 중에 지연되지 않을 것입니다.

Perrault conocía bien a los perros y podía ver que Buck era algo raro.
페로는 개를 잘 알았고, 벅이 희귀한 존재라는 걸 알 수 있었습니다.
"Uno entre diez diez mil", pensó mientras estudiaba la complexión de Buck.
그는 벅의 체격을 살펴보며 "만분의 1이겠지."라고 생각했습니다.
Buck vio que el dinero cambiaba de manos, pero no mostró sorpresa.
벅은 돈이 바뀌는 것을 보았지만 놀라지 않았습니다.
Pronto él y Curly, un gentil Terranova, fueron llevados lejos.
곧 그와 뉴펀들랜드종 컬리는 끌려나갔습니다.
Siguieron al hombrecito desde el patio del suéter rojo.
그들은 빨간 스웨터를 입은 그 작은 남자를 따라 마당으로 나갔습니다.
Esa fue la última vez que Buck vio al hombre con el garrote de madera.
그것이 벅이 나무 곤봉을 든 남자를 본 마지막 장면이었다.
Desde la cubierta del Narwhal vio cómo Seattle se desvanecía en la distancia.
그는 나르월의 갑판에서 시애틀이 멀어져 가는 것을 지켜보았습니다.
También fue la última vez que vio las cálidas tierras del Sur.
그것은 또한 그가 따뜻한 사우스랜드를 본 마지막 순간이기도 했습니다.
Perrault los llevó bajo cubierta y los dejó con François.
페로는 그들을 갑판 아래로 데려가 프랑수아에게 맡겼다.
François era un gigante de cara negra y manos ásperas y callosas.
프랑수아는 얼굴이 검고 손이 거칠고 굳은살이 박힌 거인이었습니다.
Era oscuro y moreno, un mestizo francocanadiense.

그는 피부가 검고 거무스름한 프랑스-캐나다 혼혈이었습니다.

Para Buck, estos hombres eran de un tipo que nunca había visto antes.
벅에게 이 남자들은 그가 전에 한 번도 본 적이 없는 사람들이었다.

En los días venideros conocería a muchos hombres así.
그는 앞으로 그런 남자들을 많이 만나게 될 것이다.

No llegó a encariñarse con ellos, pero llegó a respetarlos.
그는 그들을 좋아하지는 않았지만 존경하게 되었다.

Eran justos y sabios, y no se dejaban engañar fácilmente por ningún perro.
그들은 공정하고 현명했으며, 어떤 개에게도 쉽게 속지 않았습니다.

Juzgaban a los perros con calma y castigaban sólo cuando lo merecían.
그들은 개를 차분하게 판단하고, 처벌할 만한 경우에만 처벌했습니다.

En la cubierta inferior del Narwhal, Buck y Curly se encontraron con dos perros.
나월호의 아랫갑판에서 벅과 컬리는 두 마리의 개를 만났습니다.

Uno de ellos era un gran perro blanco procedente de la lejana y gélida región de Spitzbergen.
그 중 하나는 멀리 떨어진 얼음 속의 스피츠베르겐에서 온 크고 하얀 개였습니다.

Una vez navegó con un ballenero y se unió a un grupo de investigación.
그는 한때 고래잡이배에서 항해를 했고 조사 그룹에 참여했습니다.

Era amigable de una manera astuta, deshonesta y tramposa.
그는 교활하고, 은밀하고, 교활한 방식으로 친절했습니다.

En su primera comida, robó un trozo de carne de la sartén de Buck.

첫 식사 때 그는 벅의 냄비에서 고기 한 조각을
훔쳤습니다.
Buck saltó para castigarlo, pero el látigo de François golpeó primero.
벅은 그를 처벌하려고 뛰어들었지만 프랑수아의 채찍이
먼저 날아들었다.
El ladrón blanco gritó y Buck recuperó el hueso robado.
백인 도둑이 비명을 지르자, 벅은 훔친 뼈를
되찾았습니다.
Esa imparcialidad impresionó a Buck y François se ganó su respeto.
벅은 그 공정함에 깊은 인상을 받았고, 프랑수아는 벅의
존경을 받았습니다.
El otro perro no saludó y no quiso recibir saludos a cambio.
다른 개는 인사도 하지 않았고, 보답도 원하지
않았습니다.
No robaba comida ni olfateaba con interés a los recién llegados.
그는 음식을 훔치지도 않았고, 새로 온 사람들을
흥미롭게 냄새 맡지도 않았습니다.
Este perro era sombrío y silencioso, melancólico y de movimientos lentos.
이 개는 험악하고 조용했으며, 우울하고 느리게
움직였습니다.
Le advirtió a Curly que se mantuviera alejada simplemente mirándola fijamente.
그는 컬리에게 그녀를 노려보며 다가오지 말라고
경고했다.
Su mensaje fue claro: déjenme en paz o habrá problemas.
그의 메시지는 명확했습니다. 나를 내버려 두지 않으면
문제가 생길 거야.
Se llamaba Dave y apenas se fijaba en su entorno.
그는 데이브라고 불렸고, 주변 환경에 거의 신경 쓰지
않았습니다.
Dormía a menudo, comía tranquilamente y bostezaba de vez en cuando.

그는 자주 잠을 자고, 조용히 먹었고, 가끔씩 하품을 했습니다.

El barco zumbaba constantemente con la hélice golpeando debajo.
배는 아래에서 프로펠러를 계속 돌리며 끊임없이 윙윙거렸다.
Los días pasaron con pocos cambios, pero el clima se volvió más frío.
시간이 흘러도 별 변화가 없었지만, 날씨는 점점 추워졌습니다.
Buck podía sentirlo en sus huesos y notó que los demás también lo sentían.
벅은 그것을 자신의 뼈에서 느낄 수 있었고, 다른 사람들도 그것을 느꼈다는 것을 알았습니다.
Entonces, una mañana, la hélice se detuvo y todo quedó en silencio.
그러던 어느 날 아침, 프로펠러가 멈추고 모든 것이 고요해졌습니다.
Una energía recorrió la nave; algo había cambiado.
배 전체에 에너지가 휩쓸렸습니다. 무언가가 바뀌었습니다.
François bajó, les puso las correas y los trajo arriba.
프랑수아가 내려와서 그들을 끈으로 묶고 데리고 올라왔습니다.
Buck salió y encontró el suelo suave, blanco y frío.
벅은 밖으로 나가서 땅이 부드럽고 하얗고 차가워진 것을 발견했습니다.
Saltó hacia atrás alarmado y resopló totalmente confundido.
그는 놀라서 뒤로 물러섰고, 완전히 혼란스러워서 코웃음을 쳤다.
Una extraña sustancia blanca caía del cielo gris.
이상한 흰색 물질이 회색 하늘에서 떨어지고 있었습니다.
Se sacudió, pero los copos blancos seguían cayendo sobre él.

그는 몸을 흔들었지만 하얀 눈송이가 계속해서 그에게 떨어졌습니다.
Olió con cuidado la sustancia blanca y lamió algunos trocitos helados.
그는 흰 물질을 조심스럽게 냄새 맡고 얼음 조각 몇 개를 핥았습니다.
El polvo ardió como fuego y luego desapareció de su lengua.
그 가루는 불처럼 타오르더니 그의 혀에서 바로 사라졌다.
Buck lo intentó de nuevo, desconcertado por la extraña frialdad que desaparecía.
벅은 이상하게도 차가움이 사라져서 당황하며 다시 시도했다.
Los hombres que lo rodeaban se rieron y Buck se sintió avergonzado.
주변 남자들은 웃었고, 벅은 당황했다.
No sabía por qué, pero le avergonzaba su reacción.
그는 왜 그런지는 몰랐지만, 자신의 반응이 부끄러웠다.
Fue su primera experiencia con la nieve y le confundió.
그는 처음으로 눈을 경험했고, 그것은 그를 혼란스럽게 했습니다.

La ley del garrote y el colmillo
곤봉과 송곳니의 법칙

El primer día de Buck en la playa de Dyea se sintió como una terrible pesadilla.
벅이 다이아 해변에서 보낸 첫날은 끔찍한 악몽 같았다.

Cada hora traía nuevas sorpresas y cambios inesperados para Buck.
벅은 매 시간마다 새로운 충격과 예상치 못한 변화를 겪었습니다.

Lo habían sacado de la civilización y lo habían arrojado a un caos salvaje.
그는 문명에서 끌려나와 혼란스러운 세상으로 내던져졌습니다.

Aquella no era una vida soleada y tranquila, llena de aburrimiento y descanso.
이것은 지루함과 휴식이 있는 밝고 나른한 삶이 아니었습니다.

No había paz, ni descanso, ni momento sin peligro.
평화도 없고, 휴식도 없고, 위험 없는 순간도 없었습니다.

La confusión lo dominaba todo y el peligro siempre estaba cerca.
혼란이 모든 것을 지배했고 위험은 언제나 가까이에 있었습니다.

Buck tuvo que mantenerse alerta porque estos hombres y perros eran diferentes.
벅은 이 남자들과 개들이 달랐기 때문에 항상 경계해야 했습니다.

No eran de pueblos; eran salvajes y sin piedad.
그들은 도시 출신이 아니었습니다. 그들은 거칠고 무자비했습니다.

Estos hombres y perros sólo conocían la ley del garrote y el colmillo.
이 남자들과 개들은 곤봉과 송곳니의 법칙만을 알고 있었습니다.

Buck nunca había visto perros pelear como estos salvajes huskies.
벅은 이런 사나운 허스키들처럼 개들이 싸우는 것을 본 적이 없었다.
Su primera experiencia le enseñó una lección que nunca olvidaría.
그의 첫 경험은 그에게 결코 잊지 못할 교훈을 주었습니다.
Tuvo suerte de que no fuera él, o habría muerto también.
다행히 그 사람이 자신이 아니었기 때문에 그도 죽었을 것입니다.
Curly fue el que sufrió mientras Buck observaba y aprendía.
벅이 지켜보며 배우는 동안 컬리는 고통을 겪었습니다.
Habían acampado cerca de una tienda construida con troncos.
그들은 통나무로 지은 상점 근처에 캠프를 세웠습니다.
Curly intentó ser amigable con un husky grande, parecido a un lobo.
컬리는 늑대와 비슷한 큰 허스키에게 친절하게 대하려고 노력했습니다.
El husky era más pequeño que Curly, pero parecía salvaje y malvado.
허스키는 컬리보다 작았지만, 사납고 사나워 보였다.
Sin previo aviso, saltó y le abrió el rostro.
그는 아무런 경고도 없이 달려들어 그녀의 얼굴을 베어버렸다.
Sus dientes la atravesaron desde el ojo hasta la mandíbula en un solo movimiento.
그의 이빨은 단 한 번의 움직임으로 그녀의 눈부터 턱까지 깎아냈다.
Así era como peleaban los lobos: golpeaban rápido y saltaban.
늑대는 이렇게 싸웠습니다. 빨리 공격하고 뛰어서 도망갔습니다.
Pero había mucho más que aprender de ese único ataque.

하지만 그 공격으로부터 배울 수 있는 것은 그보다 더 많았습니다.

Decenas de huskies entraron corriendo y formaron un círculo silencioso.
수십 마리의 허스키가 달려들어 조용한 원을 그렸습니다.

Observaron atentamente y se lamieron los labios con hambre.
그들은 주의 깊게 지켜보며 배고픔에 입술을 핥았습니다.

Buck no entendió su silencio ni sus miradas ansiosas.
벅은 그들의 침묵이나 열망하는 눈빛을 이해할 수 없었다.

Curly se apresuró a atacar al husky por segunda vez.
컬리는 허스키를 두 번째로 공격하기 위해 달려갔다.

Él usó su pecho para derribarla con un movimiento fuerte.
그는 가슴을 이용해 그녀를 강력한 움직임으로 쓰러뜨렸다.

Ella cayó de lado y no pudo levantarse más.
그녀는 옆으로 넘어져서 다시 일어날 수 없었습니다.

Eso era lo que los demás habían estado esperando todo el tiempo.
그것이 바로 다른 사람들이 쭉 기다려왔던 것이었습니다.

Los perros esquimales saltaron sobre ella, aullando y gruñendo frenéticamente.
허스키들이 그녀에게 달려들어 미친 듯이 울부짖고 으르렁거렸습니다.

Ella gritó cuando la enterraron bajo una pila de perros.
그녀는 개 더미 아래에 묻히자 비명을 질렀습니다.

El ataque fue tan rápido que Buck se quedó paralizado por la sorpresa.
공격이 너무 빨라서 벅은 충격으로 그 자리에 얼어붙었다.

Vio a Spitz sacar la lengua de una manera que parecía una risa.

그는 스피츠가 웃는 것처럼 혀를 내미는 것을 보았다.
François cogió un hacha y corrió directamente hacia el grupo de perros.
프랑수아는 도끼를 움켜쥐고 개 무리 속으로 곧장 달려들었다.
Otros tres hombres usaron palos para ayudar a ahuyentar a los perros esquimales.
다른 세 남자는 곤봉을 이용해 허스키를 쫓아냈습니다.
En sólo dos minutos, la pelea terminó y los perros desaparecieron.
단 2분 만에 싸움은 끝났고 개들은 사라졌습니다.
Curly yacía muerta en la nieve roja y pisoteada, con su cuerpo destrozado.
컬리는 붉게 짓밟힌 눈 속에 죽어 누워 있었고, 그녀의 몸은 갈기갈기 찢어져 있었다.
Un hombre de piel oscura estaba de pie sobre ella, maldiciendo la brutal escena.
검은 피부의 남자가 그녀 위에 서서 그 잔혹한 광경을 저주했습니다.
El recuerdo permaneció con Buck y atormentó sus sueños por la noche.
그 기억은 벅의 마음속에 남았고, 밤에 그의 꿈에 나타났습니다.
Así era aquí: sin justicia, sin segundas oportunidades.
여기서는 그게 다였습니다. 공정함도 없고, 두 번째 기회도 없었습니다.
Una vez que un perro caía, los demás lo mataban sin piedad.
한 마리의 개가 쓰러지면 다른 개들은 무자비하게 사람을 죽인다.
Buck decidió entonces que nunca se permitiría caer.
벅은 그때 자신이 결코 타락하는 것을 허용하지 않겠다고 결심했습니다.
Spitz volvió a sacar la lengua y se rió de la sangre.
스피츠는 다시 혀를 내밀고 피를 보며 웃었다.
Desde ese momento, Buck odió a Spitz con todo su corazón.

그 순간부터 벅은 스피츠를 진심으로 미워하게 되었습니다.

Antes de que Buck pudiera recuperarse de la muerte de Curly, sucedió algo nuevo.
벅이 컬리의 죽음에서 회복하기도 전에 새로운 일이 일어났습니다.
François se acercó y ató algo alrededor del cuerpo de Buck.
프랑수아가 다가와서 벅의 몸에 뭔가를 묶었습니다.
Era un arnés como los que usaban los caballos en el rancho.
그것은 목장에서 말에 사용하는 것과 같은 하네스였습니다.
Así como Buck había visto trabajar a los caballos, ahora él también estaba obligado a trabajar.
벅은 말이 일하는 것을 보았고, 이제 그도 일을 하게 되었다.
Tuvo que arrastrar a François en un trineo hasta el bosque cercano.
그는 프랑수아를 썰매에 태워 근처 숲으로 끌고 가야 했습니다.
Después tuvo que arrastrar una carga de leña pesada.
그런 다음 그는 무거운 장작을 한 짐 뒤로 끌어야 했습니다.
Buck era orgulloso, por eso le dolía que lo trataran como a un animal de trabajo.
벅은 자존심이 강했기 때문에, 일하는 동물처럼 취급받는 것이 마음에 걸렸습니다.
Pero él era sabio y no intentó luchar contra la nueva situación.
하지만 그는 현명해서 새로운 상황에 맞서 싸우려 하지 않았습니다.
Aceptó su nueva vida y dio lo mejor de sí en cada tarea.
그는 새로운 삶을 받아들이고 모든 일에 최선을 다했습니다.
Todo en la obra le resultaba extraño y desconocido.

그에게는 그 일과 관련된 모든 것이 낯설고
생소했습니다.

Francisco era estricto y exigía obediencia sin demora.
프랑수아는 엄격했고 지체 없이 복종할 것을
요구했습니다.

Su látigo garantizaba que cada orden fuera seguida al instante.
그의 채찍은 모든 명령이 한꺼번에 따르도록 했습니다.

Dave era el que conducía el trineo, el perro que estaba más cerca de él, detrás de Buck.
데이브는 썰매를 몰고 가는 개였고, 벅 뒤에서 썰매에
가장 가까이 있는 개였습니다.

Dave mordió a Buck en las patas traseras si cometía un error.
데이브는 실수를 하면 벅의 뒷다리를 물었다.

Spitz era el perro líder, hábil y experimentado en su función.
스피츠는 리더 역할을 맡았으며, 그 역할에 능숙하고
경험이 풍부했습니다.

Spitz no pudo alcanzar a Buck fácilmente, pero aún así lo corrigió.
스피츠는 벅에게 쉽게 다가갈 수 없었지만, 그래도 그를
바로잡았다.

Gruñó con dureza o tiró del trineo de maneras que le enseñaron a Buck.
그는 거칠게 으르렁거리거나 벅에게 가르쳐준 방식으로
썰매를 끌었다.

Con este entrenamiento, Buck aprendió más rápido de lo que cualquiera de ellos esperaba.
이 훈련을 통해 벅은 그들 중 누구보다도 빨리
배웠습니다.

Trabajó duro y aprendió tanto de François como de los otros perros.
그는 열심히 일했고 프랑수아와 다른 개들로부터
배웠습니다.

Cuando regresaron, Buck ya conocía los comandos clave.
그들이 돌아왔을 때, 벅은 이미 주요 명령을 알고
있었습니다.

Aprendió a detenerse al oír la palabra "ho" gracias a François.
그는 프랑수아로부터 "호"라는 소리에 멈추는 법을 배웠습니다.
Aprendió cuando tenía que tirar del trineo y correr.
그는 썰매를 끌고 달려야 할 때를 배웠습니다.
Aprendió a girar abiertamente en las curvas del camino sin problemas.
그는 어려움 없이 산길의 굽은 길에서 크게 방향을 바꾸는 법을 배웠습니다.
También aprendió a evitar a Dave cuando el trineo descendía rápidamente.
그는 또한 썰매가 내리막길을 빠르게 내려갈 때 데이브를 피하는 법도 배웠습니다.
"Son perros muy buenos", le dijo orgulloso François a Perrault.
프랑수아는 페로에게 자랑스럽게 "그들은 정말 훌륭한 개들이죠"라고 말했다.
"Ese Buck tira como un demonio. Le enseño rapidísimo".
"벅은 정말 빨리 잡아당기죠. 제가 가르쳐준 대로 정말 빠르거든요."

Más tarde ese día, Perrault regresó con dos perros husky más.
그날 늦게 페로는 허스키 개 두 마리를 데리고 돌아왔습니다.
Se llamaban Billee y Joe y eran hermanos.
그들의 이름은 빌리와 조였고, 그들은 형제였습니다.
Venían de la misma madre, pero no se parecían en nada.
그들은 같은 어머니에게서 태어났지만 전혀 달랐습니다.
Billee era de carácter dulce y muy amigable con todos.
빌리는 성격이 좋고 모든 사람에게 매우 친절했습니다.
Joe era todo lo contrario: tranquilo, enojado y siempre gruñendo.
조는 그와는 정반대였습니다. 조용하고, 화를 잘 내고, 항상 으르렁거렸습니다.

Buck los saludó de manera amigable y se mostró tranquilo con ambos.
벅은 그들을 친절하게 맞이했고 두 사람 모두에게 침착함을 유지했습니다.
Dave no les prestó atención y permaneció en silencio como siempre.
데이브는 그들에게 전혀 주의를 기울이지 않았고 평소처럼 아무 말도 하지 않았다.
Spitz atacó primero a Billee, luego a Joe, para demostrar su dominio.
스피츠는 먼저 빌리를 공격했고, 그다음에는 조를 공격하며 자신의 우월함을 과시했습니다.
Billee movió la cola y trató de ser amigable con Spitz.
빌리는 꼬리를 흔들며 스피츠에게 친절하게 대하려고 노력했습니다.
Cuando eso no funcionó, intentó huir.
그래도 소용이 없자 그는 대신 도망치려고 했습니다.
Lloró tristemente cuando Spitz lo mordió fuerte en el costado.
스피츠가 그의 옆구리를 세게 물었을 때 그는 슬프게 울었습니다.
Pero Joe era muy diferente y se negaba a dejarse intimidar.
하지만 조는 달랐고 괴롭힘을 당하는 것을 거부했습니다.
Cada vez que Spitz se acercaba, Joe giraba rápidamente para enfrentarlo.
스피츠가 가까이 올 때마다 조는 재빨리 돌아서서 그를 마주 보았다.
Su pelaje se erizó, sus labios se curvaron y sus dientes chasquearon salvajemente.
그의 털이 곤두서고, 입술이 말려 올라가고, 이빨이 격렬하게 딱딱 부딪혔다.
Los ojos de Joe brillaron de miedo y rabia, desafiando a Spitz a atacar.
조의 눈은 두려움과 분노로 빛났고, 스피츠가 공격하도록 도전했다.

Spitz abandonó la lucha y se alejó, humillado y enojado.
스피츠는 싸움을 포기하고 굴욕감과 분노로
돌아섰습니다.

Descargó su frustración en el pobre Billee y lo ahuyentó.
그는 불쌍한 빌리에게 자신의 좌절감을 풀어내어 그를
쫓아냈습니다.

Esa noche, Perrault añadió un perro más al equipo.
그날 저녁, 페로는 팀에 개 한 마리를 더 추가했습니다.

Este perro era viejo, delgado y cubierto de cicatrices de batalla.
이 개는 늙고, 마르고, 전쟁으로 인한 흉터가
가득했습니다.

Le faltaba un ojo, pero el otro brillaba con poder.
그의 눈 하나는 없었지만, 다른 눈은 강력하게 번쩍였다.

El nombre del nuevo perro era Solleks, que significaba "el enojado".
새로 태어난 개의 이름은 솔렉스였는데, 이는 화난
사람을 뜻했습니다.

Al igual que Dave, Solleks no pidió nada a los demás y no dio nada a cambio.
데이브와 마찬가지로 솔렉스는 다른 사람에게 아무것도
요구하지 않았고, 아무것도 돌려주지 않았습니다.

Cuando Solleks entró lentamente al campamento, incluso Spitz se mantuvo alejado.
솔렉스가 천천히 캠프 안으로 들어오자, 스피츠조차도
멀리 떨어져 있었습니다.

Tenía un hábito extraño que Buck tuvo la mala suerte de descubrir.
그는 이상한 습관을 가지고 있었는데, 벅은 그것을
불행히도 발견하지 못했습니다.

A Solleks le disgustaba que se acercaran a él por el lado donde estaba ciego.
솔렉스는 자신이 시력을 잃었기 때문에 누군가가
자신에게 다가오는 것을 싫어했습니다.

Buck no sabía esto y cometió ese error por accidente.

벅은 이 사실을 모르고 실수로 그런 실수를
저질렀습니다.
Solleks se dio la vuelta y cortó el hombro de Buck profunda y rápidamente.
솔렉스는 돌아서서 벅의 어깨를 깊고 빠르게 베어냈다.
A partir de ese momento, Buck nunca se acercó al lado ciego de Solleks.
그 순간부터 벅은 솔렉스의 눈에 띄지 않게 되었다.
Nunca volvieron a tener problemas durante el resto del tiempo que estuvieron juntos.
그들은 함께 지낸 나머지 시간 동안 그 이후로는 아무런 문제를 겪지 않았습니다.
Solleks sólo quería que lo dejaran solo, como el tranquilo Dave.
솔렉스는 조용한 데이브처럼 혼자 있고 싶어했습니다.
Pero Buck se enteraría más tarde de que cada uno tenía otro objetivo secreto.
하지만 벅은 나중에 그들 각자가 다른 비밀 목표를 가지고 있다는 사실을 알게 됩니다.
Esa noche, Buck se enfrentó a un nuevo y preocupante desafío: cómo dormir.
그날 밤 벅은 새로운 난제에 직면했습니다. 바로 잠을 자는 방법이었습니다.
La tienda brillaba cálidamente con la luz de las velas en el campo nevado.
눈 덮인 들판에서 촛불이 켜지면서 텐트가 따뜻하게 빛났습니다.
Buck entró, pensando que podría descansar allí como antes.
벅은 이전처럼 그곳에서 쉴 수 있을 거라 생각하며 안으로 들어갔다.
Pero Perrault y François le gritaron y le lanzaron sartenes.
하지만 페로와 프랑수아는 그에게 소리를 지르고 냄비를 던졌습니다.
Sorprendido y confundido, Buck corrió hacia el frío helado.
벅은 충격을 받고 혼란스러워서 얼어붙는 추위 속으로 달려 나갔다.

Un viento amargo le azotó el hombro herido y le congeló las patas.
매서운 바람이 그의 다친 어깨를 찌르고 발은 얼어붙었다.

Se tumbó en la nieve y trató de dormir al aire libre.
그는 눈 속에 누워서 야외에서 잠을 자려고 노력했습니다.

Pero el frío pronto le obligó a levantarse de nuevo, temblando mucho.
하지만 추위 때문에 그는 곧 일어나야 했고 몸이 심하게 떨렸습니다.

Deambuló por el campamento intentando encontrar un lugar más cálido.
그는 캠프 안을 돌아다니며 더 따뜻한 곳을 찾으려고 노력했습니다.

Pero cada rincón estaba tan frío como el anterior.
하지만 모든 구석은 이전 구석과 마찬가지로 차가웠습니다.

A veces, perros salvajes saltaban sobre él desde la oscuridad.
때로는 어둠 속에서 사나운 개들이 그에게 달려들기도 했습니다.

Buck erizó su pelaje, mostró los dientes y gruñó en señal de advertencia.
벅은 털을 곤두세우고, 이빨을 드러내며 경고하듯 으르렁거렸다.

Estaba aprendiendo rápido y los otros perros se alejaban rápidamente.
그는 빠르게 학습했고 다른 개들은 금세 물러났다.

Aún así, no tenía dónde dormir ni idea de qué hacer.
그래도 그는 잠을 잘 곳도 없었고, 무엇을 해야 할지 전혀 몰랐습니다.

Por fin se le ocurrió una idea: ver cómo estaban sus compañeros de equipo.
마침내 그에게 생각이 떠올랐습니다. 팀 동료들을 확인해 보는 것이었습니다.

Regresó a su zona y se sorprendió al descubrir que habían desaparecido.
그는 그 지역으로 돌아왔고 그들이 사라진 것을 보고 놀랐다.

Nuevamente buscó por todo el campamento, pero todavía no pudo encontrarlos.
그는 다시 진영을 수색했지만 여전히 그들을 찾을 수 없었다.

Sabía que ellos no podían estar en la tienda, o él también lo estaría.
그는 그들이 텐트 안에 있을 수 없다는 것을 알고 있었습니다. 그랬다면 그도 텐트 안에 있었을 테니까요.

Entonces ¿a dónde se habían ido todos los perros en este campamento helado?
그렇다면 이 얼어붙은 캠프에 있던 개들은 다 어디로 갔을까?

Buck, frío y miserable, caminó lentamente alrededor de la tienda.
벅은 추위에 떨며 괴로워하며 천천히 텐트 주위를 돌았습니다.

De repente, sus patas delanteras se hundieron en la nieve blanda y lo sobresaltó.
갑자기 그의 앞다리가 부드러운 눈 속으로 푹 빠져들어 그는 놀랐다.

Algo se movió bajo sus pies y saltó hacia atrás asustado.
그의 발 밑에서 무언가가 꿈틀거리자 그는 두려움에 휩싸여 뒤로 물러섰다.

Gruñó y rugió sin saber qué había debajo de la nieve.
그는 눈 아래에 무엇이 있는지 알지 못한 채 으르렁거리고 으르렁거렸습니다.

Entonces oyó un ladrido amistoso que alivió su miedo.
그러자 그는 두려움을 덜어주는 친근한 작은 짖는 소리를 들었습니다.

Olfateó el aire y se acercó para ver qué estaba oculto.
그는 공기를 맡아보고 무엇이 숨겨져 있는지 보기 위해 더 가까이 다가갔습니다.

Bajo la nieve, acurrucada en una bola cálida, estaba la pequeña Billee.
눈 아래에는 따뜻한 공 모양으로 웅크리고 있는 작은 빌리가 있었습니다.
Billee movió la cola y lamió la cara de Buck para saludarlo.
빌리는 꼬리를 흔들고 벅의 얼굴을 핥으며 인사했다.
Buck vio cómo Billee había hecho un lugar para dormir en la nieve.
벅은 빌리가 눈 속에 잠자리를 만든 것을 보았습니다.
Había cavado y usado su propio calor para mantenerse caliente.
그는 땅을 파고 자신의 열을 이용해 몸을 따뜻하게 유지했습니다.
Buck había aprendido otra lección: así era como dormían los perros.
벅은 또 다른 교훈을 얻었다. 개들은 이렇게 자는 것이다.
Eligió un lugar y comenzó a cavar su propio hoyo en la nieve.
그는 한 장소를 골라 눈 속에 자신만의 구멍을 파기 시작했습니다.
Al principio, se movía demasiado y desperdiciaba energía.
처음에는 너무 많이 움직여서 에너지를 낭비했습니다.
Pero pronto su cuerpo calentó el espacio y se sintió seguro.
하지만 곧 그의 몸은 공간을 따뜻하게 만들었고, 그는 안전함을 느꼈다.
Se acurrucó fuertemente y al poco tiempo estaba profundamente dormido.
그는 몸을 꼭 웅크리고 얼마 지나지 않아 깊이 잠들었습니다.
El día había sido largo y duro, y Buck estaba exhausto.
그날은 길고 힘든 하루였고, 벅은 지쳐 있었습니다.
Durmió profundamente y cómodamente, aunque sus sueños fueron salvajes.
그는 꿈이 매우 거칠었음에도 불구하고 깊고 편안하게 잠을 잤다.

Gruñó y ladró mientras dormía, retorciéndose mientras soñaba.
그는 꿈속에서 으르렁거리고 짖으며, 꿈을 꾸는 동안 몸을 비틀었다.

Buck no se despertó hasta que el campamento ya estaba cobrando vida.
벅은 캠프가 활기를 띠기 시작할 때까지 깨어나지 않았습니다.
Al principio, no sabía dónde estaba ni qué había sucedido.
처음에는 그는 자신이 어디에 있는지, 무슨 일이 일어났는지 몰랐습니다.
Había nevado durante la noche y había enterrado completamente su cuerpo.
밤새 눈이 내려 그의 시신은 완전히 묻혔습니다.
La nieve lo apretaba por todos lados.
눈이 그의 주위로 빽빽이 쌓여 사방이 꽁꽁 얼어붙었다.
De repente, una ola de miedo recorrió todo el cuerpo de Buck.
갑자기 두려움의 물결이 벅의 온 몸을 휩쓸었다.
Era el miedo a quedar atrapado, un miedo que provenía de instintos profundos.
그것은 갇힐지도 모른다는 두려움이었고, 깊은 본능에서 나온 두려움이었습니다.
Aunque nunca había visto una trampa, el miedo vivía dentro de él.
그는 함정을 본 적은 없었지만, 두려움은 그의 안에 살아 있었습니다.
Era un perro domesticado, pero ahora sus viejos instintos salvajes estaban despertando.
그는 길들여진 개였지만, 이제 그의 옛날 야생 본능이 깨어나고 있었습니다.
Los músculos de Buck se tensaron y se le erizó el pelaje por toda la espalda.
벅의 근육이 긴장되었고, 등 전체에 털이 곤두섰다.
Gruñó ferozmente y saltó hacia arriba a través de la nieve.

그는 사납게 으르렁거리며 눈 속을 뚫고 뛰어올랐다.
La nieve voló en todas direcciones cuando estalló la luz del día.
그가 햇빛 속으로 나오자 눈이 사방으로 날아다녔다.
Incluso antes de aterrizar, Buck vio el campamento extendido ante él.
벅은 착륙하기도 전에 캠프가 눈앞에 펼쳐지는 것을 보았다.
Recordó todo del día anterior, de repente.
그는 전날의 모든 일을 한꺼번에 기억해냈다.
Recordó pasear con Manuel y terminar en ese lugar.
그는 마누엘과 함께 산책을 하다가 이곳에 도착한 것을 기억했습니다.
Recordó haber cavado el hoyo y haberse quedado dormido en el frío.
그는 구멍을 파고 추위 속에서 잠이 들었던 걸 기억했습니다.
Ahora estaba despierto y el mundo salvaje que lo rodeaba estaba claro.
이제 그는 깨어났고, 그의 주변의 거친 세상이 선명하게 보였습니다.
Un grito de François saludó la repentina aparición de Buck.
프랑수아는 벅의 갑작스러운 출현을 환영하며 큰 소리로 외쳤다.
—¿Qué te dije? —gritó en voz alta el conductor del perro a Perrault.
"내가 뭐라고 했지?" 개 운전사가 페로에게 큰 소리로 외쳤다.
"Ese Buck sin duda aprende muy rápido", añadió François.
프랑수아는 "저 벅은 정말 빨리 배우는군요"라고 덧붙였다.
Perrault asintió gravemente, claramente satisfecho con el resultado.
페로는 결과에 만족한 듯 진지하게 고개를 끄덕였다.
Como mensajero del gobierno canadiense, transportaba despachos.

그는 캐나다 정부의 택배기사로 일하며 전문을
전달했습니다.
Estaba ansioso por encontrar los mejores perros para su importante misión.
그는 자신의 중요한 임무에 가장 적합한 개를 찾고
싶어했습니다.
Se sintió especialmente complacido ahora que Buck era parte del equipo.
그는 벅이 팀의 일원이 된 것을 특히 기쁘게
생각했습니다.
Se agregaron tres huskies más al equipo en una hora.
1시간 만에 허스키 3마리가 팀에 추가되었습니다.
Eso elevó el número total de perros en el equipo a nueve.
이로써 팀의 개 수는 총 9마리가 되었습니다.
En quince minutos todos los perros estaban en sus arneses.
15분 이내에 모든 개들이 하네스를 착용하게
되었습니다.
El equipo de trineos avanzaba por el sendero hacia Dyea Cañón.
썰매 팀은 다이아 캐넌을 향해 산길을 따라 올라가고
있었습니다.
Buck se sintió contento de partir, incluso si el trabajo que tenía por delante era duro.
벅은 앞으로의 일이 힘들더라도 떠나게 되어 기뻤다.
Descubrió que no despreciaba especialmente el trabajo ni el frío.
그는 노동이나 추위를 특별히 싫어하지 않는다는 것을
알게 되었다.
Le sorprendió el entusiasmo que llenaba a todo el equipo.
그는 팀 전체를 가득 채운 열의에 놀랐다.
Aún más sorprendente fue el cambio que se produjo en Dave y Solleks.
더욱 놀라운 것은 데이브와 솔렉스에게 일어난
변화였습니다.
Estos dos perros eran completamente diferentes cuando estaban enjaezados.

이 두 마리의 개는 하네스를 착용했을 때 완전히 달랐습니다.
Su pasividad y falta de preocupación habían desaparecido por completo.
그들의 수동성과 무관심은 완전히 사라졌습니다.
Estaban alertas y activos, y ansiosos por hacer bien su trabajo.
그들은 경계심이 강하고 활동적이었으며, 자신의 일을 잘 하려는 의욕이 강했습니다.
Se irritaban ferozmente ante cualquier cosa que causara retraso o confusión.
그들은 지연이나 혼란을 일으키는 모든 것에 대해 몹시 짜증을 냈습니다.
El duro trabajo en las riendas era el centro de todo su ser.
고삐를 다루는 힘든 일이 그들의 존재의 중심이었습니다.
Tirar del trineo parecía ser lo único que realmente disfrutaban.
썰매를 끄는 것이 그들이 정말로 즐기는 유일한 일인 듯했다.
Dave estaba en la parte de atrás del grupo, más cerca del trineo.
데이브는 썰매에 가장 가까운, 그룹의 뒤쪽에 있었습니다.
Buck fue colocado delante de Dave, y Solleks se adelantó a Buck.
벅은 데이브 앞에 놓였고, 솔렉스는 벅보다 앞서 나아갔다.
El resto de los perros estaban dispersos adelante, en una sola fila.
나머지 개들은 일렬로 줄을 서서 앞으로 나아갔다.
La posición de cabeza en la parte delantera quedó ocupada por Spitz.
선두의 선두 자리는 스피츠가 차지했습니다.
Buck había sido colocado entre Dave y Solleks para recibir instrucción.

벅은 지시를 받기 위해 데이브와 솔렉스 사이에 배치되었습니다.

Él aprendía rápido y sus profesores eran firmes y capaces.
그는 빨리 배우는 사람이었고, 그들은 확고하고 유능한 교사들이었습니다.

Nunca permitieron que Buck permaneciera en el error por mucho tiempo.
그들은 벅이 오랫동안 오류에 빠지는 것을 결코 허용하지 않았습니다.

Enseñaron sus lecciones con dientes afilados cuando era necesario.
그들은 필요할 때마다 날카로운 이빨로 교훈을 가르쳤습니다.

Dave era justo y mostraba un tipo de sabiduría tranquila y seria.
데이브는 공정했고 조용하고 진지한 지혜를 보여주었습니다.

Él nunca mordió a Buck sin una buena razón para hacerlo.
그는 정당한 이유 없이 벅을 물지 않았습니다.

Pero nunca dejó de morder cuando Buck necesitaba corrección.
하지만 벅이 교정을 필요로 할 때마다 그는 항상 반항했습니다.

El látigo de Francisco estaba siempre listo y respaldaba su autoridad.
프랑수아의 채찍은 언제나 준비되어 있었고 그들의 권위를 뒷받침했습니다.

Buck pronto descubrió que era mejor obedecer que defenderse.
벅은 곧 맞서 싸우는 것보다 복종하는 것이 낫다는 것을 깨달았습니다.

Una vez, durante un breve descanso, Buck se enredó en las riendas.
어느 날, 잠깐 쉬던 중 벅이 고삐에 엉키는 일이 생겼습니다.

Retrasó el inicio y confundió los movimientos del equipo.

그는 시작을 늦추고 팀의 움직임을 혼란스럽게
했습니다.
Dave y Solleks se abalanzaron sobre él y le dieron una
paliza brutal.
데이브와 솔렉스는 그에게 달려들어 심하게 구타했다.
El enredo sólo empeoró, pero Buck aprendió bien la lección.
문제는 점점 더 심각해졌지만, 벅은 교훈을 잘
얻었습니다.
A partir de entonces, mantuvo las riendas tensas y trabajó
con cuidado.
그때부터 그는 고삐를 단단히 잡고 조심스럽게
일했습니다.
Antes de que terminara el día, Buck había dominado gran
parte de su tarea.
그날이 끝나기 전에 벅은 자신의 작업의 대부분을
완수했습니다.
Sus compañeros casi dejaron de corregirlo y morderlo.
그의 팀 동료들은 그를 바로잡거나 물어뜯는 것을 거의
멈췄습니다.
El látigo de François resonaba cada vez con menos
frecuencia en el aire.
프랑수아의 채찍이 공기를 가르는 소리가 점점
줄어들었다.
Perrault incluso levantó los pies de Buck y examinó
cuidadosamente cada pata.
페로는 벅의 발을 들어올려 각 발을 주의 깊게
살펴보았습니다.
Había sido un día de carrera duro, largo y agotador para
todos ellos.
그것은 그들 모두에게 힘든 하루였고, 길고 지치게 하는
달리기였습니다.
Viajaron por el Cañón, atravesando Sheep Camp y pasando
por Scales.
그들은 캐넌 강을 따라 올라가서, 시프 캠프를 지나,
스케일스를 지나갔습니다.

Cruzaron la línea de árboles, luego glaciares y bancos de nieve de muchos metros de profundidad.
그들은 수목 한계선을 넘었고, 그다음에는 수 피트 깊이의 빙하와 눈더미를 넘었습니다.

Escalaron la gran, fría y prohibitiva divisoria de Chilkoot.
그들은 극심한 추위와 칠쿠트 분수령을 넘어 올라갔습니다.

Esa alta cresta se encontraba entre el agua salada y el interior helado.
그 높은 산등성이는 소금물과 얼어붙은 내부 사이에 있었습니다.

Las montañas custodiaban con hielo y empinadas subidas el triste y solitario Norte.
산은 얼음과 가파른 오르막길로 슬프고 외로운 북쪽을 보호했습니다.

Avanzaron a buen ritmo por una larga cadena de lagos debajo de la divisoria.
그들은 분수령 아래에 있는 긴 호수들을 따라 내려가며 좋은 시간을 보냈습니다.

Esos lagos llenaban los antiguos cráteres de volcanes extintos.
그 호수들은 사화산의 고대 분화구를 채웠습니다.

Tarde esa noche, llegaron a un gran campamento en el lago Bennett.
그날 늦은 밤, 그들은 베넷 호수에 있는 큰 캠프에 도착했습니다.

Miles de buscadores de oro estaban allí, construyendo barcos para la primavera.
수천 명의 금을 찾는 사람들이 그곳에 모여서 봄에 쓸 배를 만들고 있었습니다.

El hielo se rompería pronto y tenían que estar preparados.
얼음이 곧 깨질 테니, 그들은 대비해야 했습니다.

Buck cavó su hoyo en la nieve y cayó en un sueño profundo.
벅은 눈 속에 구멍을 파고 깊은 잠에 빠졌다.

Durmió como un trabajador, exhausto por la dura jornada de trabajo.

그는 힘든 하루를 보낸 후 지쳐서 노동자처럼 잠을 잤습니다.

Pero demasiado pronto, en la oscuridad, fue sacado del sueño.

하지만 어둠이 깔린 너무 이른 시간에 그는 잠에서 깨어났습니다.

Fue enganchado nuevamente con sus compañeros y sujeto al trineo.

그는 다시 동료들과 함께 썰매에 묶였습니다.

Aquel día hicieron cuarenta millas, porque la nieve estaba muy pisoteada.

그날 그들은 40마일을 갔는데, 눈이 많이 쌓여 있었기 때문이다.

Al día siguiente, y durante muchos días más, la nieve estaba blanda.

그 다음날, 그리고 그 후 여러 날 동안 눈은 부드러웠습니다.

Tuvieron que hacer el camino ellos mismos, trabajando más duro y moviéndose más lento.

그들은 더 열심히 일하고 더 느리게 움직여서 스스로 길을 만들어야 했습니다.

Por lo general, Perrault caminaba delante del equipo con raquetas de nieve palmeadas.

페로는 보통 물갈퀴가 달린 눈신을 신고 팀보다 앞서 걸었다.

Sus pasos compactaron la nieve, facilitando el movimiento del trineo.

그의 발걸음은 눈을 압축하여 썰매가 움직이기 쉽게 만들었습니다.

François, que dirigía el barco desde la dirección, a veces tomaba el relevo.

지폴에서 조종을 맡았던 프랑수아가 가끔은 조종을 맡기도 했습니다.

Pero era raro que François tomara la iniciativa.

그러나 프랑수아가 주도권을 잡는 경우는 드물었다.

porque Perrault tenía prisa por entregar las cartas y los paquetes.
페로는 편지와 소포를 배달하느라 서둘렀기 때문이다.
Perrault estaba orgulloso de su conocimiento de la nieve, y especialmente del hielo.
페로는 눈, 특히 얼음에 대한 자신의 지식을 자랑스러워했습니다.
Ese conocimiento era esencial porque el hielo en otoño era peligrosamente delgado.
그 지식은 필수적이었습니다. 왜냐하면 가을철 얼음이 위험할 정도로 얇았기 때문입니다.
Allí donde el agua fluía rápidamente bajo la superficie, no había hielo en absoluto.
표면 아래로 물이 빠르게 흐르는 곳에는 얼음이 전혀 없었습니다.

Día tras día, la misma rutina se repetía sin fin.
날마다 똑같은 일상이 끝없이 반복되었습니다.
Buck trabajó incansablemente en las riendas desde el amanecer hasta la noche.
벅은 새벽부터 밤까지 끝없이 고삐를 잡고 고생했습니다.
Abandonaron el campamento en la oscuridad, mucho antes de que saliera el sol.
그들은 해가 뜨기 훨씬 전, 어둠 속에서 캠프를 떠났습니다.
Cuando amaneció, ya habían recorrido muchos kilómetros.
날이 밝았을 때, 그들은 이미 수 마일을 뒤로하고 있었습니다.
Acamparon después del anochecer, comieron pescado y excavaron en la nieve.
그들은 어두워진 후에 캠프를 치고 물고기를 먹고 눈 속에 파묻혔습니다.
Buck siempre tenía hambre y nunca estaba realmente satisfecho con su ración.

벅은 항상 배가 고팠고, 배급량에 만족한 적이 한 번도 없었습니다.
Recibía una libra y media de salmón seco cada día.
그는 매일 1파운드 반의 말린 연어를 받았습니다.
Pero la comida parecía desaparecer dentro de él, dejando atrás el hambre.
하지만 음식은 그의 몸 안에서 사라져 버렸고, 배고픔만 남았습니다.
Sufría constantes dolores de hambre y soñaba con más comida.
그는 끊임없이 배고픔에 시달렸고, 더 많은 음식을 꿈꿨습니다.
Los otros perros sólo ganaron una libra, pero se mantuvieron fuertes.
다른 개들은 1파운드의 음식만 먹었지만, 힘을 잃지 않았습니다.
Eran más pequeños y habían nacido en la vida del norte.
그들은 더 작았고 북쪽의 삶에서 태어났습니다.
Perdió rápidamente la meticulosidad que había caracterizado su antigua vida.
그는 옛날의 삶에 존재했던 꼼꼼함을 금세 잃어버렸다.
Había sido un comensal delicado, pero ahora eso ya no era posible.
그는 맛있는 음식을 먹는 것을 좋아했지만, 이제는 더 이상 그럴 수 없게 되었습니다.
Sus compañeros terminaron primero y le robaron su ración sobrante.
그의 친구들이 먼저 식사를 마치고 그에게서 남은 식량을 빼앗았습니다.
Una vez que empezaron, no había forma de defender su comida de ellos.
일단 그들이 공격하기 시작하자 그의 음식을 방어할 방법이 없었습니다.
Mientras él luchaba contra dos o tres perros, los otros le robaron el resto.

그가 두세 마리의 개를 쫓아내는 동안 다른 개들이
나머지를 훔쳐갔습니다.
Para solucionar esto, comenzó a comer tan rápido como los demás.
이를 해결하기 위해 그는 다른 사람들처럼 빨리 먹기
시작했습니다.
El hambre lo empujó tan fuerte que incluso tomó comida que no era suya.
배고픔이 그를 너무 힘들게 해서 그는 자신의 음식이
아닌 다른 음식도 먹었습니다.
Observó a los demás y aprendió rápidamente de sus acciones.
그는 다른 사람들을 관찰하고 그들의 행동으로부터
빠르게 배웠습니다.
Vio a Pike, un perro nuevo, robarle una rebanada de tocino a Perrault.
그는 새로 온 개 파이크가 페로에게서 베이컨 한 조각을
훔치는 것을 보았습니다.
Pike había esperado hasta que Perrault se dio la espalda para robarle el tocino.
파이크는 페로가 등을 돌릴 때까지 기다렸다가 베이컨을
훔쳤습니다.
Al día siguiente, Buck copió a Pike y robó todo el trozo.
다음 날, 벅은 파이크를 따라해 그 덩어리 전체를
훔쳤습니다.
Se produjo un gran alboroto, pero no se sospechó de Buck.
큰 소란이 일어났지만 벅은 의심받지 않았습니다.
Dub, un perro torpe que siempre era atrapado, fue castigado.
늘 잡히던 서투른 개 더브는 대신 벌을 받았습니다.
Ese primer robo marcó a Buck como un perro apto para sobrevivir en el Norte.
첫 번째 도난 사건은 벅이 북쪽에서 살아남을 수 있는
개라는 것을 보여주었습니다.
Demostró que podía adaptarse a nuevas condiciones y aprender rápidamente.

그는 새로운 환경에 적응하고 빠르게 학습할 수 있다는 것을 보여주었습니다.
Sin esa adaptabilidad, habría muerto rápida y gravemente.
그런 적응력이 없었다면 그는 빨리, 그리고 심하게 죽었을 것이다.
También marcó el colapso de su naturaleza moral y de sus valores pasados.
또한 그것은 그의 도덕적 본성과 과거 가치관의 붕괴를 의미했습니다.
En el Sur, había vivido bajo la ley del amor y la bondad.
그는 사우스랜드에서 사랑과 친절의 법칙에 따라 살았습니다.
Allí tenía sentido respetar la propiedad y los sentimientos de los otros perros.
그곳에서는 자신의 재산과 다른 개들의 감정을 존중하는 것이 합리적이었습니다.
Pero en el Norte se aplicaba la ley del garrote y la ley del colmillo.
하지만 노스랜드는 곤봉의 법칙과 송곳니의 법칙을 따랐습니다.
Quienquiera que respetara los viejos valores aquí sería un tonto y fracasaría.
여기서 옛 가치관을 존중하는 사람은 어리석고 실패할 것입니다.
Buck no razonó todo esto en su mente.
벅은 이 모든 것을 마음속으로 추론하지 못했다.
Estaba en forma y se adaptó sin necesidad de pensar.
그는 건강했기 때문에 생각할 필요 없이 적응할 수 있었습니다.
Durante toda su vida, nunca había huido de una pelea.
그는 평생 싸움에서 도망간 적이 한 번도 없었습니다.
Pero el garrote de madera del hombre del suéter rojo cambió esa regla.
하지만 빨간 스웨터를 입은 남자의 나무 곤봉이 그 규칙을 바꾸었습니다.

Ahora seguía un código más profundo y antiguo escrito en su ser.
이제 그는 자신의 존재에 새겨진 더 깊고 오래된 코드를 따랐습니다.
No robó por placer sino por el dolor del hambre.
그는 즐거움을 위해 훔친 것이 아니라, 배고픔으로 인한 고통 때문에 훔쳤습니다.
Él nunca robaba abiertamente, sino que hurtaba con astucia y cuidado.
그는 공개적으로 강도질을 한 적이 없지만 교활하고 신중하게 도둑질을 했습니다.
Actuó por respeto al garrote de madera y por miedo al colmillo.
그는 나무 곤봉에 대한 존경심과 송곳니에 대한 두려움 때문에 그렇게 행동했습니다.
En resumen, hizo lo que era más fácil y seguro que no hacerlo.
간단히 말해서, 그는 아무것도 하지 않는 것보다 더 쉽고 안전한 일을 했습니다.
Su desarrollo —o quizás su regreso a los viejos instintos— fue rápido.
그의 발전은 빨랐다. 아니면 옛날의 본능으로의 복귀도 빨랐다.
Sus músculos se endurecieron hasta sentirse tan fuertes como el hierro.
그의 근육은 철처럼 강해질 때까지 굳어졌습니다.
Ya no le importaba el dolor, a menos que fuera grave.
그는 심각한 고통이 아닌 이상 더 이상 고통에 신경 쓰지 않았습니다.
Se volvió eficiente por dentro y por fuera, sin desperdiciar nada.
그는 안팎으로 효율성을 높여 아무것도 낭비하지 않았습니다.
Podía comer cosas viles, podridas o difíciles de digerir.
그는 역겹고 썩은 것, 소화하기 힘든 것도 먹을 수 있었습니다.

Todo lo que comía, su estómago aprovechaba hasta el último vestigio de valor.
그는 무엇을 먹든 간에 그의 뱃속은 마지막 남은 음식까지 모두 먹어 치웠다.
Su sangre transportaba los nutrientes a través de su poderoso cuerpo.
그의 혈액은 그의 강력한 몸 전체에 영양분을 공급했습니다.
Esto creó tejidos fuertes que le dieron una resistencia increíble.
이로 인해 그는 놀라운 지구력을 갖춘 튼튼한 조직을 가지게 되었습니다.
Su vista y su olfato se volvieron mucho más sensibles que antes.
그의 시력과 후각은 이전보다 훨씬 더 민감해졌습니다.
Su audición se agudizó tanto que podía detectar sonidos débiles durante el sueño.
그의 청력은 너무 예민해져서 잠자는 동안에도 희미한 소리를 들을 수 있었습니다.
Sabía en sueños si los sonidos significaban seguridad o peligro.
그는 꿈에서 그 소리가 안전을 의미하는지 위험을 의미하는지 알았습니다.
Aprendió a morder el hielo entre los dedos de los pies con los dientes.
그는 발가락 사이의 얼음을 이빨로 물어뜯는 법을 배웠습니다.
Si un charco de agua se congelaba, rompía el hielo con las piernas.
물웅덩이가 얼어붙으면 그는 다리로 얼음을 깨곤 했다.
Se encabritó y golpeó con fuerza el hielo con sus rígidas patas delanteras.
그는 몸을 일으켜 뻣뻣한 앞발로 얼음을 세게 내리쳤다.
Su habilidad más sorprendente era predecir los cambios del viento durante la noche.

그의 가장 놀라운 능력은 밤새 바람의 변화를 예측하는
것이었습니다.
**Incluso cuando el aire estaba quieto, elegía lugares
protegidos del viento.**
공기가 고요할 때에도 그는 바람으로부터 보호되는
장소를 선택했습니다.
**Dondequiera que cavaba su nido, el viento del día siguiente
lo pasaba de largo.**
그가 둥지를 파는 곳마다 다음 날의 바람이 그를
지나갔다.
**Siempre acababa abrigado y protegido, a sotavento de la
brisa.**
그는 언제나 바람이 없는 쪽에서 아늑하고 안전하게
지냈습니다.
**Buck no sólo aprendió con la experiencia: sus instintos
también regresaron.**
벅은 경험을 통해 배웠을 뿐만 아니라, 그의 본능도
돌아왔습니다.
**Los hábitos de las generaciones domesticadas comenzaron a
desaparecer.**
길들여진 세대의 습관은 사라지기 시작했습니다.
De manera vaga, recordaba los tiempos antiguos de su raza.
그는 막연하게나마 자신의 품종의 고대 시절을
기억했다.
**Recordó cuando los perros salvajes corrían en manadas por
los bosques.**
그는 야생 개들이 숲 속에서 떼지어 달리던 때를
떠올렸다.
**Habían perseguido y matado a su presa mientras la
perseguían.**
그들은 먹이를 쫓아가서 죽이면서 달렸습니다.
**Para Buck fue fácil aprender a pelear con dientes y
velocidad.**
벅은 이빨과 빠른 속도를 이용해 싸우는 법을 쉽게
배웠습니다.

Utilizaba cortes, tajos y chasquidos rápidos igual que sus antepasados.
그는 조상들처럼 자르고, 베고, 재빠르게 꺾는 기술을 사용했습니다.
Aquellos antepasados se agitaron dentro de él y despertaron su naturaleza salvaje.
그 조상들은 그의 내면에서 깨어나 그의 야생적 본성을 일깨웠습니다.
Sus antiguas habilidades habían pasado a él a través de la línea de sangre.
그들의 오래된 기술은 혈통을 통해 그에게 전해졌습니다.
Sus trucos ahora eran suyos, sin necesidad de práctica ni esfuerzo.
이제 그들의 속임수는 그의 것이 되었고, 연습이나 노력이 필요 없게 되었습니다.

En las noches frías y quietas, Buck levantaba la nariz y aullaba.
고요하고 추운 밤이면 벅은 코를 들고 울부짖었다.
Aulló largo y profundamente, como lo hacían los lobos antaño.
그는 마치 옛날 늑대들이 그랬던 것처럼 길고 깊은 울부짖음을 내질렀다.
A través de él, sus antepasados muertos apuntaron sus narices y aullaron.
그를 통해 그의 죽은 조상들이 코를 들이밀고 울부짖었다.
Aullaron a través de los siglos con su voz y su forma.
그들은 수세기 동안 그의 목소리와 모습으로 울부짖었습니다.
Sus cadencias eran las de ellos, viejos gritos que hablaban de dolor y frío.
그의 운율은 그들의 운율과 같았고, 슬픔과 추위를 말해주는 오래된 울음소리였다.

Cantaron sobre la oscuridad, el hambre y el significado del invierno.
그들은 어둠, 굶주림, 그리고 겨울의 의미를 노래했습니다.
Buck demostró cómo la vida está determinada por fuerzas ajenas a uno mismo.
벅은 삶이 자신을 넘어서는 힘에 의해 형성된다는 것을 증명했습니다.
La antigua canción se elevó a través de Buck y se apoderó de su alma.
고대의 노래가 벅의 영혼을 사로잡았습니다.
Se encontró a sí mismo porque los hombres habían encontrado oro en el Norte.
그는 북쪽에서 사람들이 금을 발견했기 때문에 자신을 발견했습니다.
Y se encontró porque Manuel, el ayudante del jardinero, necesitaba dinero.
그리고 그는 정원사의 도우미인 마누엘에게 돈이 필요해서 자신을 찾았습니다.

La Bestia Primordial Dominante
지배적인 원시 짐승

La bestia primordial dominante era tan fuerte como siempre en Buck.
지배적인 원시적 짐승은 버크에서 예전처럼 강력했습니다.

Pero la bestia primordial dominante yacía latente en él.
하지만 지배적인 원시적 짐승은 그의 안에 잠복해 있었습니다.

La vida en el camino era dura, pero fortalecía a la bestia que Buck llevaba dentro.
산길에서의 생활은 혹독했지만, 그것은 벅의 내면에 있는 야수를 강화시켜 주었다.

En secreto, la bestia se hacía cada día más fuerte.
그 짐승은 비밀리에 날이 갈수록 더욱 강해졌습니다.

Pero ese crecimiento interior permaneció oculto para el mundo exterior.
하지만 그러한 내면의 성장은 외부 세계에 알려지지 않았습니다.

Una fuerza primordial, tranquila y calmada se estaba construyendo dentro de Buck.
벅의 내면에는 조용하고 차분한 원초적인 힘이 형성되고 있었습니다.

Una nueva astucia le proporcionó a Buck equilibrio, calma, control y aplomo.
새로운 교활함은 벅에게 균형, 차분한 통제력, 평정심을 주었습니다.

Buck se concentró mucho en adaptarse, sin sentirse nunca totalmente relajado.
벅은 적응에만 집중했고, 결코 완전히 편안한 기분을 느끼지 못했다.

Él evitaba los conflictos, nunca iniciaba peleas ni buscaba problemas.
그는 갈등을 피했고, 결코 싸움을 시작하지 않았으며, 문제를 일으키지도 않았습니다.

Una reflexión lenta y constante moldeó cada movimiento de Buck.
벅의 모든 움직임에는 느리고 꾸준한 생각이 담겨 있었습니다.
Evitó las elecciones precipitadas y las decisiones repentinas e imprudentes.
그는 성급한 선택이나 갑작스럽고 무모한 결정을 피했습니다.
Aunque Buck odiaba profundamente a Spitz, no le mostró ninguna agresión.
벅은 스피츠를 몹시 싫어했지만, 그에게 공격적인 태도를 보이지는 않았습니다.
Buck nunca provocó a Spitz y mantuvo sus acciones moderadas.
벅은 스피츠를 자극하지 않았고, 자신의 행동을 자제했습니다.
Spitz, por otro lado, percibió el creciente peligro en Buck.
반면, 스피츠는 벅에게서 점점 커지는 위험을 감지했습니다.
Él veía a Buck como una amenaza y un serio desafío a su poder.
그는 벅을 자신의 권력에 대한 위협이자 심각한 도전으로 여겼습니다.
Aprovechó cada oportunidad para gruñir y mostrar sus afilados dientes.
그는 으르렁거리며 날카로운 이빨을 보일 기회가 있을 때마다 이용했다.
Estaba tratando de iniciar la pelea mortal que estaba por venir.
그는 다가올 치명적인 싸움을 시작하려고 했습니다.
Al principio del viaje casi se desató una pelea entre ellos.
여행 초반에 그들 사이에 싸움이 벌어질 뻔했습니다.
Pero un accidente inesperado detuvo la pelea.
하지만 예상치 못한 사고로 인해 싸움은 일어나지 않게 되었습니다.
Esa tarde acamparon en el gélido lago Le Barge.

그날 저녁, 그들은 몹시 추운 르바르주 호수에 캠프를 세웠습니다.
La nieve caía con fuerza y el viento cortaba como un cuchillo.
눈이 많이 내리고, 바람이 칼날처럼 휘몰아쳤습니다.
La noche había llegado demasiado rápido y la oscuridad los rodeaba.
밤은 너무 빨리 찾아왔고, 어둠이 그들을 에워쌌다.
Difícilmente podrían haber elegido un peor lugar para descansar.
그들이 휴식하기에 이보다 더 나쁜 곳은 없었을 것이다.
Los perros buscaban desesperadamente un lugar donde tumbarse.
개들은 필사적으로 누울 곳을 찾았습니다.
Detrás del pequeño grupo se alzaba una alta pared de roca.
작은 무리 뒤로는 높은 바위벽이 가파르게 솟아 있었습니다.
La tienda de campaña había sido abandonada en Dyea para aligerar la carga.
짐을 가볍게 하기 위해 텐트는 다이아에 남겨 두었습니다.
No les quedó más remedio que hacer el fuego sobre el propio hielo.
그들은 얼음 위에 불을 피울 수밖에 없었습니다.
Extendieron sus batas para dormir directamente sobre el lago helado.
그들은 얼어붙은 호수 위에 잠자리 옷을 바로 펼쳤다.
Unos cuantos palitos de madera flotante les dieron un poco de fuego.
몇 개의 유목이 그들에게 약간의 불을 가져다주었습니다.
Pero el fuego se construyó sobre el hielo y se descongeló a través de él.
하지만 불은 얼음 위에 피워졌고, 얼음을 통해 녹아내렸습니다.
Al final, estaban comiendo su cena en la oscuridad.

결국 그들은 어둠 속에서 저녁을 먹고 있었습니다.
Buck se acurrucó junto a la roca, protegido del viento frío.
벅은 차가운 바람을 피해 바위 옆에 웅크리고 있었다.
El lugar era tan cálido y seguro que Buck odiaba mudarse.
그 장소는 너무 따뜻하고 안전해서 벅은 이사하고 싶지 않았습니다.
Pero François había calentado el pescado y estaba repartiendo raciones.
하지만 프랑수아는 물고기를 데워놓고 식량을 나눠주고 있었습니다.
Buck terminó de comer rápidamente y regresó a su cama.
벅은 재빨리 식사를 마치고 침대로 돌아갔다.
Pero Spitz ahora estaba acostado donde Buck había hecho su cama.
하지만 스피츠는 이제 벅이 침대를 만든 곳에 누워 있었습니다.
Un gruñido bajo advirtió a Buck que Spitz se negaba a moverse.
낮은 으르렁거림으로 벅은 스피츠가 움직이지 않을 것이라고 경고했다.
Hasta ahora, Buck había evitado esta pelea con Spitz.
지금까지 벅은 스피츠와의 싸움을 피해왔습니다.
Pero en lo más profundo de Buck la bestia finalmente se liberó.
하지만 벅의 깊은 곳에서 짐승이 마침내 풀려났습니다.
El robo de su lugar para dormir era algo demasiado difícil de tolerar.
그의 잠자리가 도난당한 것은 참을 수 없는 일이었습니다.
Buck se lanzó hacia Spitz, lleno de ira y rabia.
벅은 분노와 격노로 가득 차서 스피츠에게 달려들었다.
Hasta ahora Spitz había pensado que Buck era sólo un perro grande.
지금까지 스피츠는 벅이 단지 큰 개일 뿐이라고 생각하지 않았습니다.

No creía que Buck hubiera sobrevivido a través de su espíritu.
그는 벅이 자신의 영혼을 통해 살아남았다고 생각하지 않았다.

Esperaba miedo y cobardía, no furia y venganza.
그는 분노와 복수가 아닌 두려움과 비겁함을 기대했습니다.

François se quedó mirando mientras los dos perros salían del nido en ruinas.
프랑수아는 두 마리의 개가 무너진 둥지에서 뛰쳐나오는 것을 바라보았다.

Comprendió de inmediato lo que había iniciado la salvaje lucha.
그는 즉시 격렬한 싸움이 시작된 이유를 이해했습니다.

—¡Ah! —gritó François en apoyo del perro marrón.
"아아!" 프랑수아는 갈색 개를 응원하며 소리쳤다.

¡Dale una paliza! ¡Por Dios, castiga a ese ladrón astuto!
"그놈을 때려눕혀! 신이시여, 저 교활한 도둑놈을 벌해 주십시오!"

Spitz mostró la misma disposición y un entusiasmo salvaje por luchar.
스피츠 역시 싸움에 대한 동등한 준비성과 맹렬한 열망을 보였다.

Gritó de rabia mientras giraba rápidamente en busca de una abertura.
그는 빠르게 돌며 틈을 찾으며 분노에 차 소리쳤다.

Buck mostró el mismo hambre de luchar y la misma cautela.
벅은 여전히 싸우고자 하는 열망을 보였지만, 여전히 조심스러운 태도를 보였다.

También rodeó a su oponente, intentando obtener la ventaja en la batalla.
그는 상대방을 에워싸고 전투에서 우위를 점하려고 노력했습니다.

Entonces sucedió algo inesperado y lo cambió todo.
그러다 예상치 못한 일이 일어나 모든 것이 바뀌었습니다.

Ese momento retrasó la eventual lucha por el liderazgo.
그 순간으로 인해 결국 리더십을 놓고 벌어질 싸움이 지연되었습니다.

Muchos kilómetros de camino y lucha aún nos esperaban antes del final.
끝까지 가려면 아직도 수 마일에 달하는 고난과 투쟁이 기다리고 있었습니다.

Perrault gritó un juramento cuando un garrote impactó contra el hueso.
페로는 곤봉이 뼈에 부딪히자 욕설을 외쳤다.

Se escuchó un agudo grito de dolor y luego el caos explotó por todas partes.
날카로운 고통의 비명이 이어졌고, 그 후 주변은 혼란스러워졌습니다.

En el campamento se movían figuras oscuras: perros esquimales salvajes, hambrientos y feroces.
캠프에 어두운 형체들이 움직였다. 굶주리고 사나운 야생 허스키들이었다.

Cuatro o cinco docenas de perros esquimales habían olfateado el campamento desde lejos.
허스키 4~50마리가 멀리서 캠프를 냄새로 알아보았습니다.

Se habían colado sigilosamente mientras los dos perros peleaban cerca.
두 마리의 개가 근처에서 싸우는 동안 그들은 조용히 기어 들어왔습니다.

François y Perrault atacaron con garrotes a los invasores.
프랑수아와 페로는 곤봉을 휘두르며 침략자들을 공격했습니다.

Los perros esquimales hambrientos mostraron los dientes y contraatacaron frenéticamente.
굶주린 허스키들은 이빨을 드러내고 광적으로 반격했다.

El olor a carne y a pan les había hecho perder todo miedo.
고기와 빵 냄새가 그들을 모든 두려움에서 몰아냈습니다.

Perrault golpeó a un perro que había enterrado su cabeza en el cajón de comida.
페로는 음식 상자에 머리를 파묻은 개를 때렸다.
El golpe fue muy fuerte y la caja se volcó, derramándose comida.
강한 타격이 가해지자 상자가 뒤집히고 음식이 쏟아졌습니다.
En cuestión de segundos, una veintena de bestias salvajes destrozaron el pan y la carne.
몇 초 만에 20마리의 야수들이 빵과 고기를 찢어버렸습니다.
Los garrotes de los hombres asestaron golpe tras golpe, pero ningún perro se apartó.
남자 곤봉들이 연이어 공격을 가했지만, 어떤 개도 물러서지 않았습니다.
Aullaron de dolor, pero lucharon hasta que no quedó comida.
그들은 고통스럽게 울부짖었지만, 음식이 다 없어질 때까지 싸웠습니다.
Mientras tanto, los perros de trineo habían saltado de sus camas nevadas.
그 사이 썰매개들은 눈 덮인 침대에서 뛰어내렸습니다.
Fueron atacados instantáneamente por los feroces y hambrientos huskies.
그들은 사납고 배고픈 허스키들에게 즉시 공격을 받았습니다.
Buck nunca había visto criaturas tan salvajes y hambrientas antes.
벅은 이전에 그렇게 사납고 굶주린 동물을 본 적이 없었다.
Su piel colgaba suelta, ocultando apenas sus esqueletos.
그들의 피부는 헐거워져 뼈대가 거의 보이지 않았습니다.
Había un fuego en sus ojos, de hambre y locura.
그들의 눈에는 배고픔과 광기로 인한 불이 있었습니다.

No había manera de detenerlos, de resistirse a su ataque salvaje.
그들을 막을 수 있는 사람은 아무도 없었고, 그들의 맹렬한 돌진에 저항할 수 있는 사람도 없었습니다.
Los perros de trineo fueron empujados hacia atrás y presionados contra la pared del acantilado.
썰매개들은 뒤로 밀려나 절벽 벽에 기대어 섰다.
Tres perros esquimales atacaron a Buck a la vez, desgarrando su carne.
허스키 세 마리가 한꺼번에 벅을 공격해 그의 살을 찢었습니다.
La sangre le brotaba de la cabeza y de los hombros, donde había recibido el corte.
그의 머리와 어깨, 즉 베인 부분에서 피가 쏟아졌습니다.
El ruido llenó el campamento: gruñidos, aullidos y gritos de dolor.
캠프 안에는 소음이 가득 찼다. 으르렁거리는 소리, 울부짖는 소리, 고통스러운 비명.
Billee gritó fuerte, como siempre, atrapada en la pelea y el pánico.
빌리는 평소처럼 싸움과 공황에 휩싸여 큰 소리로 울었다.
Dave y Solleks estaban uno al lado del otro, sangrando pero desafiantes.
데이브와 솔렉스는 피를 흘리면서도 저항하며 나란히 섰습니다.
Joe peleó como un demonio, mordiendo todo lo que se acercaba.
조는 악마처럼 싸웠고, 가까이 다가오는 것은 무엇이든 물어뜯었다.
Aplastó la pata de un husky con un brutal chasquido de sus mandíbulas.
그는 턱을 잔혹하게 한 번 꺾어 허스키의 다리를 부러뜨렸습니다.
Pike saltó sobre el husky herido y le rompió el cuello instantáneamente.

파이크는 부상당한 허스키에게 달려들어 그 즉시 목을
부러뜨렸습니다.
Buck agarró a un husky por el cuello y le arrancó la vena.
벅은 허스키의 목을 물어 혈관을 찢어버렸습니다.
La sangre salpicó y el sabor cálido llevó a Buck al frenesí.
피가 튀었고, 따뜻한 맛이 벅을 격노하게 만들었다.
Se abalanzó sobre otro atacante sin dudarlo.
그는 주저하지 않고 다른 공격자에게 달려들었다.
En ese mismo momento, unos dientes afilados se clavaron en la garganta de Buck.
동시에 날카로운 이빨이 벅의 목에 박혔다.
Spitz había atacado desde un costado, sin previo aviso.
스피츠는 아무런 경고도 없이 측면에서 공격해
왔습니다.
Perrault y François habían derrotado a los perros robando la comida.
페로와 프랑수아는 음식을 훔치는 개들을 물리쳤습니다.
Ahora se apresuraron a ayudar a sus perros a luchar contra los atacantes.
이제 그들은 공격자들을 물리치기 위해 개들을 돕기
위해 달려갔습니다.
Los perros hambrientos se retiraron mientras los hombres blandían sus garrotes.
굶주린 개들은 남자들이 곤봉을 휘두르자 물러났다.
Buck se liberó del ataque, pero el escape fue breve.
벅은 공격에서 벗어났지만 탈출은 잠깐이었다.
Los hombres corrieron a salvar a sus perros, y los huskies volvieron a atacarlos.
남자들은 개들을 구하기 위해 달려갔고 허스키들이 다시
몰려왔다.
Billee, aterrorizado y valiente, saltó hacia la jauría de perros.
겁에 질린 빌리는 용기를 내어 개 무리 속으로
뛰어들었다.
Pero luego huyó a través del hielo, presa del terror y el pánico.

하지만 그는 극심한 공포와 공황 상태에 빠져 얼음 위로 도망쳤습니다.

Pike y Dub los siguieron de cerca, corriendo para salvar sus vidas.
파이크와 더브는 그 뒤를 따라가며 목숨을 구하기 위해 달렸다.

El resto del equipo se separó y se dispersó, siguiéndolos.
나머지 팀원들도 흩어져 그들을 따라갔다.

Buck reunió sus fuerzas para correr, pero entonces vio un destello.
벅은 도망치려고 힘을 모았지만, 그때 섬광을 보았습니다.

Spitz se abalanzó sobre el costado de Buck, intentando derribarlo al suelo.
스피츠는 벅의 옆으로 달려들어 그를 땅에 쓰러뜨리려고 했습니다.

Bajo esa turba de perros esquimales, Buck no habría tenido escapatoria.
허스키 무리 아래에서는 벅이 탈출할 방법이 없었을 것이다.

Pero Buck se mantuvo firme y se preparó para el golpe de Spitz.
하지만 벅은 굳건히 서서 스피츠의 타격에 대비했습니다.

Luego se dio la vuelta y salió corriendo al hielo con el equipo que huía.
그러고 나서 그는 돌아서서 도망치는 팀과 함께 얼음 위로 달려나갔습니다.

Más tarde, los nueve perros de trineo se reunieron al abrigo del bosque.
나중에, 9마리의 썰매개들이 숲의 보호소에 모였습니다.

Ya nadie los perseguía, pero estaban maltratados y heridos.
더 이상 그들을 쫓는 사람은 없었지만, 그들은 폭행을 당하고 부상을 입었습니다.

Cada perro tenía heridas: cuatro o cinco cortes profundos en cada cuerpo.
각 개는 상처를 입고 있었습니다. 몸에는 깊은 상처가 4~5개 있었습니다.

Dub tenía una pata trasera herida y ahora le costaba caminar.
더브는 뒷다리에 부상을 입었고 이제는 걷는 데 어려움을 겪고 있습니다.

Dolly, la perrita más nueva de Dyea, tenía la garganta cortada.
다이아의 새 강아지 돌리는 목이 베였습니다.

Joe había perdido un ojo y la oreja de Billee estaba cortada en pedazos.
조는 한쪽 눈을 잃었고, 빌리의 귀는 조각조각 잘렸습니다.

Todos los perros lloraron de dolor y derrota durante toda la noche.
모든 개들은 밤새도록 고통과 패배감에 울부짖었습니다.

Al amanecer regresaron al campamento doloridos y destrozados.
새벽이 되자 그들은 몸이 아프고 지친 채로 캠프로 돌아왔습니다.

Los perros esquimales habían desaparecido, pero el daño ya estaba hecho.
허스키들은 사라졌지만 피해는 이미 발생했습니다.

Perrault y François estaban de mal humor ante las ruinas.
페로와 프랑수아는 폐허를 바라보며 기분이 나빴다.

La mitad de la comida había desaparecido, robada por los ladrones hambrientos.
음식의 절반은 배고픈 도둑들에게 낚아채가 갔습니다.

Los perros esquimales habían destrozado las ataduras y la lona del trineo.
허스키들은 썰매의 묶음과 캔버스를 찢어버렸습니다.

Todo lo que tenía olor a comida había sido devorado por completo.
음식 냄새가 나는 것은 모두 먹어 치워졌습니다.

Se comieron un par de botas de viaje de piel de alce de Perrault.
그들은 페로의 무스 가죽으로 만든 여행용 부츠 한 켤레를 먹었습니다.
Masticaban correas de cuero y arruinaban las correas hasta dejarlas inservibles.
그들은 가죽 레이스를 씹어먹고, 끈을 망가뜨려 더 이상 쓸 수 없게 만들었습니다.
François dejó de mirar el látigo roto para revisar a los perros.
프랑수아는 찢어진 채찍을 바라보는 것을 멈추고 개들을 살펴보았다.
—Ah, amigos míos —dijo en voz baja y llena de preocupación.
"아, 친구들." 그는 걱정이 가득한 낮은 목소리로 말했다.
"Tal vez todas estas mordeduras os conviertan en bestias locas."
"어쩌면 이 모든 물림이 너를 미친 짐승으로 만들지도 몰라."
—¡Quizás todos sean perros rabiosos, sacredam! ¿Qué opinas, Perrault?
"미친 개들이 다 그럴 수도 있겠지, 새시캠! 어떻게 생각하니, 페로?"
Perrault meneó la cabeza; sus ojos estaban oscuros por la preocupación y el miedo.
페로는 고개를 저으며, 눈은 걱정과 두려움으로 어두워졌다.
Todavía había cuatrocientas millas entre ellos y Dawson.
그들과 도슨 사이는 아직도 400마일이나 떨어져 있었습니다.
La locura canina ahora podría destruir cualquier posibilidad de supervivencia.
지금의 개 광기는 생존의 모든 가능성을 파괴할 수도 있습니다.
Pasaron dos horas maldiciendo y tratando de arreglar el engranaje.

그들은 2시간 동안 욕설을 퍼부으며 장비를 고치려고 노력했습니다.
El equipo herido finalmente abandonó el campamento, destrozado y derrotado.
부상을 입은 팀은 마침내 캠프를 떠났고, 무너지고 패배했습니다.
Éste fue el camino más difícil hasta ahora y cada paso era doloroso.
지금까지 본 길 중 가장 힘든 길이었고, 매 걸음마다 고통스러웠습니다.
El río Treinta Millas no se había congelado y su caudal corría con fuerza.
서티마일 강은 얼지 않았고, 거세게 흐르고 있었습니다.
Sólo en los lugares tranquilos y en los remolinos el hielo logró retenerse.
오직 고요한 곳과 소용돌이치는 곳에서만 얼음이 버틸 수 있었습니다.
Pasaron seis días de duro trabajo hasta recorrer las treinta millas.
30마일을 가는 데까지 6일간의 힘든 노동이 이어졌습니다.
Cada kilómetro del camino traía consigo peligro y amenaza de muerte.
그 길을 1마일씩 걸어갈 때마다 위험과 죽음의 위협이 찾아왔습니다.
Los hombres y los perros arriesgaban sus vidas con cada doloroso paso.
남자와 개들은 고통스러운 한 걸음을 내딛으며 목숨을 걸었습니다.
Perrault rompió delgados puentes de hielo una docena de veces diferentes.
페로는 얇은 얼음 다리를 12번이나 돌파했습니다.
Llevó un palo y lo dejó caer sobre el agujero que había hecho su cuerpo.
그는 막대기를 들고 자신의 몸이 만든 구멍에 떨어뜨렸습니다.

Más de una vez ese palo salvó a Perrault de ahogarse.
그 기둥은 페로를 익사로부터 구한 적이 여러 번 있었습니다.
La ola de frío se mantuvo firme y el aire estaba a cincuenta grados bajo cero.
추위가 계속되었고 기온은 영하 50도였습니다.
Cada vez que se caía, Perrault tenía que encender un fuego para sobrevivir.
페로는 빠질 때마다 살아남기 위해 불을 피워야 했습니다.
La ropa mojada se congelaba rápidamente, por lo que la secaba cerca del calor abrasador.
젖은 옷은 빨리 얼기 때문에 그는 뜨거운 열기에 말렸습니다.
Ningún miedo afectó jamás a Perrault, y eso lo convirtió en mensajero.
페로는 결코 두려움을 느끼지 않았고, 그로 인해 그는 택배기사가 되었습니다.
Fue elegido para el peligro y lo afrontó con tranquila resolución.
그는 위험을 감수하기 위해 선택되었지만, 그는 조용한 결의로 위험을 맞이했습니다.
Avanzó contra el viento, con el rostro arrugado y congelado.
그는 바람을 맞으며 앞으로 나아갔고, 그의 주름진 얼굴은 동상에 걸렸다.
Desde el amanecer hasta el anochecer, Perrault los condujo hacia adelante.
희미한 새벽부터 밤까지 페로는 그들을 이끌었다.
Caminó sobre un estrecho borde de hielo que se agrietaba con cada paso.
그는 걸을 때마다 갈라지는 좁은 얼음 위를 걸었다.
No se atrevieron a detenerse: cada pausa suponía el riesgo de un colapso mortal.
그들은 감히 멈출 수 없었다. 멈출 때마다 치명적인 붕괴의 위험이 있었기 때문이다.
Una vez, el trineo se abrió paso y arrastró a Dave y Buck.

어느 날 썰매가 뚫고 들어가 데이브와 벅을
끌어당겼습니다.
Cuando los liberaron, ambos estaban casi congelados.
그들이 끌려나왔을 때, 두 사람 모두 거의 얼어붙어
있었습니다.
Los hombres hicieron un fuego rápidamente para mantener con vida a Buck y Dave.
남자들은 벅과 데이브를 살리기 위해 재빨리 불을
피웠다.
Los perros estaban cubiertos de hielo desde la nariz hasta la cola, rígidos como madera tallada.
개들은 코부터 꼬리까지 얼음으로 뒤덮여 있었고,
조각된 나무처럼 뻣뻣했습니다.
Los hombres los hicieron correr en círculos cerca del fuego para descongelar sus cuerpos.
남자들은 불 근처에서 그들을 원으로 돌며 몸을 녹였다.
Se acercaron tanto a las llamas que su pelaje se quemó.
그들은 불길에 너무 가까이 다가가서 털이
그을렸습니다.
Luego Spitz rompió el hielo y arrastró al equipo detrás de él.
스피츠가 얼음을 깨고 뒤따라오는 팀을 이끌었다.
La ruptura llegó hasta donde Buck estaba tirando.
그 틈은 벅이 잡아당기는 곳까지 닿아 있었습니다.
Buck se reclinó con fuerza hacia atrás, sus patas resbalaron y temblaron en el borde.
벅은 몸을 뒤로 기대었고, 발은 가장자리에서
미끄러지고 떨렸다.
Dave también se esforzó hacia atrás, justo detrás de Buck en la línea.
데이브도 벅 바로 뒤쪽, 결승선에서 뒤로 힘을 주었다.
François tiró del trineo; sus músculos crujían por el esfuerzo.
프랑수아는 썰매를 끌고 갔고, 그의 근육은 힘겹게
경련을 일으켰다.
En otra ocasión, el borde del hielo se agrietó delante y detrás del trineo.

또 다른 때는 썰매 앞뒤의 가장자리 얼음이
갈라졌습니다.
No tenían otra salida que escalar una pared del acantilado congelado.
그들은 얼어붙은 절벽을 오르는 것 외에는 탈출할
방법이 없었습니다.
De alguna manera Perrault logró escalar el muro; un milagro lo mantuvo con vida.
페로는 어떻게든 벽을 올라갔고, 기적적으로 그는
살아남았습니다.
François se quedó abajo, rezando por tener la misma suerte.
프랑수아는 아래에 머물며 같은 행운을 빌었습니다.
Ataron todas las correas, amarres y tirantes hasta formar una cuerda larga.
그들은 모든 끈과 끈을 묶어 하나의 긴 밧줄로
만들었습니다.
Los hombres subieron cada perro, uno a uno, hasta la cima.
남자들은 한 번에 한 마리씩 개를 꼭대기까지
끌어올렸습니다.
François subió el último, después del trineo y toda la carga.
프랑수아는 썰매와 짐 전체를 싣고 마지막으로
올라갔습니다.
Entonces comenzó una larga búsqueda de un camino para bajar de los acantilados.
그러고 나서 절벽 아래로 내려갈 길을 찾기 위한 긴
탐색이 시작되었습니다.
Finalmente descendieron usando la misma cuerda que habían hecho.
그들은 마침내 자신들이 만든 것과 같은 밧줄을 이용해
내려갔습니다.
La noche cayó cuando regresaron al lecho del río, exhaustos y doloridos.
그들이 지치고 몸이 아픈 채로 강바닥으로 돌아왔을 때
밤이 깊어졌습니다.
El día completo les había proporcionado sólo un cuarto de milla de ganancia.

그들은 단 400미터를 가는 데도 하루 종일 걸렸습니다.
Cuando llegaron a Hootalinqua, Buck estaba agotado.
그들이 후탈린콰에 도착했을 때, 벅은 지쳐 있었습니다.
Los demás perros sufrieron igual de mal las condiciones del sendero.
다른 개들도 산길 상황 때문에 똑같이 큰 고통을 겪었습니다.
Pero Perrault necesitaba recuperar tiempo y los presionaba cada día.
하지만 페로는 시간을 벌기 위해 노력했고, 매일 그들을 밀어붙였습니다.
El primer día viajaron treinta millas hasta Big Salmon.
첫날 그들은 30마일을 여행하여 빅 샐먼에 도착했습니다.
Al día siguiente viajaron treinta y cinco millas hasta Little Salmon.
다음 날 그들은 35마일을 여행하여 리틀 샐먼에 도착했습니다.
Al tercer día avanzaron a través de cuarenta largas y heladas millas.
셋째 날, 그들은 얼어붙은 40마일의 긴 길을 뚫고 나아갔습니다.
Para entonces, se estaban acercando al asentamiento de Five Fingers.
그때쯤 그들은 파이브 핑거스의 정착지에 가까워지고 있었습니다.

Los pies de Buck eran más suaves que los duros pies de los huskies nativos.
벅의 발은 토종 허스키의 단단한 발보다 부드럽습니다.
Sus patas se habían vuelto tiernas a lo largo de muchas generaciones civilizadas.
그의 발은 여러 세대의 문명을 거치며 부드러워졌습니다.
Hace mucho tiempo, sus antepasados habían sido domesticados por hombres del río o cazadores.

옛날 옛적에 그의 조상들은 강의 사람들이나
사냥꾼들에게 길들여졌습니다.

Todos los días Buck cojeaba de dolor, caminando sobre sus patas doloridas y en carne viva.
벅은 매일 고통스럽게 절뚝거리며, 벌겋고 아픈 발로 걸었다.

En el campamento, Buck cayó como un cuerpo sin vida sobre la nieve.
캠프에 도착하자 벅은 눈 위에 죽은 듯이 쓰러졌습니다.

Aunque estaba hambriento, Buck no se levantó a comer su cena.
배가 고팠지만, 벅은 저녁 식사를 하기 위해 일어나지 않았습니다.

François le trajo a Buck su ración, poniendo pescado junto a su hocico.
프랑수아는 벅에게 식량을 가져다 주면서 총구에 물고기를 놓았습니다.

Cada noche, el conductor frotaba los pies de Buck durante media hora.
매일 밤 운전사는 벅의 발을 30분 동안 문질러 주었다.

François incluso cortó sus propios mocasines para hacer calzado para perros.
프랑수아는 개 신발을 만들기 위해 모카신을 직접 자르기도 했습니다.

Cuatro zapatos cálidos le dieron a Buck un gran y bienvenido alivio.
따뜻한 신발 네 켤레가 벅에게 큰 위안과 안도감을 주었다.

Una mañana, François olvidó los zapatos y Buck se negó a levantarse.
어느 날 아침, 프랑수아는 신발을 잊어버렸고, 벅은 일어나기를 거부했습니다.

Buck yacía de espaldas, con los pies en el aire, agitándolos lastimeramente.
벅은 등을 대고 누워서 발을 공중에 뻗고 애처롭게 흔들고 있었다.

Incluso Perrault sonrió al ver la dramática súplica de Buck.
심지어 페로조차도 벅의 극적인 호소를 보고 미소를 지었다.

Pronto los pies de Buck se endurecieron y los zapatos pudieron desecharse.
곧 벅의 발은 딱딱해졌고, 신발을 벗어야 했습니다.

En Pelly, durante el periodo de uso del arnés, Dolly emitió un aullido terrible.
펠리에서는 굴레를 씌우는 동안 돌리가 무서운 울부짖음을 터뜨렸습니다.

El grito fue largo y lleno de locura, sacudiendo a todos los perros.
그 울음소리는 길고 광기로 가득 차 있었고, 모든 개들이 떨렸습니다.

Cada perro se erizaba de miedo sin saber el motivo.
각각의 개들은 그 이유를 모른 채 두려움에 움츠러들었다.

Dolly se volvió loca y se arrojó directamente hacia Buck.
돌리는 미쳐서 벅에게 곧장 달려들었다.

Buck nunca había visto la locura, pero el horror llenó su corazón.
벅은 광기를 본 적이 없었지만, 공포가 그의 마음을 가득 채웠다.

Sin pensarlo, se dio la vuelta y huyó presa del pánico absoluto.
그는 아무런 생각도 없이 돌아서서 완전히 당황한 채로 도망쳤습니다.

Dolly lo persiguió con los ojos desorbitados y la saliva saliendo de sus mandíbulas.
돌리는 그를 쫓았고, 그녀의 눈은 사나워졌고, 그녀의 입에서는 침이 흘러내렸다.

Ella se mantuvo justo detrás de Buck, sin ganar terreno ni quedarse atrás.
그녀는 벅 바로 뒤를 따라갔고, 결코 뒤처지지도, 따라잡지도 않았습니다.

Buck corrió a través del bosque, bajó por la isla y cruzó el hielo irregular.
벅은 숲을 지나, 섬을 지나, 험준한 얼음 위를 달렸습니다.
Cruzó hacia una isla, luego hacia otra, dando la vuelta nuevamente hasta el río.
그는 한 섬으로 건너갔다가 또 다른 섬으로 건너간 뒤 다시 강으로 돌아왔습니다.
Aún así Dolly lo persiguió, con su gruñido detrás de cada paso.
돌리는 여전히 그를 쫓아갔고, 매 걸음마다 으르렁거리는 소리를 내며 뒤따랐다.
Buck podía oír su respiración y su rabia, aunque no se atrevía a mirar atrás.
벅은 그녀의 숨소리와 분노를 들을 수 있었지만, 뒤돌아볼 용기가 나지 않았다.
François gritó desde lejos y Buck se giró hacia la voz.
프랑수아가 멀리서 소리치자, 벅은 목소리가 들리는 쪽으로 돌아섰다.
Todavía jadeando en busca de aire, Buck pasó corriendo, poniendo toda su esperanza en François.
벅은 여전히 숨을 헐떡이며 프랑수아에게 모든 희망을 걸고 달려갔다.
El conductor del perro levantó un hacha y esperó mientras Buck pasaba volando.
개 운전사는 도끼를 들고 벅이 지나가는 것을 기다렸다.
El hacha cayó rápidamente y golpeó la cabeza de Dolly con una fuerza mortal.
도끼는 빠르게 내려와 돌리의 머리를 치명적인 힘으로 쳤다.
Buck se desplomó cerca del trineo, jadeando e incapaz de moverse.
벅은 썰매 근처에 쓰러져 쌕쌕거리며 움직일 수 없게 되었다.
Ese momento le dio a Spitz la oportunidad de golpear a un enemigo exhausto.

그 순간, 스피츠는 지친 적을 공격할 기회를 얻었다.
Mordió a Buck dos veces, desgarrando la carne hasta el hueso blanco.
그는 벅을 두 번 물어뜯어 살을 찢어 흰 뼈까지 남겼습니다.
El látigo de François hizo chasquear el látigo y golpeó a Spitz con toda su fuerza y furia.
프랑수아의 채찍이 휘둘리며, 엄청난 힘으로 스피츠를 공격했다.
Buck observó con alegría cómo Spitz recibía la paliza más dura que había recibido hasta entonces.
벅은 스피츠가 지금까지 가장 가혹한 구타를 당하는 것을 기쁨으로 지켜보았습니다.
"Es un demonio ese Spitz", murmuró Perrault para sí mismo.
"슈피츠는 악마야." 페로는 어두운 목소리로 중얼거렸다.
"Algún día, ese maldito perro matará a Buck, lo juro".
"언젠가는 저 저주받은 개가 벅을 죽일 거야. 맹세해."
—Ese Buck tiene dos demonios dentro —respondió François asintiendo.
프랑수아는 고개를 끄덕이며 "벅은 악마가 두 마리나 있는 놈이야."라고 대답했다.
"Cuando veo a Buck, sé que algo feroz le aguarda dentro".
"벅을 보면, 그 안에 사나운 무언가가 도사리고 있다는 걸 알 수 있어요."
"Un día se pondrá furioso y destrozará a Spitz".
"어느 날, 그는 불처럼 화가 나서 스피츠를 갈기갈기 찢어놓을 거야."
"Masticará a ese perro y lo escupirá en la nieve congelada".
"그는 그 개를 씹어 얼어붙은 눈 위에 뱉어낼 거야."
"Estoy seguro de que lo sé en lo más profundo de mi ser".
"물론이죠, 저는 이걸 뼈 속 깊이 알고 있어요."
A partir de ese momento los dos perros quedaron en guerra.
그 순간부터 두 마리의 개는 전쟁을 벌이게 되었습니다.
Spitz lideró al equipo y mantuvo el poder, pero Buck lo desafió.

스피츠는 팀을 이끌고 권력을 쥐고 있었지만, 벅은 그에 도전했습니다.

Spitz vio su rango amenazado por este extraño extraño de Southland.

스피츠는 이 이상한 사우스랜드 낯선 사람 때문에 자신의 계급이 위협받는 것을 보았습니다.

Buck no se parecía a ningún otro perro sureño que Spitz hubiera conocido antes.

벅은 스피츠가 지금까지 알고 있던 남부의 어떤 개와도 달랐습니다.

La mayoría de ellos fracasaron: eran demasiado débiles para sobrevivir al frío y al hambre.

그들 대부분은 실패했습니다. 추위와 굶주림을 견뎌내기에는 너무 약했습니다.

Murieron rápidamente bajo el trabajo, las heladas y el lento ardor del hambre.

그들은 노동과 추위, 그리고 기근으로 인한 느린 타오르는 열기에 빨리 죽었습니다.

Buck se destacó: cada día más fuerte, más inteligente y más salvaje.

벅은 돋보였습니다. 날이 갈수록 더 강하고, 더 똑똑하고, 더 사나워졌습니다.

Prosperó a pesar de las dificultades y creció hasta alcanzar el nivel de los perros esquimales del norte.

그는 어려움을 겪으며 성장하여 북부 허스키와 어깨를 나란히 했습니다.

Buck tenía fuerza, habilidad salvaje y un instinto paciente y mortal.

벅은 힘과 뛰어난 기술, 그리고 인내심과 치명적인 본능을 가지고 있었습니다.

El hombre con el garrote había golpeado la temeridad de Buck.

곤봉을 든 남자가 벅의 성급함을 몰아냈다.

La furia ciega desapareció y fue reemplazada por una astucia silenciosa y control.

맹목적인 분노는 사라지고 조용한 교활함과 통제력으로 대체되었습니다.
Esperó, tranquilo y primario, observando el momento adecuado.
그는 침착하고 원초적인 자세로 적절한 순간을 기다렸다.
Su lucha por el mando se hizo inevitable y clara.
그들의 지휘권을 둘러싼 싸움은 피할 수 없고 분명해졌습니다.
Buck deseaba el liderazgo porque su espíritu lo exigía.
벅은 자신의 정신이 요구했기 때문에 리더십을 원했습니다.
Lo impulsaba el extraño orgullo nacido del camino y del arnés.
그는 산길과 굴레에서 비롯된 이상한 자존심에 이끌렸습니다.
Ese orgullo hizo que los perros tiraran hasta caer sobre la nieve.
그 자존심 때문에 개들은 눈 위에 쓰러질 때까지 힘을 썼습니다.
El orgullo los llevó a dar toda la fuerza que tenían.
오만함은 그들을 유혹하여 그들이 가진 모든 힘을 바치게 했습니다.
El orgullo puede atraer a un perro de trineo incluso hasta el punto de la muerte.
교만함은 썰매개를 죽음의 지경까지 유혹할 수 있다.
La pérdida del arnés dejó a los perros rotos y sin propósito.
하네스를 잃으면 개들은 힘없고 쓸모없는 존재가 됩니다.
El corazón de un perro de trineo puede quedar aplastado por la vergüenza cuando se retira.
썰매를 끄는 개는 은퇴할 때 수치심으로 인해 마음이 상할 수 있다.
Dave vivió con ese orgullo mientras arrastraba el trineo desde atrás.

데이브는 썰매를 뒤에서 끌면서 그 자부심에 따라
살았습니다.
Solleks también lo dio todo con fuerza y lealtad.
솔렉스 역시 굳건한 힘과 충성심을 가지고 모든 것을
바쳤다.
Cada mañana, el orgullo los transformaba de amargados a decididos.
매일 아침, 교만함은 그들을 비통함에서 단호함으로
바꾸었습니다.
Empujaron todo el día y luego se quedaron en silencio al final del campamento.
그들은 하루 종일 밀고 나갔고, 캠프가 끝나자 아무 말도
하지 않았습니다.
Ese orgullo le dio a Spitz la fuerza para poner a raya a los evasores.
그 자부심 덕분에 스피츠는 게으른 자들을 물리치고
규율을 지킬 수 있는 힘을 얻었습니다.
Spitz temía a Buck porque Buck tenía ese mismo orgullo profundo.
스피츠는 벅을 두려워했는데, 벅은 그와 똑같은 깊은
자존심을 가지고 있었기 때문이다.
El orgullo de Buck ahora se agitó contra Spitz, y no se detuvo.
벅의 자존심은 이제 스피츠에 대해 들끓었고, 그는
멈추지 않았습니다.
Buck desafió el poder de Spitz y le impidió castigar a los perros.
벅은 스피츠의 힘에 저항하여 그가 개를 처벌하는 것을
막았습니다.
Cuando otros fallaron, Buck se interpuso entre ellos y su líder.
다른 사람들이 실패했을 때, 벅은 그들과 그들의 리더
사이에 들어섰습니다.
Lo hizo con intención, dejando claro y abierto su desafío.
그는 의도적으로 이를 행했으며, 자신의 도전을
공개적이고 명확하게 표현했습니다.

Una noche, una fuerte nevada cubrió el mundo con un profundo silencio.
어느 날 밤, 폭설이 세상을 깊은 침묵 속에 덮었습니다.
A la mañana siguiente, Pike, perezoso como siempre, no se levantó para ir a trabajar.
다음날 아침, 파이크는 언제나처럼 게으르며 일하러 일어나지 않았습니다.
Se quedó escondido en su nido bajo una gruesa capa de nieve.
그는 두꺼운 눈층 아래 둥지에 숨어 있었습니다.
François gritó y buscó, pero no pudo encontrar al perro.
프랑수아는 소리쳐 수색했지만 개를 찾을 수 없었다.
Spitz se puso furioso y atravesó furioso el campamento cubierto de nieve.
슈피츠는 격노하여 눈 덮인 캠프를 습격했습니다.
Gruñó y olfateó, cavando frenéticamente con ojos llameantes.
그는 으르렁거리고 냄새를 맡으며, 불타는 눈으로 미친 듯이 땅을 파헤쳤다.
Su rabia era tan feroz que Pike tembló de miedo bajo la nieve.
그의 분노가 너무 강렬해서 파이크는 눈 속에서 두려움에 떨었습니다.
Cuando finalmente encontraron a Pike, Spitz se abalanzó sobre él para castigar al perro que estaba escondido.
파이크가 마침내 발견되자, 스피츠는 숨어 있던 개를 처벌하기 위해 달려들었다.
Pero Buck saltó entre ellos con una furia igual a la de Spitz.
하지만 벅은 스피츠와 마찬가지로 격노하여 그들 사이에 뛰어들었다.
El ataque fue tan repentino e inteligente que Spitz cayó al suelo.
그 공격은 너무 갑작스럽고 교묘해서 스피츠는 넘어졌다.
Pike, que estaba temblando, se animó ante este desafío.
떨고 있던 파이크는 이 도전에서 용기를 얻었습니다.

Saltó sobre el Spitz caído, siguiendo el audaz ejemplo de Buck.
그는 벅의 대담한 모범을 따라 쓰러진 스피츠 위로 뛰어올랐다.
Buck, que ya no estaba obligado por la justicia, se unió a la huelga de Spitz.
더 이상 공정성에 얽매이지 않은 벅은 스피츠의 파업에 합류했습니다.
François, divertido pero firme en su disciplina, blandió su pesado látigo.
프랑수아는 즐거워하면서도 단호하게 규율을 지키며 무거운 채찍을 휘둘렀다.
Golpeó a Buck con todas sus fuerzas para acabar con la pelea.
그는 싸움을 중단시키기 위해 온 힘을 다해 벅을 때렸다.
Buck se negó a moverse y se quedó encima del líder caído.
벅은 움직이기를 거부하고 쓰러진 리더 위에 머물렀다.
François entonces utilizó el mango del látigo y golpeó con fuerza a Buck.
프랑수아는 채찍 자루를 이용해 벅을 세게 때렸다.
Tambaleándose por el golpe, Buck cayó hacia atrás bajo el asalto.
타격으로 비틀거리던 벅은 공격에 다시 쓰러졌다.
François golpeó una y otra vez mientras Spitz castigaba a Pike.
프랑수아는 계속해서 공격했고, 스피츠는 파이크를 처벌했습니다.

Pasaron los días y Dawson City estaba cada vez más cerca.
시간이 흐르면서 도슨시티는 점점 더 가까워졌습니다.
Buck seguía interfiriendo, interponiéndose entre Spitz y otros perros.
벅은 계속해서 스피츠와 다른 개들 사이를 끼어들며 간섭했습니다.
Elegía bien sus momentos, esperando siempre que François se marchase.

그는 프랑수아가 떠날 때를 항상 기다리며 순간을 잘 선택했습니다.

La rebelión silenciosa de Buck se extendió y el desorden se arraigó en el equipo.
벅의 조용한 반항은 퍼져나갔고, 팀 내에 혼란이 뿌리를 내렸습니다.

Dave y Solleks se mantuvieron leales, pero otros se volvieron rebeldes.
데이브와 솔렉스는 충성을 다했지만, 다른 사람들은 점점 더 어수선해졌습니다.

El equipo empeoró: se volvió inquieto, pendenciero y fuera de lugar.
팀은 점점 더 나빠졌습니다. 불안하고, 다투기 좋아하고, 선을 넘었습니다.

Ya nada funcionaba con fluidez y las peleas se volvieron algo habitual.
더 이상 모든 일이 순조롭게 진행되지 않았고, 싸움이 잦아졌습니다.

Buck permaneció en el corazón del problema, provocando siempre malestar.
벅은 항상 문제의 중심에 있었고, 항상 불안을 야기했습니다.

François se mantuvo alerta, temeroso de la pelea entre Buck y Spitz.
프랑수아는 벅과 스피츠 사이의 싸움이 두려워서 경계를 늦추지 않았습니다.

Cada noche, las peleas lo despertaban, temiendo que finalmente llegara el comienzo.
매일 밤 싸움으로 인해 그는 깨어났고, 마침내 시작이 온 것을 두려워했습니다.

Saltó de su túnica, dispuesto a detener la pelea.
그는 싸움을 중단시키려고 옷을 벗었다.

Pero el momento nunca llegó y finalmente llegaron a Dawson.
하지만 그 순간은 결코 오지 않았고, 그들은 마침내 도슨에 도착했습니다.

El equipo entró en la ciudad una tarde sombría, tensa y silenciosa.
어느 날 오후, 그 팀은 긴장되고 조용한 분위기 속에서 마을에 들어갔습니다.

La gran batalla por el liderazgo todavía estaba suspendida en el aire.
지도력을 위한 큰 싸움은 아직도 얼어붙은 공기 속에 머물러 있었습니다.

Dawson estaba lleno de hombres y perros de trineo, todos ocupados con el trabajo.
도슨은 일로 분주한 남자와 썰매개들로 가득 차 있었습니다.

Buck observó a los perros tirar cargas desde la mañana hasta la noche.
벅은 아침부터 저녁까지 개들이 짐을 끄는 것을 지켜보았습니다.

Transportaban troncos y leña y transportaban suministros a las minas.
그들은 통나무와 장작을 끌고 광산으로 물품을 실어 날랐습니다.

Donde antes trabajaban los caballos en las tierras del sur, ahora trabajaban los perros.
한때 남부 지방에서는 말이 일하던 곳이 이제는 개들이 일하고 있습니다.

Buck vio algunos perros del sur, pero la mayoría eran huskies parecidos a lobos.
벅은 남쪽에서 온 개 몇 마리를 보았지만, 대부분은 늑대와 비슷한 허스키였습니다.

Por la noche, como un reloj, los perros alzaban sus voces cantando.
밤이 되면 정해진 시간마다 개들은 목소리를 높여 노래를 불렀습니다.

A las nueve, a las doce y de nuevo a las tres, empezó el canto.
오전 9시, 자정, 그리고 다시 오후 3시에 노래가 시작되었습니다.

A Buck le encantaba unirse a su canto misterioso, de sonido salvaje y antiguo.
벅은 그들의 기괴하고 거친 노래에 동참하는 것을
좋아했는데, 그 소리는 거칠고 고대적이었다.

La aurora llameó, las estrellas bailaron y la nieve cubrió la tierra.
오로라가 타오르고, 별들이 춤을 추고, 눈이 땅을
덮었습니다.

El canto de los perros se elevó como un grito contra el silencio y el frío intenso.
개들의 노래는 침묵과 매서운 추위에 대한 외침으로
울려 퍼졌습니다.

Pero su aullido contenía tristeza, no desafío, en cada larga nota.
하지만 그들의 울부짖음은 긴 음표 하나하나에 반항이
아닌 슬픔을 담고 있었습니다.

Cada grito lamentable estaba lleno de súplica: el peso de la vida misma.
그들의 애원에는 모두 간청이 가득했고, 그것은 바로
삶의 무게였습니다.

Esa canción era vieja, más vieja que las ciudades y más vieja que los incendios.
그 노래는 오래되었습니다. 마을보다 오래되었고,
불보다 오래되었습니다.

Aquella canción era más antigua incluso que las voces de los hombres.
그 노래는 사람의 목소리보다도 더 오래된 것이었다.

Era una canción del mundo joven, cuando todas las canciones eran tristes.
그것은 모든 노래가 슬픈 시절의 젊은 시절의
노래였습니다.

La canción transportaba el dolor de incontables generaciones de perros.
그 노래는 수많은 세대의 개들의 슬픔을 담고
있었습니다.

Buck sintió la melodía profundamente, gimiendo por un dolor arraigado en los siglos.
벅은 그 멜로디를 깊이 느꼈고, 세월에 뿌리를 둔 고통으로 신음했습니다.
Sollozaba por un dolor tan antiguo como la sangre salvaje en sus venas.
그는 그의 혈관 속에 흐르는 거친 피만큼이나 오래된 슬픔 때문에 흐느꼈다.
El frío, la oscuridad y el misterio tocaron el alma de Buck.
추위, 어둠, 신비로움이 벅의 영혼을 감동시켰습니다.
Esa canción demostró hasta qué punto Buck había regresado a sus orígenes.
그 노래는 벅이 얼마나 본래의 모습으로 돌아왔는지 보여주었습니다.
Entre la nieve y los aullidos había encontrado el comienzo de su propia vida.
그는 눈과 울부짖음 속에서 자신의 삶의 시작을 찾았습니다.

Siete días después de llegar a Dawson, partieron nuevamente.
도슨에 도착한 지 7일 만에 그들은 다시 출발했습니다.
El equipo descendió del cuartel hasta el sendero Yukon.
팀은 막사에서 유콘 트레일로 내려갔습니다.
Comenzaron el viaje de regreso hacia Dyea y Salt Water.
그들은 다이아와 솔트워터를 향해 여행을 시작했습니다.
Perrault llevaba despachos aún más urgentes que antes.
페로는 이전보다 더 긴급한 전문을 전달했습니다.
También se sintió dominado por el orgullo por el sendero y se propuso establecer un récord.
그는 또한 트레일 프라이드에 사로잡혀 기록을 세우는 것을 목표로 삼았습니다.
Esta vez, varias ventajas estaban del lado de Perrault.
이번에는 페로에게 여러 가지 이점이 있었습니다.
Los perros habían descansado durante una semana entera y recuperaron su fuerza.

개들은 일주일 동안 휴식을 취하고 힘을 회복했습니다.
El camino que ellos habían abierto ahora estaba compactado por otros.
그들이 개척한 길은 이제 다른 사람들에 의해 단단히 다져져 있었습니다.
En algunos lugares, la policía había almacenado comida tanto para perros como para hombres.
곳곳에는 경찰이 개와 사람을 위한 음식을 비축해 두었습니다.
Perrault viajaba ligero, moviéndose rápido y con poco que lo pesara.
페로는 가볍게 여행했고, 무거운 짐도 거의 없이 빠르게 움직였다.
Llegaron a Sixty-Mile, un recorrido de cincuenta millas, en la primera noche.
그들은 첫날밤에 50마일 거리인 60마일을 달렸습니다.
El segundo día, se apresuraron a subir por el Yukón hacia Pelly.
둘째 날, 그들은 유콘 강을 따라 펠리를 향해 달려갔습니다.
Pero estos grandes avances implicaron un gran esfuerzo para François.
하지만 그러한 훌륭한 진전은 프랑수아에게는 큰 부담으로 다가왔습니다.
La rebelión silenciosa de Buck había destrozado la disciplina del equipo.
벅의 조용한 반항은 팀의 규율을 깨뜨렸다.
Ya no tiraban juntos como una sola bestia bajo las riendas.
그들은 더 이상 한 마리의 짐승처럼 고삐를 잡고 함께 움직이지 않았습니다.
Buck había llevado a otros al desafío mediante su valiente ejemplo.
벅은 그의 대담한 모범을 통해 다른 사람들을 저항으로 이끌었습니다.
La orden de Spitz ya no fue recibida con miedo ni respeto.

슈피츠의 명령은 더 이상 두려움이나 존경으로 받아들여지지 않았습니다.

Los demás perdieron el respeto que le tenían y se atrevieron a resistirse a su gobierno.

다른 사람들은 그에 대한 경외심을 잃고 그의 통치에 저항했습니다.

Una noche, Pike robó medio pescado y se lo comió bajo la mirada de Buck.

어느 날 밤, 파이크는 물고기 반 마리를 훔쳐서 벅의 눈 밑에서 먹었습니다.

Otra noche, Dub y Joe pelearon contra Spitz y quedaron impunes.

또 다른 날 밤, 더브와 조는 스피츠와 싸웠지만 아무런 처벌도 받지 않았습니다.

Incluso Billee se quejó con menos dulzura y mostró una nueva agudeza.

빌리조차도 덜 달콤하게 징징거리고 새로운 날카로움을 보여주었다.

Buck le gruñó a Spitz cada vez que se cruzaban.

벅은 스피츠와 마주칠 때마다 으르렁거렸다.

La actitud de Buck se volvió audaz y amenazante, casi como la de un matón.

벅의 태도는 점점 더 대담해지고 위협적이 되었으며, 거의 괴롭힘꾼과도 같았다.

Caminó delante de Spitz con arrogancia, lleno de amenaza burlona.

그는 조롱하는 듯한 위협감으로 가득 찬 거만한 태도로 스피츠 앞을 왔다 갔다 했습니다.

Ese colapso del orden se extendió también entre los perros de trineo.

그러한 질서의 붕괴는 썰매개들 사이에도 퍼져나갔습니다.

Pelearon y discutieron más que nunca, llenando el campamento de ruido.

그들은 그 어느 때보다 더 많이 싸우고 논쟁했으며, 캠프 안은 소음으로 가득 찼습니다.

La vida en el campamento se convertía cada noche en un caos salvaje y aullante.
캠프 생활은 매일 밤 거칠고 울부짖는 혼돈으로 변했습니다.

Sólo Dave y Solleks permanecieron firmes y concentrados.
오직 데이브와 솔렉스만이 흔들림 없이 집중했습니다.

Pero incluso ellos se enojaron por las peleas constantes.
하지만 그들도 끊임없는 싸움으로 인해 화를 내기 시작했습니다.

François maldijo en lenguas extrañas y pisoteó con frustración.
프랑수아는 이상한 언어로 욕설을 내뱉으며 좌절감에 발을 구르며 걸었다.

Se tiró del pelo y gritó mientras la nieve volaba bajo sus pies.
그는 머리카락을 쥐어뜯으며 비명을 질렀고, 발밑에서는 눈이 날렸다.

Su látigo azotó a la manada, pero apenas logró mantenerlos bajo control.
그의 채찍은 무리를 가로질러 날아갔지만 간신히 그들을 일렬로 세웠다.

Cada vez que él le daba la espalda, la lucha estallaba de nuevo.
그가 등을 돌릴 때마다 싸움은 다시 일어났다.

François utilizó el látigo para azotar a Spitz, mientras Buck lideraba a los rebeldes.
프랑수아는 스피츠를 위해 채찍을 사용했고, 벅은 반군을 이끌었습니다.

Cada uno conocía el papel del otro, pero Buck evitó cualquier culpa.
둘은 서로의 역할을 알고 있었지만, 벅은 비난을 피했다.

François nunca sorprendió a Buck iniciando una pelea o eludiendo su trabajo.
프랑수아는 벅이 싸움을 시작하거나 일을 게을리 하는 것을 본 적이 없습니다.

Buck trabajó duro con el arnés; el trabajo ahora emocionaba su espíritu.
벅은 열심히 일했습니다. 그 노동이 그의 정신을 설레게 했습니다.

Pero encontró aún más alegría al provocar peleas y caos en el campamento.
하지만 그는 캠프 내에서 싸움과 혼란을 일으키는 데서 더 큰 즐거움을 발견했습니다.

Una noche, en la desembocadura del Tahkeena, Dub asustó a un conejo.
어느 날 저녁, 타키나의 입에서 더브는 토끼 한 마리를 놀라게 했습니다.

Falló el tiro y el conejo con raquetas de nieve saltó lejos.
그는 잡는 데 실패했고, 눈신발토끼는 뛰어 달아났다.

En cuestión de segundos, todo el equipo de trineo los persiguió con gritos salvajes.
몇 초 만에 썰매 팀 전체가 격렬한 함성을 지르며 추격을 시작했습니다.

Cerca de allí, un campamento de la Policía del Noroeste albergaba cincuenta perros husky.
근처의 노스웨스트 경찰 캠프에는 허스키 개 50마리가 있었습니다.

Se unieron a la caza y navegaron juntos por el río helado.
그들은 사냥에 합류하여 얼어붙은 강을 따라 함께 내려갔습니다.

El conejo se desvió del río y huyó hacia el lecho congelado del arroyo.
토끼는 강에서 방향을 돌려 얼어붙은 개울바닥을 따라 도망쳤다.

El conejo saltaba suavemente sobre la nieve mientras los perros se abrían paso con dificultad.
토끼는 눈 위를 가볍게 뛰어넘었고, 개들은 힘겹게 눈 속을 헤쳐 나갔습니다.

Buck lideró la enorme manada de sesenta perros en cada curva.

벅은 60마리의 개로 이루어진 거대한 무리를 이끌고 구불구불한 길을 돌아다녔습니다.

Avanzó lentamente y con entusiasmo, pero no pudo ganar terreno.

그는 몸을 낮게 하고 열의적으로 앞으로 나아갔지만, 더 이상 진전을 이룰 수 없었다.

Su cuerpo brillaba bajo la pálida luna con cada poderoso salto.

그의 몸은 힘차게 뛰어오를 때마다 희미한 달빛 아래에서 번쩍였다.

Más adelante, el conejo se movía como un fantasma, silencioso y demasiado rápido para atraparlo.

토끼는 앞에서 유령처럼 조용히 움직이며 따라잡을 수 없을 만큼 빠르게 움직였다.

Todos esos viejos instintos —el hambre, la emoción— se apoderaron de Buck.

그 모든 오래된 본능, 즉 배고픔과 설렘이 벅의 몸속으로 밀려들었다.

Los humanos a veces sienten este instinto y se ven impulsados a cazar con armas de fuego y balas.

인간은 때때로 총과 총알을 이용해 사냥하려는 본능을 느낀다.

Pero Buck sintió este sentimiento a un nivel más profundo y personal.

하지만 벅은 이 느낌을 더 깊고 개인적인 차원에서 느꼈습니다.

No podían sentir lo salvaje en su sangre como Buck podía sentirlo.

그들은 벅이 느낄 수 있었던 것처럼 자신의 피 속에 흐르는 야생성을 느낄 수 없었다.

Persiguió carne viva, dispuesto a matar con los dientes y saborear la sangre.

그는 살아 있는 고기를 쫓아다니며 이빨로 죽이고 피의 맛을 볼 준비를 했습니다.

Su cuerpo se tensó de alegría, queriendo bañarse en la cálida vida roja.

그의 몸은 기쁨으로 뻐근했고, 따뜻한 붉은 생명에 몸을 담그고 싶어했습니다.

Una extraña alegría marca el punto más alto que la vida puede alcanzar.

이상한 기쁨은 인생이 도달할 수 있는 가장 높은 지점을 나타낸다.

La sensación de una cima donde los vivos olvidan que están vivos.

살아있는 사람들이 자신이 살아 있다는 사실조차 잊어버리는 절정의 느낌.

Esta alegría profunda conmueve al artista perdido en una inspiración ardiente.

이 깊은 기쁨은 타오르는 영감에 휩싸인 예술가를 감동시킵니다.

Esta alegría se apodera del soldado que lucha salvajemente y no perdona a ningún enemigo.

이 기쁨은 맹렬하게 싸우고 적을 하나도 아끼지 않는 군인을 사로잡습니다.

Esta alegría ahora se apoderó de Buck mientras lideraba la manada con hambre primaria.

이 기쁨은 이제 벅을 사로잡았고 그는 원시적 배고픔 속에서 무리를 이끌었다.

Aulló con el antiguo grito del lobo, emocionado por la persecución en vida.

그는 살아있는 늑대의 추격에 신이 나서 고대 늑대의 울부짖음처럼 울부짖었다.

Buck recurrió a la parte más antigua de sí mismo, perdida en la naturaleza.

벅은 자연 속에서 길을 잃은 자신의 가장 오래된 부분을 활용했습니다.

Llegó a lo más profundo, más allá de la memoria, al tiempo crudo y antiguo.

그는 깊은 내면, 과거의 기억, 원시적이고 고대의 시간에 접근했습니다.

Una ola de vida pura recorrió cada músculo y tendón.

순수한 생명의 파도가 모든 근육과 힘줄을 통해 쇄도했습니다.
Cada salto gritaba que vivía, que avanzaba a través de la muerte.
매번 뛰어오를 때마다 그는 살아있고, 죽음을 통과해 나간다는 것을 외쳤습니다.
Su cuerpo se elevaba alegremente sobre una tierra quieta y fría que nunca se movía.
그의 몸은 움직이지 않는 차갑고 고요한 땅 위로 기쁨에 넘쳐 날아올랐다.
Spitz se mantuvo frío y astuto, incluso en sus momentos más salvajes.
스피츠는 가장 격렬한 순간에도 냉정함과 교활함을 유지했습니다.
Dejó el sendero y cruzó el terreno donde el arroyo se curvaba ampliamente.
그는 산길을 벗어나 개울이 넓게 휘어지는 땅을 건넜습니다.
Buck, sin darse cuenta de esto, permaneció en el sinuoso camino del conejo.
벅은 이 사실을 모르고 토끼가 지나간 구불구불한 길에 머물렀습니다.
Entonces, cuando Buck dobló una curva, el conejo fantasmal estaba frente a él.
그때, 벅이 굽은길을 돌자 유령 같은 토끼가 그의 앞에 나타났습니다.
Vio una segunda figura saltar desde la orilla delante de la presa.
그는 먹이보다 앞서 강둑에서 두 번째 인물이 뛰어오르는 것을 보았습니다.
La figura era Spitz, aterrizando justo en el camino del conejo que huía.
그 인물은 바로 스피츠였는데, 도망치는 토끼의 경로에 바로 착륙했습니다.
El conejo no pudo girar y se encontró con las fauces de Spitz en el aire.

토끼는 돌아설 수 없었고 공중에서 스피츠의 턱에 부딪혔다.

La columna vertebral del conejo se rompió con un chillido tan agudo como el grito de un humano moribundo.
토끼의 척추가 죽어가는 사람의 울음소리처럼 날카로운 비명과 함께 부러졌습니다.

Ante ese sonido, la caída de la vida a la muerte, la manada aulló fuerte.
그 소리, 즉 삶에서 죽음으로의 추락 소리에 무리는 크게 울부짖었다.

Un coro salvaje se elevó detrás de Buck, lleno de oscuro deleite.
벅의 뒤에서 어둠의 기쁨으로 가득 찬 야만적인 합창이 울려 퍼졌습니다.

Buck no emitió ningún grito ni sonido y se lanzó directamente hacia Spitz.
벅은 울음소리도 내지 않고 소리도 내지 않고 스피츠에게 곧장 달려들었다.

Apuntó a la garganta, pero en lugar de eso golpeó el hombro.
그는 목을 노렸지만 대신 어깨를 맞혔습니다.

Cayeron sobre la nieve blanda; sus cuerpos trabados en combate.
그들은 부드러운 눈 속을 굴러다녔고, 그들의 몸은 전투에 갇혔습니다.

Spitz se levantó rápidamente, como si nunca lo hubieran derribado.
스피츠는 마치 쓰러진 적이 없는 것처럼 재빨리 일어섰다.

Cortó el hombro de Buck y luego saltó para alejarse de la pelea.
그는 벅의 어깨를 베고 나서 싸움터에서 뛰어내렸습니다.

Sus dientes chasquearon dos veces como trampas de acero y sus labios se curvaron y fueron feroces.
그의 이빨이 강철 함정처럼 두 번이나 부러졌고, 입술은 말려 올라 사나워졌다.

Retrocedió lentamente, buscando terreno firme bajo sus pies.
그는 천천히 뒤로 물러나면서 발 밑의 튼튼한 땅을 찾았습니다.
Buck comprendió el momento instantánea y completamente.
벅은 그 순간을 즉시 완벽하게 이해했습니다.
Había llegado el momento; la lucha iba a ser una lucha a muerte.
그 순간이 왔습니다. 싸움은 죽음을 향한 싸움이 될 것입니다.
Los dos perros daban vueltas, gruñendo, con las orejas planas y los ojos entrecerrados.
두 마리의 개가 으르렁거리며 돌아다녔는데, 귀는 납작하고 눈은 가늘었다.
Cada perro esperaba que el otro mostrara debilidad o un paso en falso.
각 개는 다른 개들이 약해지거나 실수를 보일 때까지 기다렸습니다.
Para Buck, la escena era inquietantemente conocida y recordada profundamente.
벅은 그 장면이 섬뜩할 정도로 친숙하고 깊이 기억되는 것을 느꼈다.
El bosque blanco, la tierra fría, la batalla bajo la luz de la luna.
하얀 숲, 차가운 땅, 달빛 아래의 전투.
Un pesado silencio llenó la tierra, profundo y antinatural.
땅은 깊고 부자연스러운 무거운 침묵으로 가득 찼다.
Ningún viento se agitó, ninguna hoja se movió, ningún sonido rompió la quietud.
바람도 움직이지 않았고, 나뭇잎도 움직이지 않았으며, 소리도 고요함을 깨지 않았습니다.
El aliento de los perros se elevaba como humo en el aire helado y silencioso.
얼어붙은 조용한 공기 속에서 개들의 숨소리가 연기처럼 올라갔다.

El conejo fue olvidado hace mucho tiempo por la manada de bestias salvajes.
토끼는 야생 짐승 무리에게서 오랫동안 잊혀졌습니다.
Estos lobos medio domesticados ahora permanecían quietos formando un amplio círculo.
이제 반쯤 길들여진 늑대들은 넓은 원을 그리며 움직이지 않고 서 있었습니다.
Estaban en silencio, sólo sus ojos brillantes revelaban su hambre.
그들은 조용했고, 빛나는 눈만이 배고픔을 드러냈다.
Su respiración se elevó mientras observaban cómo comenzaba la pelea final.
그들은 마지막 싸움이 시작되는 것을 지켜보며 숨을 위로 들이쉬었다.
Para Buck, esta batalla era vieja y esperada, nada extraña.
벅에게 이 전투는 오래되고 예상된 일이었으며, 전혀 이상하지 않았습니다.
Parecía el recuerdo de algo que siempre estuvo destinado a suceder.
그것은 항상 일어나기로 되어 있던 일에 대한 기억처럼 느껴졌습니다.
Spitz era un perro de pelea entrenado, perfeccionado por innumerables peleas salvajes.
스피츠는 수많은 격렬한 싸움을 통해 단련된 싸움개였습니다.
Desde Spitzbergen hasta Canadá, había vencido a muchos enemigos.
슈피츠베르겐에서 캐나다까지 그는 많은 적을 물리쳤습니다.
Estaba lleno de furia, pero nunca dejó controlar la rabia.
그는 분노에 차 있었지만 결코 분노에 굴복하지 않았습니다.
Su pasión era aguda, pero siempre templada por un duro instinto,
그의 열정은 강렬했지만, 항상 냉정한 본능으로 누그러졌습니다.

Nunca atacó hasta que su propia defensa estuvo en su lugar.
그는 자신의 방어가 확립될 때까지 결코 공격하지 않았습니다.

Buck intentó una y otra vez alcanzar el vulnerable cuello de Spitz.
벅은 스피츠의 취약한 목에 닿기 위해 계속해서 노력했습니다.

Pero cada golpe era correspondido con un corte de los afilados dientes de Spitz.
하지만 모든 공격은 스피츠의 날카로운 이빨에 의해 저지되었습니다.

Sus colmillos chocaron y ambos perros sangraron por los labios desgarrados.
그들의 송곳니가 부딪혔고, 두 마리의 개 모두 입술이 찢어져 피를 흘렸습니다.

No importaba cuánto se lanzara Buck, no podía romper la defensa.
벅이 아무리 달려들더라도 방어선을 무너뜨릴 수는 없었다.

Se puso más furioso y se abalanzó con salvajes ráfagas de poder.
그는 점점 더 격노하며, 엄청난 힘을 폭발시키며 돌진했습니다.

Una y otra vez, Buck atacó la garganta blanca de Spitz.
벅은 계속해서 스피츠의 흰 목을 노렸다.

Cada vez que Spitz esquivaba el ataque, contraatacaba con un mordisco cortante.
그때마다 스피츠는 회피하며 날카로운 물기로 반격했다.

Entonces Buck cambió de táctica y se abalanzó nuevamente hacia la garganta.
그러자 벅은 전략을 바꾸어 다시 목을 노리듯 달려들었다.

Pero él retrocedió a mitad del ataque y se giró para atacar desde un costado.
하지만 그는 공격 도중 뒤로 물러나 측면에서 공격을 가했습니다.

Le lanzó el hombro a Spitz con la intención de derribarlo.
그는 스피츠를 쓰러뜨리려고 어깨를 휘둘렀다.
Cada vez que lo intentaba, Spitz lo esquivaba y contraatacaba con un corte.
그가 시도할 때마다 스피츠는 피하고 베기로 반격했다.
El hombro de Buck se enrojeció cuando Spitz saltó después de cada golpe.
스피츠가 매번 공격을 가할 때마다 벅의 어깨는 찢어졌다.
Spitz no había sido tocado, mientras que Buck sangraba por muchas heridas.
스피츠는 손도 대지 않은 반면, 벅은 많은 상처에서 피를 흘리고 있었습니다.
La respiración de Buck era rápida y pesada y su cuerpo estaba cubierto de sangre.
벅의 숨은 빠르고 거칠었고, 그의 몸은 피로 미끈거렸다.
La pelea se volvió más brutal con cada mordisco y embestida.
물고 돌진할수록 싸움은 더욱 잔혹해졌습니다.
A su alrededor, sesenta perros silenciosos esperaban que cayera el primero.
그들 주변에는 60마리의 개들이 조용히 첫 번째 개가 쓰러지기를 기다리고 있었습니다.
Si un perro caía, la manada terminaría la pelea.
개 한 마리라도 쓰러지면 무리 전체가 싸움을 끝낼 수 있었습니다.
Spitz vio que Buck se estaba debilitando y comenzó a presionar para atacar.
스피츠는 벅이 약해지는 것을 보고 공격을 시작했습니다.
Mantuvo a Buck fuera de equilibrio, obligándolo a luchar para mantener el equilibrio.
그는 벅의 균형을 깨뜨려 균형을 잡기 위해 싸우게 했습니다.
Una vez Buck tropezó y cayó, y todos los perros se levantaron.

어느 날 벅이 비틀거리며 넘어지자, 모든 개들이
일어섰습니다.
Pero Buck se enderezó a mitad de la caída y todos volvieron a caer.
하지만 벅은 넘어지는 도중에 다시 일어섰고, 모두 다시
쓰러졌습니다.
Buck tenía algo poco común: una imaginación nacida de un instinto profundo.
벅은 희귀한 것을 가지고 있었습니다: 깊은 본능에서
태어난 상상력이죠.
Peleó con impulso natural, pero también peleó con astucia.
그는 타고난 추진력으로 싸웠지만, 또한 교활함으로도
싸웠습니다.
Cargó de nuevo como si repitiera su truco de ataque con el hombro.
그는 마치 어깨 공격 기술을 반복하듯 다시 돌격했다.
Pero en el último segundo, se agachó y pasó por debajo de Spitz.
하지만 마지막 순간에 그는 몸을 낮춰 스피츠 밑으로
스쳐 지나갔습니다.
Sus dientes se clavaron en la pata delantera izquierda de Spitz con un chasquido.
그의 이빨이 스피츠의 왼쪽 앞다리에 딱 맞았습니다.
Spitz ahora estaba inestable, con su peso sobre sólo tres patas.
이제 스피츠는 세 개의 다리에 무게를 실은 채
불안정하게 서 있었습니다.
Buck atacó de nuevo e intentó derribarlo tres veces.
벅은 다시 공격하여 세 번이나 그를 쓰러뜨리려고
시도했습니다.
En el cuarto intento utilizó el mismo movimiento con éxito.
네 번째 시도에서 그는 같은 기술을 사용해
성공했습니다.
Esta vez Buck logró morder la pata derecha de Spitz.
이번에는 벅이 스피츠의 오른쪽 다리를 물었습니다.

Spitz, aunque lisiado y en agonía, siguió luchando por sobrevivir.
슈피츠는 다리를 절고 고통받았지만 살아남기 위해 계속 노력했습니다.

Vio que el círculo de huskies se estrechaba, con las lenguas afuera y los ojos brillantes.
그는 허스키들이 모여서 혀를 내밀고 눈을 반짝이며 서로 뭉쳐 있는 것을 보았습니다.

Esperaron para devorarlo, tal como habían hecho con los otros.
그들은 다른 이들에게 했던 것처럼 그를 잡아먹으려고 기다렸다.

Esta vez, él estaba en el centro; derrotado y condenado.
이번에는 그는 중앙에 섰습니다. 패배하고 파멸한 것입니다.

Ya no había opción de escapar para el perro blanco.
이제 흰 개에게는 탈출할 방법이 없었습니다.

Buck no mostró piedad, porque la piedad no pertenecía a la naturaleza.
벅은 자비를 보이지 않았습니다. 자비는 야생에서 있어서는 안 되는 것이었기 때문입니다.

Buck se movió con cuidado, preparándose para la carga final.
벅은 마지막 돌격을 준비하며 조심스럽게 움직였다.

El círculo de perros esquimales se cerró; sintió sus respiraciones cálidas.
허스키 무리가 모여들었고, 그는 그들의 따뜻한 숨결을 느꼈다.

Se agacharon, preparados para saltar cuando llegara el momento.
그들은 몸을 낮게 굽히고, 때가 되면 뛰어내릴 준비를 했습니다.

Spitz temblaba en la nieve, gruñendo y cambiando su postura.
스피츠는 눈 속에서 몸을 떨며 으르렁거리고 자세를 바꿨다.

Sus ojos brillaban, sus labios se curvaron y sus dientes brillaron en una amenaza desesperada.
그의 눈은 번쩍였고, 입술은 삐죽 튀어나왔고, 이빨은 절박한 위협으로 빛났다.
Se tambaleó, todavía intentando contener el frío mordisco de la muerte.
그는 비틀거리며 죽음의 차가운 물림을 막으려고 계속 노력했습니다.
Ya había visto esto antes, pero siempre desde el lado ganador.
그는 이런 광경을 이전에도 보았지만, 항상 이기는 쪽에서 보았습니다.
Ahora estaba en el bando perdedor; el derrotado; la presa; la muerte.
이제 그는 패배자, 먹잇감, 죽음의 편에 섰습니다.
Buck voló en círculos para asestar el golpe final, mientras el círculo de perros se acercaba cada vez más.
벅은 마지막 일격을 가하기 위해 돌아섰고, 개들의 고리는 더욱 가까이 다가왔다.
Podía sentir sus respiraciones calientes; listas para matar.
그는 그들의 뜨거운 숨결을 느낄 수 있었고, 죽일 준비가 되었습니다.
Se hizo un silencio absoluto, todo estaba en su lugar, el tiempo se había detenido.
고요함이 찾아왔다. 모든 것이 제자리에 있었고, 시간이 멈췄다.
Incluso el aire frío entre ellos se congeló por un último momento.
그들 사이의 차가운 공기마저 마지막 순간 얼어붙었다.
Sólo Spitz se movió, intentando contener su amargo final.
오직 스피츠만이 움직이며 그의 쓰라린 최후를 막으려 애썼다.
El círculo de perros se iba cerrando a su alrededor, tal como era su destino.
개들의 무리가 그의 주위로 다가오고 있었고, 그의 운명도 마찬가지였다.

Ahora estaba desesperado, sabiendo lo que estaba a punto de suceder.
그는 무슨 일이 일어날지 알고 있었기 때문에 절망적이었습니다.
Buck saltó y hombro con hombro chocó una última vez.
벅이 달려들어 마지막으로 어깨를 맞댔다.
Los perros se lanzaron hacia adelante, cubriendo a Spitz en la oscuridad nevada.
개들은 앞으로 달려나가며 눈 덮인 어둠 속에서 스피츠를 덮쳤다.
Buck observaba, erguido, vencedor en un mundo salvaje.
벅은 당당하게 서서 지켜보았다. 야만적인 세상의 승자.
La bestia primordial dominante había cometido su asesinato, y fue bueno.
지배적인 원시 짐승이 먹이를 죽였고, 그것은 좋은 일이었습니다.

Aquel que ha alcanzado la maestría
마스터십을 획득한 자

¿Eh? ¿Qué dije? Digo la verdad cuando digo que Buck es un demonio.
"어? 내가 뭐라고 했지? 벅이 악마라고 한 건 진심이야."
François dijo esto a la mañana siguiente después de descubrir que Spitz había desaparecido.
프랑수아는 스피츠가 실종된 것을 발견한 다음 날 아침 이렇게 말했습니다.
Buck permaneció allí, cubierto de heridas por la feroz pelea.
벅은 잔혹한 싸움으로 인한 상처로 뒤덮인 채 거기 서 있었다.
François acercó a Buck al fuego y señaló las heridas.
프랑수아는 벅을 불 가까이로 끌고 가서 부상 부위를 가리켰다.
"Ese Spitz peleó como Devik", dijo Perrault, mirando los profundos cortes.
페로는 깊은 상처를 눈여겨보며 "스피츠는 데빅처럼 싸웠다"고 말했다.
—Y ese Buck peleó como dos demonios —respondió François inmediatamente.
"그리고 벅은 마치 두 악마처럼 싸웠죠." 프랑수아가 즉시 대답했다.
"Ahora iremos a buen ritmo; no más Spitz, no más problemas".
"이제 우리는 좋은 시간을 보낼 수 있을 거야. 더 이상 스피츠도 없고, 더 이상 문제도 없을 거야."
Perrault estaba empacando el equipo y cargando el trineo con cuidado.
페로는 장비를 챙기고 조심스럽게 썰매에 짐을 싣습니다.
François enjaezó a los perros para prepararlos para la carrera del día.
프랑수아는 그날 달리기에 대비해 개들에게 마구를 채웠습니다.

Buck trotó directamente a la posición de liderazgo que alguna vez ocupó Spitz.
벅은 스피츠가 차지했던 선두 자리를 향해 곧장 달려갔다.
Pero François, sin darse cuenta, condujo a Solleks hacia el frente.
그러나 프랑수아는 이를 알아차리지 못하고 솔렉스를 앞으로 이끌었다.
A juicio de François, Solleks era ahora el mejor perro guía.
프랑수아의 판단에 따르면, 이제 솔렉스가 가장 훌륭한 리더였습니다.
Buck se abalanzó furioso sobre Solleks y lo hizo retroceder en protesta.
벅은 분노하여 솔렉스에게 달려들어 항의하며 그를 몰아냈다.
Se situó en el mismo lugar que una vez estuvo Spitz, ocupando la posición de liderazgo.
그는 스피츠가 서 있던 자리에 서서 선두 자리를 차지했습니다.
—¿Eh? ¿Eh? —gritó François, dándose palmadas en los muslos, divertido.
"어? 어?" 프랑수아는 허벅지를 때리며 즐거워하며 소리쳤다.
—Mira a Buck. Mató a Spitz y ahora quiere aceptar el trabajo.
"벅을 봐. 그는 스피츠를 죽였어. 이제 그 자리를 차지하려고 하는 거야!"
—¡Vete, Chook! —gritó, intentando ahuyentar a Buck.
"가버려, 추크!" 그는 벅을 쫓아내려고 소리쳤다.
Pero Buck se negó a moverse y se mantuvo firme en la nieve.
하지만 벅은 움직이기를 거부하고 눈 속에 굳건히 서 있었습니다.
François agarró a Buck por la nuca y lo arrastró a un lado.
프랑수아는 벅의 목덜미를 붙잡고 옆으로 끌고 갔다.
Buck gruñó bajo y amenazante, pero no atacó.

벅은 낮고 위협적으로 으르렁거렸지만 공격하지는
않았습니다.
François puso a Solleks de nuevo en cabeza, intentando resolver la disputa.
프랑수아 는 솔렉스를 다시 선두로 올려놓고 분쟁을 해결하려고 노력했습니다.
El perro viejo mostró miedo de Buck y no quería quedarse.
늙은 개는 벅을 두려워해서 머물고 싶어하지
않았습니다.
Cuando François le dio la espalda, Buck expulsó nuevamente a Solleks.
프랑수아가 등을 돌리자 벅은 다시 솔렉스를 몰아냈다.
Solleks no se resistió y se hizo a un lado silenciosamente una vez más.
솔렉스는 저항하지 않고 다시 한 번 조용히 물러섰다.
François se enojó y gritó: "¡Por Dios, te arreglo!"
프랑수아는 화가 나서 "신이시여, 내가 당신을
고쳐드리겠습니다!"라고 소리쳤습니다.
Se acercó a Buck sosteniendo un pesado garrote en su mano.
그는 무거운 곤봉을 손에 들고 벅에게 다가갔다.
Buck recordaba bien al hombre del suéter rojo.
벅은 빨간 스웨터를 입은 남자를 잘 기억하고 있었다.
Se retiró lentamente, observando a François, pero gruñendo profundamente.
그는 천천히 물러서며 프랑수아를 바라보았지만, 깊게
으르렁거렸다.
No se apresuró a regresar, incluso cuando Solleks ocupó su lugar.
그는 솔렉스가 자리에 섰을 때에도 서둘러 돌아가지
않았습니다.
Buck voló en círculos fuera de su alcance, gruñendo con furia y protesta.
벅은 분노와 항의로 으르렁거리며 손이 닿지 않는
곳까지 돌아다녔다.
Mantuvo la vista fija en el palo, dispuesto a esquivarlo si François lanzaba.

그는 프랑수아가 던지면 피할 준비를 하며 곤봉에서 눈을 떼지 않았다.

Se había vuelto sabio y cauteloso en cuanto a las costumbres de los hombres con armas.
그는 무기를 든 사람들의 행동에 대해 현명해지고 조심스러워졌습니다.

François se dio por vencido y llamó a Buck nuevamente a su antiguo lugar.
프랑수아는 포기하고 벅을 다시 원래 있던 자리로 불렀다.

Pero Buck retrocedió con cautela, negándose a obedecer la orden.
하지만 벅은 조심스럽게 물러서며 명령을 따르기를 거부했습니다.

François lo siguió, pero Buck sólo retrocedió unos pasos más.
프랑수아가 뒤따랐지만, 벅은 단지 몇 걸음 더 물러섰을 뿐이었다.

Después de un tiempo, François arrojó el arma al suelo, frustrado.
얼마 후, 프랑수아는 좌절감에 빠져 무기를 내던졌습니다.

Pensó que Buck tenía miedo de que le dieran una paliza y que iba a venir sin hacer mucho ruido.
그는 벅이 구타당할까봐 조용히 올 것이라고 생각했습니다.

Pero Buck no estaba evitando el castigo: estaba luchando por su rango.
하지만 벅은 처벌을 피한 것이 아니었습니다. 그는 계급을 위해 싸웠습니다.

Se había ganado el puesto de perro líder mediante una pelea a muerte.
그는 죽음을 향한 싸움을 통해 선두견 자리를 차지했습니다.

No iba a conformarse con nada menos que ser el líder.

그는 리더가 되는 것보다 더 낮은 지위에는 만족할 생각이 없었습니다.

Perrault participó en la persecución para ayudar a atrapar al rebelde Buck.
페로는 반항적인 벅을 잡기 위해 추격전에 참여했습니다.
Juntos lo hicieron correr alrededor del campamento durante casi una hora.
그들은 그를 캠프 주변으로 거의 한 시간 동안 데리고 다녔다.
Le lanzaron garrotes, pero Buck los esquivó hábilmente.
그들은 그에게 곤봉을 던졌지만, 벅은 모두 능숙하게 피했다.
Lo maldijeron a él, a sus padres, a sus descendientes y a cada cabello que tenía.
그들은 그와 그의 조상, 그의 후손, 그리고 그의 털끝 하나까지 저주했습니다.
Pero Buck sólo gruñó y se quedó fuera de su alcance.
하지만 벅은 으르렁거리며 그들의 손이 닿지 않는 곳에 머물렀다.
Nunca intentó huir, sino que rodeó el campamento deliberadamente.
그는 도망치려고 하지 않고 의도적으로 캠프 주위를 돌았습니다.
Dejó claro que obedecería una vez que le dieran lo que quería.
그는 원하는 것을 주면 복종하겠다고 분명히 했습니다.
François finalmente se sentó y se rascó la cabeza con frustración.
프랑수아는 마침내 앉아서 좌절감에 머리를 긁었다.
Perrault miró su reloj, maldijo y murmuró algo sobre el tiempo perdido.
페로는 시계를 확인하고 욕설을 내뱉으며 잃어버린 시간에 대해 중얼거렸다.
Ya había pasado una hora cuando debían estar en el sendero.

그들이 출발해야 할 시간인 한 시간이 이미 지나 있었습니다.

François se encogió de hombros tímidamente y miró al mensajero, quien suspiró derrotado.
프랑수아는 패배감에 한숨을 쉬는 배달원을 향해 어색하게 어깨를 으쓱했다.

Entonces François se acercó a Solleks y llamó a Buck una vez más.
그러자 프랑수아는 솔렉스에게 다가가서 다시 한번 벅을 불렀다.

Buck se rió como se ríe un perro, pero mantuvo una distancia cautelosa.
벅은 개처럼 웃었지만 조심스러운 거리를 유지했다.

François le quitó el arnés a Solleks y lo devolvió a su lugar.
프랑수아는 솔렉스의 하네스를 벗겨내고 그를 원래 자리로 돌려보냈다.

El equipo de trineo estaba completamente arneses y solo había un lugar libre.
썰매 팀은 모든 장비를 갖추고 있었고, 빈 자리가 한 곳뿐이었습니다.

La posición de liderazgo quedó vacía, claramente destinada solo para Buck.
선두 자리는 비어 있었고, 그것은 분명 벅 혼자 차지하기 위한 자리였다.

François volvió a llamar, y nuevamente Buck rió y se mantuvo firme.
프랑수아가 다시 소리쳤고, 벅은 다시 웃으며 자리를 지켰다.

—Tira el garrote —ordenó Perrault sin dudarlo.
"곤봉을 던져라." 페로는 주저 없이 명령했다.

François obedeció y Buck inmediatamente trotó hacia adelante orgulloso.
프랑수아는 그 말에 따랐고, 벅은 곧바로 자랑스럽게 앞으로 나아갔다.

Se rió triunfante y asumió la posición de líder.
그는 승리감에 넘쳐 웃으며 선두 자리에 올랐다.

François aseguró sus correajes y el trineo se soltó.
프랑수아는 자신의 흔적을 지켰고, 썰매는 풀려났다.
Ambos hombres corrieron al lado del equipo mientras corrían hacia el sendero del río.
두 남자는 팀이 강변 산책로로 달려가는 동안 옆에서 달렸다.
François tenía en alta estima a los "dos demonios" de Buck.
프랑수아는 벅의 "두 악마"를 높이 평가했습니다.
Pero pronto se dio cuenta de que en realidad había subestimado al perro.
하지만 그는 곧 자신이 실제로 개를 과소평가했다는 것을 깨달았습니다.
Buck asumió rápidamente el liderazgo y trabajó con excelencia.
벅은 재빨리 리더십을 맡았고 뛰어난 성과를 냈다.
En juicio, pensamiento rápido y acción veloz, Buck superó a Spitz.
판단력, 빠른 생각, 빠른 행동 면에서 벅은 스피츠를 능가했습니다.
François nunca había visto un perro igual al que Buck mostraba ahora.
프랑수아는 벅이 지금 보여준 것만큼 뛰어난 개를 본 적이 없었다.
Pero Buck realmente sobresalía en imponer el orden e imponer respeto.
하지만 벅은 질서를 강화하고 존경을 받는 데 있어서 정말 뛰어났습니다.
Dave y Solleks aceptaron el cambio sin preocupación ni protesta.
데이브와 솔렉스는 아무런 우려나 항의 없이 변화를 받아들였다.
Se concentraron únicamente en el trabajo y en tirar con fuerza de las riendas.
그들은 오로지 일에만 집중하고, 고삐를 꽉 쥐고 있었습니다.

A ellos les importaba poco quién iba delante, siempre y cuando el trineo siguiera moviéndose.
그들은 썰매가 계속 움직이는 한, 누가 이끄는지 별로 신경 쓰지 않았습니다.
Billee, la alegre, podría haber liderado todo lo que a ellos les importaba.
쾌활한 빌리는 그들이 원하는 만큼 리더 역할을 할 수 있었습니다.
Lo que les importaba era la paz y el orden en las filas.
그들에게 중요한 것은 계급 내의 평화와 질서였습니다.

El resto del equipo se había vuelto rebelde durante la decadencia de Spitz.
스피츠가 쇠퇴하는 동안 나머지 팀원들도 어수선해졌습니다.
Se sorprendieron cuando Buck inmediatamente los puso en orden.
벅이 즉시 그들에게 질서를 가져다주자 그들은 충격을 받았다.
Pike siempre había sido perezoso y arrastraba los pies detrás de Buck.
파이크는 항상 게으르고 벅의 뒤를 따라다니며 발을 질질 끌었다.
Pero ahora el nuevo liderazgo lo ha disciplinado severamente.
하지만 이제 새로운 리더십에 의해 엄격하게 규율이 정해졌습니다.
Y rápidamente aprendió a aportar su granito de arena en el equipo.
그리고 그는 팀에서 자신의 역할을 다하는 법을 빨리 배웠습니다.
Al final del día, Pike trabajó más duro que nunca.
그날이 끝나갈 무렵, 파이크는 그 어느 때보다 더 열심히 일했습니다.
Esa noche en el campamento, Joe, el perro amargado, finalmente fue sometido.

그날 밤 캠프에서, 짜증나는 녀석 조는 마침내
제압당했습니다.

Spitz no logró disciplinarlo, pero Buck no falló.
스피츠는 그를 징계하는 데 실패했지만, 벅은 징계하지
않았습니다.

Utilizando su mayor peso, Buck superó a Joe en segundos.
벅은 더 무거운 몸무게를 이용해 단 몇 초 만에 조를
압도했습니다.

Mordió y golpeó a Joe hasta que gimió y dejó de resistirse.
그는 조가 징징거리고 저항을 멈출 때까지 그를 물고
때렸습니다.

Todo el equipo mejoró a partir de ese momento.
그 순간부터 팀 전체가 발전하기 시작했습니다.

Los perros recuperaron su antigua unidad y disciplina.
개들은 옛날의 단결과 규율을 되찾았습니다.

En Rink Rapids, se unieron dos nuevos huskies nativos, Teek y Koona.
링크 래피즈에서는 티크와 쿠나라는 두 마리의 새로운
토종 허스키가 합류했습니다.

El rápido entrenamiento que Buck les dio sorprendió incluso a François.
벅의 빠른 훈련은 프랑수아조차도 놀라게 했다.

"¡Nunca hubo un perro como ese Buck!" gritó con asombro.
"벅 같은 개는 세상에 존재하지 않았어!" 그는 놀라서
소리쳤다.

¡No, jamás! ¡Vale mil dólares, por Dios!
"아니, 절대! 맙소사, 그놈은 천 달러짜리야!"

—¿Eh? ¿Qué dices, Perrault? —preguntó con orgullo.
"어? 뭐라고 하실 건가요, 페로?" 그는 자랑스럽게
물었다.

Perrault asintió en señal de acuerdo y revisó sus notas.
페로는 동의하며 고개를 끄덕이고 자신의 메모를
확인했다.

Ya vamos por delante del cronograma y ganamos más cada día.

우리는 이미 일정보다 앞서 나가고 있으며, 매일 더 많은 것을 얻고 있습니다.

El sendero estaba duro y liso, sin nieve fresca.
산길은 단단하게 다져져 있고 매끄러웠으며, 신선한 눈은 없었습니다.

El frío era constante, rondando los cincuenta grados bajo cero durante todo el tiempo.
추위는 꾸준히 영하 50도에 머물렀습니다.

Los hombres cabalgaban y corrían por turnos para entrar en calor y ganar tiempo.
남자들은 몸을 따뜻하게 유지하고 시간을 벌기 위해 교대로 말을 타고 달렸습니다.

Los perros corrían rápido, con pocas paradas y siempre avanzando.
개들은 멈추는 법이 거의 없이 빠르게 달렸고, 항상 앞으로 나아갔습니다.

El río Thirty Mile estaba casi congelado y era fácil cruzarlo.
서티마일 강은 대부분 얼어 있어서 건너기가 수월했습니다.

Salieron en un día lo que habían tardado diez días en llegar.
그들은 열흘 걸려 온 일을 하루 만에 끝냈습니다.

Hicieron una carrera de sesenta millas desde el lago Le Barge hasta White Horse.
그들은 르 바지 호수에서 화이트 호스까지 60마일을 달렸습니다.

A través de los lagos Marsh, Tagish y Bennett se movieron increíblemente rápido.
그들은 마쉬, 타기시, 베넷 호수를 믿을 수 없을 정도로 빠른 속도로 이동했습니다.

El hombre corriendo remolcado detrás del trineo por una cuerda.
달리는 남자는 밧줄에 매달려 썰매를 끌고 갔다.

En la última noche de la segunda semana llegaron a su destino.
2주차 마지막 밤에 그들은 목적지에 도착했습니다.

Habían llegado juntos a la cima del Paso Blanco.

그들은 함께 화이트 패스의 정상에 도달했습니다.
Descendieron al nivel del mar con las luces de Skaguay debajo de ellos.
그들은 스카과이의 불빛을 바라보며 해수면으로 내려갔습니다.
Había sido una carrera que estableció un récord a través de kilómetros de desierto frío.
그것은 추운 황야의 수 마일을 가로지르는 기록적인 달리기였습니다.
Durante catorce días seguidos, recorrieron un promedio de cuarenta millas.
그들은 14일 연속으로 평균 40마일을 달렸습니다.
En Skaguay, Perrault y François transportaban mercancías por la ciudad.
스카과이에서는 페로와 프랑수아가 마을을 통과해 화물을 이동시켰습니다.
Fueron aplaudidos y la multitud admirada les ofreció muchas bebidas.
그들은 감탄하는 군중으로부터 환호를 받았고 많은 음료를 제공받았습니다.
Los cazadores de perros y los trabajadores se reunieron alrededor del famoso equipo de perros.
유명한 개 팀 주변에는 개 퇴치 전문가와 노동자들이 모였습니다.
Luego, los forajidos del oeste llegaron a la ciudad y sufrieron una derrota violenta.
그러자 서부의 도적들이 마을에 들어와서 엄청난 패배를 당했습니다.
La gente pronto se olvidó del equipo y se centró en un nuevo drama.
사람들은 곧 팀을 잊고 새로운 드라마에 집중했다.
Luego vinieron las nuevas órdenes que cambiaron todo de golpe.
그러다가 모든 것을 한꺼번에 바꿔놓은 새로운 명령이 내려졌습니다.
François llamó a Buck y lo abrazó con orgullo entre lágrimas.

프랑수아는 벅을 불러 눈물 어린 자랑스러움으로 그를 껴안았다.

Ese momento fue la última vez que Buck volvió a ver a François.

그 순간이 벅이 프랑수아를 다시 본 마지막 순간이었다.

Como muchos hombres antes, tanto François como Perrault se habían ido.

그 전의 많은 사람들처럼, 프랑수아와 페로는 모두 세상을 떠났습니다.

Un mestizo escocés se hizo cargo de Buck y sus compañeros de equipo de perros de trineo.

스코틀랜드 혼혈견이 벅과 그의 썰매견 동료들을 지휘했습니다.

Con una docena de otros equipos de perros, regresaron por el sendero hasta Dawson.

그들은 다른 12개의 개 떼와 함께 도슨으로 향하는 길을 따라 돌아갔습니다.

Ya no era una carrera rápida, solo un trabajo duro con una carga pesada cada día.

이제는 빨리 달리는 게 아니라 매일 무거운 짐을 지고 힘들게 일하는 것뿐이었습니다.

Éste era el tren correo que llevaba noticias a los buscadores de oro cerca del Polo.

이것은 북극 근처의 금광 사냥꾼들에게 소식을 전하는 우편 열차였습니다.

A Buck no le gustaba el trabajo, pero lo soportaba bien y se enorgullecía de su esfuerzo.

벅은 그 일을 싫어했지만, 그 일을 잘 견뎌냈고 자신의 노고에 자부심을 느꼈습니다.

Al igual que Dave y Solleks, Buck mostró devoción por cada tarea diaria.

데이브와 솔렉스처럼 벅은 모든 일상 업무에 헌신하는 모습을 보였습니다.

Se aseguró de que cada uno de sus compañeros hiciera su parte.

그는 팀원들이 각자 자기 역할을 다하도록 했습니다.

La vida en el sendero se volvió aburrida, repetida con la precisión de una máquina.
트레일 생활은 지루해졌고 기계의 정밀함으로 반복되었습니다.

Cada día parecía igual, una mañana se fundía con la siguiente.
매일이 똑같은 느낌이었고, 어느 날 아침이 다음 날 아침과 섞여 있었습니다.

A la misma hora, los cocineros se levantaron para hacer fogatas y preparar la comida.
같은 시간에 요리사들은 일어나 불을 피우고 음식을 준비했습니다.

Después del desayuno, algunos abandonaron el campamento mientras otros enjaezaron los perros.
아침 식사 후, 어떤 사람들은 캠프를 떠났고 다른 사람들은 개들에게 마구를 채웠습니다.

Se pusieron en marcha antes de que la tenue señal del amanecer tocara el cielo.
그들은 새벽이 밝아오기 전에 길을 나섰다.

Por la noche se detenían para acampar, cada hombre con una tarea determinada.
밤이 되면 그들은 캠프를 짓기 위해 멈추었고, 각자는 정해진 임무를 맡았습니다.

Algunos montaron tiendas de campaña, otros cortaron leña y recogieron ramas de pino.
어떤 사람들은 텐트를 치고, 어떤 사람들은 장작을 패고 소나무 가지를 모았습니다.

Se llevaba agua o hielo a los cocineros para la cena.
저녁 식사를 위해 물이나 얼음을 요리사에게 가져갔습니다.

Los perros fueron alimentados y esta fue la mejor parte del día para ellos.
개들에게 먹이를 주는 것은 하루 중 가장 즐거운 시간이었습니다.

Después de comer pescado, los perros se relajaron y descansaron cerca del fuego.

개들은 생선을 먹은 후, 휴식을 취하고 불 옆에 누워 있었습니다.

Había otros cien perros en el convoy con los que mezclarse.
대열에는 어울릴 수 있는 다른 개들이 백 마리나 있었습니다.

Muchos de esos perros eran feroces y rápidos para pelear sin previo aviso.
그 개들 중 다수는 사나웠고 아무런 경고도 없이 재빨리 싸웠습니다.

Pero después de tres victorias, Buck dominó incluso a los luchadores más feroces.
하지만 세 번의 승리 이후, 벅은 가장 강력한 선수보다도 더 강해졌습니다.

Cuando Buck gruñó y mostró los dientes, se hicieron a un lado.
벅이 으르렁거리며 이빨을 드러내자 그들은 옆으로 비켜섰다.

Quizás lo mejor de todo es que a Buck le encantaba tumbarse cerca de la fogata parpadeante.
아마도 가장 좋았던 점은 벅이 깜빡이는 모닥불 옆에 누워 있는 것을 좋아했다는 것입니다.

Se agachó con las patas traseras dobladas y las patas delanteras estiradas hacia adelante.
그는 뒷다리를 굽히고 앞다리를 앞으로 뻗은 채 웅크리고 있었습니다.

Levantó la cabeza mientras parpadeaba suavemente ante las llamas brillantes.
그는 빛나는 불꽃을 향해 눈을 가볍게 깜빡이며 고개를 들었다.

A veces recordaba la gran casa del juez Miller en Santa Clara.
그는 때때로 산타클라라에 있는 밀러 판사의 큰 집을 떠올렸다.

Pensó en la piscina de cemento, en Ysabel y en el pug llamado Toots.

그는 시멘트 수영장, 이사벨, 그리고 투츠라는 이름의 퍼그를 생각했습니다.

Pero más a menudo recordaba el garrote del hombre del suéter rojo.
하지만 그는 빨간 스웨터를 입은 남자의 곤봉을 더 자주 기억했습니다.

Recordó la muerte de Curly y su feroz batalla con Spitz.
그는 컬리의 죽음과 스피츠와의 격렬한 싸움을 기억했습니다.

También recordó la buena comida que había comido o con la que aún soñaba.
그는 또한 자신이 먹었던 맛있는 음식이나 아직도 먹고 싶어하는 맛있는 음식을 떠올렸다.

Buck no sentía nostalgia: el cálido valle era distante e irreal.
벅은 고향을 그리워하지 않았다. 따뜻한 계곡은 멀고 비현실적이었기 때문이다.

Los recuerdos de California ya no ejercían ninguna atracción sobre él.
캘리포니아에 대한 추억은 더 이상 그를 사로잡지 못했다.

Más fuertes que la memoria eran los instintos profundos en su linaje.
기억보다 더 강한 본능은 그의 혈통 깊숙이 자리 잡고 있었습니다.

Los hábitos que una vez se habían perdido habían regresado, revividos por el camino y la naturaleza.
한때 잃어버렸던 습관이 돌아왔고, 길과 야생을 통해 되살아났습니다.

Mientras Buck observaba la luz del fuego, a veces se convertía en otra cosa.
벅이 불빛을 바라보는 동안, 그것은 때때로 다른 무언가로 변하기도 했습니다.

Vio a la luz del fuego otro fuego, más antiguo y más profundo que el actual.
그는 불빛 속에서 지금의 불보다 오래되고 더 깊은 또 다른 불을 보았습니다.

Junto a ese otro fuego se agazapaba un hombre que no se parecía en nada al cocinero mestizo.
그 다른 불 옆에는 혼혈 요리사와는 다른 남자가 웅크리고 있었습니다.
Esta figura tenía piernas cortas, brazos largos y músculos duros y anudados.
이 인물은 다리가 짧고, 팔이 길며, 근육이 단단하고 뭉쳐 있었습니다.
Su cabello era largo y enmarañado, y caía hacia atrás desde los ojos.
그의 머리카락은 길고 엉켜 있었으며, 눈에서부터 뒤로 기울어져 있었습니다.
Hizo ruidos extraños y miró con miedo hacia la oscuridad.
그는 이상한 소리를 내며 두려움에 떨며 어둠을 바라보았습니다.
Sostenía agachado un garrote de piedra, firmemente agarrado con su mano larga y áspera.
그는 돌로 만든 곤봉을 낮게 잡고 길고 거친 손으로 꽉 쥐었다.
El hombre vestía poco: sólo una piel carbonizada que le colgaba por la espalda.
그 남자는 거의 아무것도 입지 않았다. 그저 탄 가죽 조각만이 등을 따라 늘어져 있을 뿐이었다.
Su cuerpo estaba cubierto de espeso vello en los brazos, el pecho y los muslos.
그의 몸은 팔, 가슴, 허벅지에 두꺼운 털로 덮여 있었습니다.
Algunas partes del cabello estaban enredadas en parches de pelaje áspero.
머리카락의 일부분이 거친 털 조각으로 엉켜 있었습니다.
No se mantenía erguido, sino inclinado hacia delante desde las caderas hasta las rodillas.
그는 똑바로 서지 않고 엉덩이부터 무릎까지 몸을 앞으로 숙였다.

Sus pasos eran elásticos y felinos, como si estuviera siempre dispuesto a saltar.
그의 발걸음은 마치 언제나 뛰어오를 준비가 된 듯 탄력 있고 고양이 같았다.
Había un estado de alerta agudo, como si viviera con miedo constante.
그는 끊임없이 두려움 속에 살고 있는 것처럼 예리한 경계심을 가지고 있었습니다.
Este hombre anciano parecía esperar el peligro, ya sea que lo viera o no.
이 고대인은 위험이 눈에 보이든 보이지 않든 위험을 예상하는 듯했습니다.
A veces, el hombre peludo dormía junto al fuego, con la cabeza metida entre las piernas.
때때로 털북숭이 남자는 불 옆에서 다리를 꼬고 잠을 자기도 했습니다.
Sus codos descansaban sobre sus rodillas, sus manos entrelazadas sobre su cabeza.
그는 팔꿈치를 무릎에 얹고, 손은 머리 위로 모았습니다.
Como un perro, usó sus brazos peludos para protegerse de la lluvia que caía.
그는 개처럼 털이 많은 팔을 이용해 떨어지는 비를 털어냈다.
Más allá de la luz del fuego, Buck vio dos brasas brillando en la oscuridad.
벅은 불빛 너머로 어둠 속에서 빛나는 두 개의 석탄을 보았습니다.
Siempre de dos en dos, eran los ojos de las bestias rapaces al acecho.
그들은 항상 둘씩 짝을 지어 맹수들의 눈이 되었습니다.
Escuchó cuerpos chocando contra la maleza y ruidos en la noche.
그는 덤불에 몸이 부딪히는 소리와 밤에 나는 소리를 들었습니다.
Acostado en la orilla del Yukón, parpadeando, Buck soñaba junto al fuego.

벅은 유콘 강둑에 누워 눈을 깜빡이며 불 옆에서 꿈을 꾸었습니다.

Las vistas y los sonidos de ese mundo salvaje le ponían los pelos de punta.
그 거친 세상의 광경과 소리는 그의 머리카락을 곤두서게 만들었다.

El pelaje se le subió por la espalda, los hombros y el cuello.
털이 등, 어깨, 목까지 올라갔습니다.

Él gimió suavemente o emitió un gruñido bajo y profundo en su pecho.
그는 가볍게 징징거리거나 가슴 깊은 곳에서 낮게 으르렁거렸다.

Entonces el cocinero mestizo gritó: "¡Oye, Buck, despierta!"
그러자 혼혈 요리사가 소리쳤다. "이 자식아, 일어나!"

El mundo de los sueños desapareció y la vida real regresó a los ojos de Buck.
꿈의 세계는 사라지고, 벅의 눈에 현실 세계가 돌아왔다.

Iba a levantarse, estirarse y bostezar, como si acabara de despertar de una siesta.
그는 마치 낮잠에서 깨어난 것처럼 일어나서 몸을 쭉 뻗고 하품을 할 참이었다.

El viaje fue duro, con el trineo del correo arrastrándose detrás de ellos.
우편 썰매가 뒤에서 끌려오면서 여행은 힘들었습니다.

Las cargas pesadas y el trabajo duro agotaban a los perros cada largo día.
무거운 짐을 싣고 힘든 일을 하다 보니 개들은 매일매일 지쳐갔다.

Llegaron a Dawson delgados, cansados y necesitando más de una semana de descanso.
그들은 야위고 지쳐 있었고, 일주일 이상의 휴식이 필요한 상태로 도슨에 도착했습니다.

Pero sólo dos días después, emprendieron nuevamente el descenso por el Yukón.
하지만 불과 이틀 후, 그들은 다시 유콘 강을 따라 출발했습니다.

Estaban cargados con más cartas destinadas al mundo exterior.
그들은 바깥 세상으로 보낼 더 많은 편지를 가득 실었습니다.
Los perros estaban exhaustos y los hombres se quejaban constantemente.
개들은 지쳐 있었고 남자들은 끊임없이 불평했습니다.
La nieve caía todos los días, suavizando el camino y ralentizando los trineos.
매일 눈이 내려 길이 부드러워지고 썰매의 속도가 느려졌습니다.
Esto provocó que el tirón fuera más difícil y hubo más resistencia para los corredores.
이로 인해 주자는 더 힘들게 당기고 저항도 더 커졌습니다.
A pesar de eso, los pilotos fueron justos y se preocuparon por sus equipos.
그럼에도 불구하고 운전자들은 공정했고 자신의 팀을 배려했습니다.
Cada noche, los perros eran alimentados antes de que los hombres pudieran comer.
매일 밤, 남자들이 먹기 전에 개들에게 먹이가 주어졌습니다.
Ningún hombre duerme sin antes revisar las patas de su propio perro.
자신의 개 발을 확인하기 전에는 아무도 잠을 자지 않았습니다.
Aún así, los perros se fueron debilitando a medida que los kilómetros iban desgastando sus cuerpos.
하지만, 시간이 지날수록 개들은 점점 약해졌습니다.
Habían viajado mil ochocientas millas durante el invierno.
그들은 겨울 동안 1,800마일을 여행했습니다.
Tiraron de trineos a lo largo de cada milla de esa brutal distancia.
그들은 그 잔혹한 거리를 마일마다 썰매를 끌고 갔습니다.

Incluso los perros de trineo más resistentes sienten tensión después de tantos kilómetros.
가장 튼튼한 썰매견조차도 수 마일을 썰매를 탄 후에는 긴장감을 느낀다.

Buck aguantó, mantuvo a su equipo trabajando y mantuvo la disciplina.
벅은 끈기 있게 노력했고, 팀원들이 일하도록 했으며, 규율도 유지했습니다.

Pero Buck estaba cansado, al igual que los demás en el largo viaje.
하지만 벅은 긴 여행을 떠난 다른 사람들처럼 피곤했습니다.

Billee gemía y lloraba mientras dormía todas las noches sin falta.
빌리는 매일 밤 잠들면서 징징거리고 울었습니다.

Joe se volvió aún más amargado y Solleks se mantuvo frío y distante.
조는 더욱더 비통해졌고, 솔렉스는 차갑고 거리를 두었습니다.

Pero fue Dave quien sufrió más de todo el equipo.
하지만 팀 전체에서 가장 큰 피해를 입은 사람은 데이브였습니다.

Algo había ido mal dentro de él, aunque nadie sabía qué.
아무도 무슨 일이 그의 내부에서 잘못되었는지는 몰랐다.

Se volvió más malhumorado y les gritaba a los demás con creciente enojo.
그는 기분이 더 나빠졌고 점점 더 화가 나서 다른 사람들에게 쏘아붙였다.

Cada noche iba directo a su nido, esperando ser alimentado.
매일 밤 그는 곧장 둥지로 가서 먹이를 기다렸다.

Una vez que cayó, Dave no se levantó hasta la mañana.
데이브는 한번 쓰러지자 아침까지 다시 일어나지 못했습니다.

En las riendas, tirones o arranques repentinos le hacían gritar de dolor.

고삐를 잡고 갑자기 움직이거나 움직이기 시작하면 그는
고통스럽게 비명을 질렀습니다.

Su conductor buscó la causa, pero no encontró heridos.
운전자는 사고 원인을 찾았지만, 그에게서 부상자가
발견되지 않았습니다.

Todos los conductores comenzaron a observar a Dave y discutieron su caso.
운전자들은 모두 데이브를 지켜보며 그의 사건에 대해
논의했습니다.

Hablaron durante las comidas y durante el último cigarrillo del día.
그들은 식사 중과 그날의 마지막 담배를 피우는 동안
이야기를 나누었습니다.

Una noche tuvieron una reunión y llevaron a Dave al fuego.
어느 날 밤 그들은 회의를 열고 데이브를 불 앞으로
데려왔습니다.

Le apretaron y le palparon el cuerpo, y él gritaba a menudo.
그들은 그의 몸을 누르고 더듬었고, 그는 자주 비명을
질렀습니다.

Estaba claro que algo iba mal, aunque no parecía haber ningún hueso roto.
뼈는 부러지지 않은 듯했지만, 뭔가 잘못된 게
분명했습니다.

Cuando llegaron a Cassiar Bar, Dave se estaba cayendo.
그들이 캐시어 바에 도착했을 때, 데이브는 쓰러지고
있었습니다.

El mestizo escocés pidió un alto y eliminó a Dave del equipo.
스카치 혼혈은 중단을 선언하고 데이브를 팀에서
제외시켰습니다.

Sujetó a Solleks en el lugar de Dave, más cerca del frente del trineo.
그는 데이브의 자리, 썰매 앞쪽에 가장 가까운 곳에
솔렉스를 고정했습니다.

Su intención era dejar que Dave descansara y corriera libremente detrás del trineo en movimiento.

그는 데이브가 쉬면서 움직이는 썰매 뒤에서 자유롭게 달릴 수 있도록 놔둘 생각이었습니다.

Pero incluso estando enfermo, Dave odiaba que lo sacaran del trabajo que había tenido.
하지만 아플 때에도 데이브는 자신이 맡았던 일을 그만두는 것을 싫어했습니다.

Gruñó y gimió cuando le quitaron las riendas del cuerpo.
고삐가 몸에서 풀리자 그는 으르렁거리고 징징거렸다.

Cuando vio a Solleks en su lugar, lloró con el corazón roto.
그는 솔렉스가 자기 자리에 있는 것을 보고, 가슴이 찢어지는 듯한 고통으로 울었습니다.

El orgullo por el trabajo en los senderos estaba profundamente arraigado en Dave, incluso cuando se acercaba la muerte.
죽음이 다가왔을 때에도 데이브는 트레일 작업에 대한 자부심을 깊이 간직하고 있었습니다.

Mientras el trineo se movía, Dave se tambaleaba sobre la nieve blanda cerca del sendero.
썰매가 움직이자 데이브는 길 근처의 부드러운 눈 속을 힘겹게 헤쳐 나갔습니다.

Atacó a Solleks, mordiéndolo y empujándolo desde el costado del trineo.
그는 솔렉스를 공격하여 썰매 옆에서 그를 물고 밀어냈습니다.

Dave intentó saltar al arnés y recuperar su lugar de trabajo.
데이브는 하네스에 뛰어들어 자신의 작업 자리를 되찾으려고 했습니다.

Gritó, se quejó y lloró, dividido entre el dolor y el orgullo por el trabajo.
그는 고통과 분만에 대한 자부심 사이에서 갈등하며 비명을 지르고, 징징거리고, 울부짖었습니다.

El mestizo usó su látigo para intentar alejar a Dave del equipo.
혼혈인은 채찍을 사용해 데이브를 팀에서 멀어지게 하려고 했습니다.

Pero Dave ignoró el látigo y el hombre no pudo golpearlo más fuerte.
하지만 데이브는 채찍질을 무시했고, 그 남자는 그를 더 세게 때릴 수 없었다.
Dave rechazó el camino más fácil detrás del trineo, donde la nieve estaba acumulada.
데이브는 썰매 뒤에 있는 쉬운 길을 거부했는데, 거기에는 눈이 쌓여 있었기 때문이다.
En cambio, luchaba en la nieve profunda junto al sendero, en la miseria.
그 대신 그는 길가의 깊은 눈 속에서 비참하게 몸부림쳤습니다.
Finalmente, Dave se desplomó, quedó tendido en la nieve y aullando de dolor.
결국 데이브는 쓰러져 눈 속에 누워 고통스럽게 울부짖었습니다.
Gritó cuando el largo tren de trineos pasó a su lado uno por uno.
그는 썰매 행렬이 하나하나 지나가자 소리쳤다.
Aún con las fuerzas que le quedaban, se levantó y tropezó tras ellos.
그럼에도 불구하고 그는 남은 힘을 다해 일어나 그들을 뒤쫓았습니다.
Lo alcanzó cuando el tren se detuvo nuevamente y encontró su viejo trineo.
그는 기차가 다시 멈추자 따라잡아서 낡은 썰매를 발견했습니다.
Pasó junto a los otros equipos y se quedó de nuevo al lado de Solleks.
그는 다른 팀들을 제치고 다시 솔렉스 옆에 섰다.
Cuando el conductor se detuvo para encender su pipa, Dave aprovechó su última oportunidad.
운전자가 파이프에 불을 붙이기 위해 잠시 멈췄을 때, 데이브는 마지막 기회를 잡았습니다.
Cuando el conductor regresó y gritó, el equipo no avanzó.

운전사가 돌아와서 소리를 지르자 팀은 더 이상 움직이지 않았다.

Los perros habían girado la cabeza, confundidos por la parada repentina.
개들은 갑작스러운 멈춤에 당황해서 고개를 돌렸다.

El conductor también estaba sorprendido: el trineo no se había movido ni un centímetro hacia adelante.
운전자 역시 충격을 받았습니다. 썰매가 조금도 앞으로 움직이지 않았거든요.

Llamó a los demás para que vinieran a ver qué había sucedido.
그는 다른 사람들에게 무슨 일이 일어났는지 보러 오라고 소리쳤다.

Dave había mordido las riendas de Solleks, rompiéndolas ambas.
데이브는 솔렉스의 고삐를 갉아먹어 둘 다 부러뜨렸다.

Ahora estaba de pie frente al trineo, nuevamente en su posición correcta.
이제 그는 썰매 앞에 서서, 본래의 자리로 돌아왔습니다.

Dave miró al conductor y le rogó en silencio que se mantuviera en el carril.
데이브는 운전자를 올려다보며 조용히 추적에 남아달라고 간청했다.

El conductor estaba desconcertado, sin saber qué hacer con el perro que luchaba.
운전자는 힘들어하는 개를 위해 무엇을 해야 할지 몰라 당황했습니다.

Los otros hombres hablaron de perros que habían muerto al ser sacados a la calle.
다른 남자들은 밖으로 끌려나간 개들이 죽었다는 이야기를 했습니다.

Contaron sobre perros viejos o heridos cuyo corazón se rompió al ser abandonados.
그들은 늙거나 다친 개들이 뒤에 남겨지면 마음이 아프다는 이야기를 들려주었습니다.

Estuvieron de acuerdo en que era una misericordia dejar que Dave muriera mientras aún estaba en su arnés.
그들은 데이브가 하네스를 착용한 채로 죽는 것을 허용하는 것이 자비로운 일이라는 데 동의했습니다.
Lo volvieron a sujetar al trineo y Dave tiró con orgullo.
그는 다시 썰매에 몸을 고정했고, 데이브는 자랑스럽게 썰매를 끌었다.
Aunque a veces gritaba, trabajaba como si el dolor pudiera ignorarse.
그는 때때로 비명을 질렀지만, 마치 고통을 무시할 수 있는 것처럼 일했습니다.
Más de una vez se cayó y fue arrastrado antes de levantarse de nuevo.
그는 여러 번 넘어져 끌려간 뒤에야 다시 일어났습니다.
Un día, el trineo pasó por encima de él y desde ese momento empezó a cojear.
어느 날 썰매가 그의 위로 넘어졌는데, 그 순간부터 그는 절뚝거리게 되었습니다.
Aún así, trabajó hasta llegar al campamento y luego se acostó junto al fuego.
그럼에도 불구하고 그는 캠프에 도착할 때까지 일했고, 그 후에는 불 옆에 누워 있었습니다.
Por la mañana, Dave estaba demasiado débil para viajar o incluso mantenerse en pie.
아침이 되자 데이브는 너무 약해져서 여행도 못하고 똑바로 서 있을 수도 없었습니다.
En el momento de preparar el arnés, intentó alcanzar a su conductor con un esfuerzo tembloroso.
마구를 착용할 시간이 되자 그는 떨리는 손으로 운전자에게 다가가려고 노력했습니다.
Se obligó a levantarse, se tambaleó y se desplomó sobre el suelo nevado.
그는 몸을 힘껍게 일으켜 비틀거리며 눈 덮인 땅으로 쓰러졌습니다.
Utilizando sus patas delanteras, arrastró su cuerpo hacia el área del arnés.

그는 앞다리를 이용해 자신의 몸을 굴레를 씌우는 구역 쪽으로 끌고 갔다.

Avanzó poco a poco, centímetro a centímetro, hacia los perros de trabajo.
그는 일하는 개들을 향해 조금씩 앞으로 나아갔다.

Sus fuerzas se acabaron, pero siguió avanzando en su último y desesperado esfuerzo.
그의 힘은 사라졌지만, 그는 마지막 필사적인 밀어붙임으로 계속 움직였다.

Sus compañeros de equipo lo vieron jadeando en la nieve, todavía deseando unirse a ellos.
그의 팀 동료들은 그가 눈 속에서 헐떡이며 여전히 그들과 합류하기를 간절히 바라는 모습을 보았습니다.

Lo oyeron aullar de dolor mientras dejaban atrás el campamento.
그들은 캠프를 뒤로 하고 떠나면서 그가 슬픔에 잠겨 울부짖는 소리를 들었습니다.

Cuando el equipo desapareció entre los árboles, el grito de Dave resonó detrás de ellos.
팀이 나무 사이로 사라지자 데이브의 외침이 그들 뒤에서 울려 퍼졌습니다.

El tren de trineos se detuvo brevemente después de cruzar un tramo de bosque junto al río.
썰매 열차는 강의 목재 구간을 건넌 후 잠시 멈췄다.

El mestizo escocés caminó lentamente de regreso hacia el campamento que estaba detrás.
스코틀랜드 혼혈인은 뒤쪽 캠프를 향해 천천히 걸어갔다.

Los hombres dejaron de hablar cuando lo vieron salir del tren de trineos.
그 남자들은 그가 썰매 열차에서 내리는 것을 보고 말을 멈췄다.

Entonces un único disparo se oyó claro y nítido en el camino.
그러자 총소리 한 발이 산길을 가로질러 선명하고 뚜렷하게 울려 퍼졌습니다.

El hombre regresó rápidamente y ocupó su lugar sin decir palabra.
그 남자는 재빨리 돌아와 아무 말 없이 자신의 자리를 차지했다.
Los látigos crujieron, las campanas tintinearon y los trineos rodaron por la nieve.
채찍이 울리고, 종이 울리고, 썰매는 눈 속을 굴러갔습니다.
Pero Buck sabía lo que había sucedido... y todos los demás perros también.
하지만 벅은 무슨 일이 일어났는지 알고 있었습니다. 다른 모든 개들도 알고 있었습니다.

El trabajo de las riendas y el sendero
고삐와 길의 수고

Treinta días después de salir de Dawson, el Salt Water Mail llegó a Skaguay.
도슨을 출발한 지 30일 만에 솔트워터 메일호가
스카과이에 도착했습니다.

Buck y sus compañeros tomaron la delantera, llegando en lamentables condiciones.
벅과 그의 팀 동료들은 선두를 차지했지만, 비참한
상태로 도착했습니다.

Buck había bajado de ciento cuarenta a ciento quince libras.
벅의 체중은 140파운드에서 115파운드로 줄었습니다.

Los otros perros, aunque más pequeños, habían perdido aún más peso corporal.
다른 개들은 몸집은 작았지만 체중이 더 많이
줄었습니다.

Pike, que antes fingía cojear, ahora arrastraba tras él una pierna realmente herida.
한때 가짜 절름발이였던 파이크는 이제 정말로 다친
다리를 끌고 다녔다.

Solleks cojeaba mucho y Dub tenía un omóplato torcido.
솔렉스는 심하게 절뚝거리고 있었고, 더브는 어깨뼈가
삐끗했습니다.

Todos los perros del equipo tenían las patas doloridas por las semanas que pasaron en el sendero helado.
팀의 모든 개들은 얼어붙은 산길에서 몇 주를 보내느라
발이 아팠습니다.

Ya no tenían resorte en sus pasos, sólo un movimiento lento y arrastrado.
그들의 발걸음에는 탄력이 없었고, 단지 느리고 질질
끌리는 움직임만 있었습니다.

Sus pies golpeaban el sendero con fuerza y cada paso añadía más tensión a sus cuerpos.
그들의 발은 산길을 힘겹게 밟았고, 걸음을 옮길 때마다
몸에 더 많은 부담이 가해졌습니다.

No estaban enfermos, sólo agotados más allá de toda recuperación natural.
그들은 아프지 않았지만, 자연적으로 회복할 수 없을 정도로 기력이 쇠약해졌습니다.
No era el cansancio de un día duro que se curaba con una noche de descanso.
이것은 하루 종일 힘들었던 데를 하룻밤 쉬면 낫는 피로가 아니었습니다.
Fue un agotamiento acumulado lentamente a lo largo de meses de esfuerzo agotador.
그것은 몇 달간의 힘겨운 노력으로 천천히 쌓인 피로였습니다.
No quedaban reservas de fuerza: habían agotado todas las que tenían.
예비 병력이 남아 있지 않았습니다. 그들은 가지고 있던 병력을 모두 소진해 버렸습니다.
Cada músculo, fibra y célula de sus cuerpos estaba gastado y desgastado.
그들의 몸 속의 모든 근육, 섬유질, 세포는 모두 지치고 닳아 없어졌습니다.
Y había una razón: habían recorrido dos mil quinientas millas.
그럴 만한 이유가 있었습니다. 그들이 2,500마일을 이동했기 때문입니다.
Habían descansado sólo cinco días durante las últimas mil ochocientas millas.
그들은 지난 1,800마일 동안 단 5일만 휴식을 취했습니다.
Cuando llegaron a Skaguay, parecían apenas capaces de mantenerse en pie.
그들이 스카과이에 도착했을 때, 그들은 겨우 서 있을 수 있을 정도였습니다.
Se esforzaron por mantener las riendas tensas y permanecer delante del trineo.
그들은 고삐를 단단히 잡고 썰매보다 앞서 나가기 위해 애썼습니다.

En las bajadas sólo lograron evitar ser atropellados.
내리막길에서는 겨우 차에 치이는 것을 피할 수 있었습니다.

"Sigan adelante, pobres pies doloridos", dijo el conductor mientras cojeaban.
운전사는 다리를 절뚝거리며 걸어가면서 "어서 가세요, 아픈 발이여."라고 말했습니다.

"Este es el último tramo, luego todos tendremos un largo descanso, seguro".
"이게 마지막 구간이에요. 그다음에 우리 모두 긴 휴식을 취하게 될 거예요."

"Un descanso verdaderamente largo", prometió mientras los observaba tambalearse hacia adelante.
"정말 긴 휴식이군." 그는 그들이 비틀거리며 앞으로 나아가는 것을 보며 약속했다.

Los conductores esperaban que ahora tuvieran un descanso largo y necesario.
운전자들은 이제 길고도 필요한 휴식을 취할 수 있을 것으로 기대했습니다.

Habían recorrido mil doscientas millas con sólo dos días de descanso.
그들은 겨우 이틀 쉬고서 1,200마일을 여행했습니다.

Por justicia y razón, sintieron que se habían ganado tiempo para relajarse.
공평하고 이치에 맞게, 그들은 휴식할 시간을 얻었다고 느꼈습니다.

Pero eran demasiados los que habían llegado al Klondike y muy pocos los que se habían quedado en casa.
하지만 클론다이크로 온 사람이 너무 많았고, 집에 남은 사람은 너무 적었습니다.

Las cartas de las familias llegaron en masa, creando montañas de correo retrasado.
가족들의 편지가 쇄도하면서 배달이 지연되는 우편물이 쌓였습니다.

Llegaron órdenes oficiales: nuevos perros de la Bahía de Hudson tomarían el control.

공식적인 명령이 내려졌습니다. 새로운 허드슨 베이 개들이 그 자리를 차지하게 되었습니다.

Los perros exhaustos, ahora llamados inútiles, debían ser eliminados.

이제 쓸모없다고 불린 지친 개들은 처분되어야 했습니다.

Como el dinero importaba más que los perros, los iban a vender a bajo precio.

돈이 개보다 더 중요했기 때문에 개는 싸게 팔릴 예정이었습니다.

Pasaron tres días más antes de que los perros sintieran lo débiles que estaban.

개들이 얼마나 약해졌는지 느끼기까지 3일이 더 걸렸습니다.

En la cuarta mañana, dos hombres de Estados Unidos compraron todo el equipo.

넷째 날 아침, 미국에서 온 두 남자가 팀 전체를 사들였습니다.

La venta incluía todos los perros, además de sus arneses usados.

판매에는 모든 개와 낡은 하네스 장비가 포함되었습니다.

Los hombres se llamaban entre sí "Hal" y "Charles" mientras completaban el trato.

두 남자는 거래를 마치면서 서로를 "할"과 "찰스"라고 불렀습니다.

Charles era un hombre de mediana edad, pálido, con labios flácidos y puntas de bigote feroces.

찰스는 중년의 남자로 얼굴이 창백하고 입술은 힘없었으며 콧수염 끝이 험악했다.

Hal era un hombre joven, de unos diecinueve años, que llevaba un cinturón lleno de cartuchos.

핼은 열아홉 살 정도의 청년이었고, 탄약이 채워진 벨트를 착용하고 있었습니다.

El cinturón contenía un gran revólver y un cuchillo de caza, ambos sin usar.

벨트에는 큰 리볼버와 사냥용 칼이 들어 있었는데, 둘 다 사용하지 않았습니다.
Esto demostró lo inexperto e inadecuado que era para la vida en el norte.
그것은 그가 북부 생활에 얼마나 경험이 부족하고 적합하지 않은지를 보여주었습니다.
Ninguno de los dos pertenecía a la naturaleza; su presencia desafiaba toda razón.
두 사람 모두 자연에 속하지 않았다. 그들의 존재는 모든 이성을 거스르는 것이었다.
Buck observó cómo el dinero intercambiaba manos entre el comprador y el agente.
벅은 구매자와 중개인 사이에서 돈이 오가는 것을 지켜보았습니다.
Sabía que los conductores de trenes correos abandonaban su vida como el resto.
그는 우편 열차 운전사들이 다른 사람들과 마찬가지로 자신의 삶을 떠난다는 것을 알았습니다.
Siguieron a Perrault y a François, ahora desaparecidos sin posibilidad de recuperación.
그들은 더 이상 소환될 수 없게 된 페로와 프랑수아를 따라갔다.
Buck y el equipo fueron conducidos al descuidado campamento de sus nuevos dueños.
벅과 그의 팀은 새로운 주인의 엉터리 캠프로 인도되었습니다.
La tienda se hundía, los platos estaban sucios y todo estaba desordenado.
텐트는 처져 있었고, 접시는 더러웠으며, 모든 것이 엉망이었습니다.
Buck también notó que había una mujer allí: Mercedes, la esposa de Charles y hermana de Hal.
벅은 거기에 한 여자도 있다는 것을 알아챘습니다. 메르세데스, 찰스의 아내이자 할의 여동생이었습니다.
Formaban una familia completa, aunque no eran aptos para el recorrido.

그들은 완전한 가족을 이루었지만, 그 길에는 전혀 적합하지 않았습니다.

Buck observó nervioso cómo el trío comenzó a empacar los suministros.

벅은 세 사람이 물품을 챙기기 시작하는 모습을 불안한 표정으로 지켜보았다.

Trabajaron duro, pero sin orden: sólo alboroto y esfuerzos desperdiciados.

그들은 열심히 일했지만 질서 없이 일했습니다. 그저 소란만 피우고 노력만 낭비했습니다.

La tienda estaba enrollada hasta formar un volumen demasiado grande para el trineo.

텐트는 썰매에 비해 너무 커서 부피가 큰 모양으로 말려 있었습니다.

Los platos sucios se empaquetaron sin limpiarlos ni secarlos.

더러운 접시는 세척이나 건조 과정을 거치지 않고 포장되었습니다.

Mercedes revoloteaba por todos lados, hablando, corrigiendo y entrometiéndose constantemente.

메르세데스는 끊임없이 말하고, 바로잡고, 간섭하며 돌아다녔다.

Cuando le ponían un saco en el frente, ella insistía en que lo pusieran en la parte de atrás.

자루를 앞에 두자, 그녀는 그것을 뒤에 두라고 고집했습니다.

Metió la bolsa en el fondo y al siguiente momento la necesitó.

그녀는 자루를 바닥에 넣었고, 다음 순간에 그것이 필요해졌습니다.

De esta manera, el trineo fue desempaquetado nuevamente para alcanzar la bolsa específica.

그래서 썰매는 다시 풀려 특정한 가방 하나에 도달했습니다.

Cerca de allí, tres hombres estaban parados afuera de una tienda de campaña, observando cómo se desarrollaba la escena.

근처에서 세 남자가 텐트 밖에 서서 그 광경이 펼쳐지는 것을 지켜보고 있었습니다.

Sonrieron, guiñaron el ojo y sonrieron ante la evidente confusión de los recién llegados.

그들은 새로 온 사람들의 명백한 혼란에 미소 짓고, 눈짓하고, 씩 웃었다.

"Ya tienes una carga bastante pesada", dijo uno de los hombres.

"당신은 이미 정말 무거운 짐을 지고 있군요." 남자 중 한 명이 말했다.

"No creo que debas llevar esa tienda de campaña, pero es tu elección".

"그 텐트를 들고 다니는 건 좋지 않다고 생각하지만, 그건 당신의 선택이에요."

"¡Inimaginable!", exclamó Mercedes levantando las manos con desesperación.

"꿈에도 생각지 못했어!" 메르세데스가 절망에 빠져 두 손을 들어올리며 소리쳤다.

"¿Cómo podría viajar sin una tienda de campaña donde refugiarme?"

"숙박할 텐트도 없이 어떻게 여행을 할 수 있겠어요?"

"Es primavera, ya no volverás a ver el frío", respondió el hombre.

"이제 봄이 왔어요. 다시는 추운 날씨를 볼 수 없을 거예요." 그 남자가 대답했다.

Pero ella meneó la cabeza y ellos siguieron apilando objetos en el trineo.

하지만 그녀는 고개를 저었고, 그들은 계속해서 썰매 위에 물건들을 쌓았습니다.

La carga se elevó peligrosamente a medida que añadían los últimos elementos.

그들이 마지막 물건을 더할 때 무게는 위험할 정도로 높아졌습니다.

"¿Crees que el trineo se deslizará?" preguntó uno de los hombres con mirada escéptica.

"썰매가 달릴 수 있을까요?" 남자 중 한 명이 회의적인 표정으로 물었다.

"¿Por qué no debería?", replicó Charles con gran fastidio.
"왜 안 되겠어요?" 찰스가 날카롭게 짜증내며 반박했다.

—Está bien —dijo rápidamente el hombre, alejándose un poco de la ofensa.
"아, 괜찮아요." 그 남자는 재빨리 말하며 공격적인 태도를 피했다.

"Solo me preguntaba, me pareció que tenía la parte superior demasiado pesada".
"그냥 궁금해서요. 제 눈에는 위쪽이 너무 무거운 것 같았거든요."

Charles se dio la vuelta y ató la carga lo mejor que pudo.
찰스는 돌아서서 짐을 최대한 단단히 묶었습니다.

Pero las ataduras estaban sueltas y el embalaje en general estaba mal hecho.
하지만 끈이 느슨했고, 전반적으로 포장이 제대로 되어 있지 않았습니다.

"Claro, los perros tirarán de eso todo el día", dijo otro hombre con sarcasmo.
"물론이지, 개들은 하루 종일 그걸 끌고 다닐 거야." 다른 남자가 비꼬는 투로 말했다.

—Por supuesto —respondió Hal con frialdad, agarrando el largo palo del trineo.
"물론이죠." 할은 차갑게 대답하며 썰매의 긴 막대를 잡았다.

Con una mano en el poste, blandía el látigo con la otra.
그는 한 손을 막대에 얹고 다른 한 손으로 채찍을 휘둘렀다.

"¡Vamos!", gritó. "¡Muévanse!", instando a los perros a empezar.
"가자!" 그가 소리쳤다. "움직여!" 개들에게 출발하라고 재촉했다.

Los perros se inclinaron hacia el arnés y se tensaron durante unos instantes.
개들은 하네스에 기대어 잠시 힘을 쏟았습니다.

Entonces se detuvieron, incapaces de mover ni un centímetro el trineo sobrecargado.

그러다가 그들은 과적된 썰매를 조금도 움직일 수 없어 멈췄다.

—¡Esos brutos perezosos! —gritó Hal, levantando el látigo para golpearlos.

"게으른 놈들!" 할이 소리치며 채찍을 들어 그들을 때렸다.

Pero Mercedes entró corriendo y le arrebató el látigo de las manos a Hal.

하지만 메르세데스가 달려들어 할의 손에서 채찍을 빼앗았습니다.

—Oh, Hal, no te atrevas a hacerles daño —gritó alarmada.

"할, 그들을 다치게 하지 마!" 그녀는 놀라서 소리쳤다.

"Prométeme que serás amable con ellos o no daré un paso más".

"그들에게 친절하게 대하겠다고 약속해. 그렇지 않으면 나는 한 걸음도 더 나아가지 않을 거야."

—No sabes nada de perros —le espetó Hal a su hermana.

"너는 개에 대해 아무것도 모르잖아." 할은 여동생에게 쏘아붙였다.

"Son perezosos y la única forma de moverlos es azotándolos".

"그들은 게으르기 때문에, 그들을 움직일 수 있는 유일한 방법은 채찍질하는 것뿐이에요."

"Pregúntale a cualquiera, pregúntale a uno de esos hombres de allí si dudas de mí".

"누구에게나 물어보세요. 저를 의심한다면 저기 있는 남자 중 한 명에게 물어보세요."

Mercedes miró a los espectadores con ojos suplicantes y llorosos.

메르세데스는 애원하는 듯한 눈물 어린 눈으로 구경꾼들을 바라보았다.

Su rostro mostraba lo profundamente que odiaba ver cualquier dolor.

그녀의 얼굴은 그녀가 고통을 보는 것을 얼마나 싫어하는지를 보여주었습니다.

"Están débiles, eso es todo", dijo un hombre. "Están agotados".

"그냥 약해졌을 뿐이에요." 한 남자가 말했다. "지쳐버렸어요."

"Necesitan descansar, han trabajado demasiado tiempo sin descansar".

"그들에게는 휴식이 필요합니다. 그들은 휴식 없이 너무 오랫동안 일해왔습니다."

—Maldito sea el resto —murmuró Hal con el labio curvado.

"나머지는 저주받을 거야." 할은 입술을 삐죽 내밀고 중얼거렸다.

Mercedes jadeó, visiblemente dolida por la grosera palabra que pronunció.

메르세데스는 그의 거친 말에 분명히 괴로움을 느낀 듯 숨을 헐떡였다.

Aún así, ella se mantuvo leal y defendió instantáneamente a su hermano.

그럼에도 불구하고 그녀는 충성을 다했고 즉시 동생을 옹호했습니다.

—No le hagas caso a ese hombre —le dijo a Hal—. Son nuestros perros.

"저 남자는 신경 쓰지 마." 그녀가 할에게 말했다. "그들은 우리 개들이잖아."

"Los conduces como mejor te parezca, haz lo que creas correcto".

"당신이 적절하다고 생각하는 대로 운전하세요. 당신이 옳다고 생각하는 대로 하세요."

Hal levantó el látigo y volvió a golpear a los perros sin piedad.

할은 채찍을 들어 다시 한번 무자비하게 개들을 때렸다.

Se lanzaron hacia adelante, con el cuerpo agachado y los pies hundidos en la nieve.

그들은 몸을 숙이고 눈 속에 발을 디딘 채 앞으로 달려들었다.

Ponían toda su fuerza en tirar, pero el trineo no se movía.
그들은 모든 힘을 썰매를 끄는 데 쏟았지만 썰매는 움직이지 않았습니다.

El trineo quedó atascado, como un ancla congelada en la nieve compacta.
썰매는 굳은 눈 속에 얼어붙은 닻처럼 움직이지 않았습니다.

Tras un segundo esfuerzo, los perros se detuvieron de nuevo, jadeando con fuerza.
두 번째 시도 후, 개들은 다시 헐떡이며 멈췄다.

Hal levantó el látigo una vez más, justo cuando Mercedes interfirió nuevamente.
메르세데스가 다시 개입하자마자 할은 다시 채찍을 들었다.

Ella cayó de rodillas frente a Buck y abrazó su cuello.
그녀는 벅 앞에 무릎을 꿇고 그의 목을 껴안았다.

Las lágrimas llenaron sus ojos mientras le suplicaba al perro exhausto.
그녀는 지친 개에게 애원하며 눈물을 글썽였다.

"Pobres queridos", dijo, "¿por qué no tiran más fuerte?"
"불쌍한 얘들아," 그녀가 말했다. "왜 더 세게 당기지 않니?"

"Si tiras, no te azotarán así".
"당기면 이렇게 채찍질 당하지 못할 거야."

A Buck no le gustaba Mercedes, pero estaba demasiado cansado para resistirse a ella ahora.
벅은 메르세데스를 싫어했지만, 지금은 너무 피곤해서 그녀에게 저항할 수 없었다.

Él aceptó sus lágrimas como una parte más de ese día miserable.
그는 그녀의 눈물을 그저 비참한 하루의 일부로 받아들였다.

Uno de los hombres que observaban finalmente habló después de contener su ira.
분노를 참던 남자 중 한 명이 마침내 입을 열었다.

"No me importa lo que les pase a ustedes, pero esos perros importan".
"여러분에게 무슨 일이 일어나든 상관없지만, 그 개들은 중요해요."
"Si quieres ayudar, suelta ese trineo: está congelado hasta la nieve".
"도움을 주고 싶다면 썰매를 풀어주세요. 썰매가 눈 속에 얼어붙어 있거든요."
"Presiona con fuerza el polo G, derecha e izquierda, y rompe el sello de hielo".
"지폴을 좌우로 세게 눌러서 얼음 봉인을 깨세요."
Se hizo un tercer intento, esta vez siguiendo la sugerencia del hombre.
이번에는 그 남자의 제안에 따라 세 번째 시도가 이루어졌습니다.
Hal balanceó el trineo de un lado a otro, soltando los patines.
할은 썰매를 좌우로 흔들어 주자들을 풀어주었다.
El trineo, aunque sobrecargado y torpe, finalmente avanzó con dificultad.
썰매는 짐이 너무 많고 움직임이 불편했지만, 마침내 앞으로 나아갔다.
Buck y los demás tiraron salvajemente, impulsados por una tormenta de latigazos.
벅과 다른 사람들은 채찍질 폭풍에 쫓겨서 미친 듯이 끌려갔다.
Cien metros más adelante, el sendero se curvaba y descendía hacia la calle.
100야드 앞에서 길은 휘어져 거리로 이어졌습니다.
Se hubiera necesitado un conductor habilidoso para mantener el trineo en posición vertical.
썰매를 똑바로 세우려면 숙련된 운전자가 필요했을 것입니다.
Hal no era hábil y el trineo se volcó al girar en la curva.
할은 썰매를 잘 몰지 못했고, 썰매는 굽은길을 돌면서 기울어졌습니다.

Las ataduras sueltas cedieron y la mitad de la carga se derramó sobre la nieve.
느슨한 묶음이 풀리고, 짐의 절반이 눈 위로 쏟아졌습니다.

Los perros no se detuvieron; el trineo, más ligero, siguió volando de lado.
개들은 멈추지 않았고, 가벼운 썰매는 옆으로 날아갔다.

Enojados por el abuso y la pesada carga, los perros corrieron más rápido.
학대와 무거운 짐에 화가 난 개들은 더 빨리 달렸다.

Buck, furioso, echó a correr, con el equipo siguiéndolo detrás.
벅은 격노하여 달려갔고, 그의 팀원들도 그를 따라갔다.

Hal gritó "¡Guau! ¡Guau!", pero el equipo no le hizo caso.
할은 "와! 와!"라고 소리쳤지만, 팀원들은 그에게 전혀 신경 쓰지 않았다.

Tropezó, cayó y fue arrastrado por el suelo por el arnés.
그는 걸려 넘어졌고, 하네스에 묶인 채 땅바닥으로 끌려갔습니다.

El trineo volcado saltó sobre él mientras los perros corrían delante.
개들이 앞서 달려가는 동안 뒤집힌 썰매가 그 위로 덮쳤다.

El resto de los suministros se dispersaron por la concurrida calle de Skaguay.
나머지 물품들은 스카과이의 번화가 곳곳에 흩어져 있었습니다.

La gente bondadosa se apresuró a detener a los perros y recoger el equipo.
친절한 사람들이 달려가 개들을 막고 장비를 모았습니다.

También dieron consejos, contundentes y prácticos, a los nuevos viajeros.
그들은 또한 새로운 여행자들에게 솔직하고 실용적인 조언을 해주었습니다.

"Si quieres llegar a Dawson, lleva la mitad de la carga y el doble de perros".
"도슨에게 다가가고 싶다면 짐은 절반만 싣고 개는 두 배로 늘리세요."
Hal, Charles y Mercedes escucharon, aunque no con entusiasmo.
핼, 찰스, 메르세데스는 그다지 열정적이지는 않았지만 귀를 기울였다.
Instalaron su tienda de campaña y comenzaron a clasificar sus suministros.
그들은 텐트를 치고 필요한 물품을 분류하기 시작했습니다.
Salieron alimentos enlatados, lo que hizo reír a carcajadas a los espectadores.
통조림이 나와서 구경꾼들을 큰 소리로 웃게 만들었다.
"¿Enlatado en el camino? Te morirás de hambre antes de que se derrita", dijo uno.
"산길에 통조림을 놔두고? 녹기도 전에 굶어 죽을 거야." 한 사람이 말했다.
¿Mantas de hotel? Mejor tíralas todas.
"호텔 담요요? 다 버리는 게 낫겠어요."
"Si también deshazte de la tienda de campaña, aquí nadie lava los platos".
"텐트도 치워버리면 여기서 설거지하는 사람도 없을 거야."
¿Crees que estás viajando en un tren Pullman con sirvientes a bordo?
"당신은 하인들을 태운 풀먼 열차를 타고 있다고 생각하시나요?"
El proceso comenzó: todos los objetos inútiles fueron arrojados a un lado.
과정이 시작되었습니다. 쓸모없는 물건은 모두 옆으로 버려졌습니다.
Mercedes lloró cuando sus maletas fueron vaciadas en el suelo nevado.

메르세데스는 자신의 가방이 눈 덮인 땅에 비워지자 울었다.
Ella sollozaba por cada objeto que tiraba, uno por uno, sin pausa.
그녀는 잠시도 멈추지 않고 물건 하나하나가 던져지는 것을 보며 흐느꼈다.
Ella juró no dar un paso más, ni siquiera por diez Charleses.
그녀는 더 이상 한 걸음도 나아가지 않겠다고 맹세했습니다. 찰스 10명에게도 말입니다.
Ella le rogó a cada persona cercana que le permitiera conservar sus cosas preciosas.
그녀는 주변에 있는 모든 사람에게 그녀의 소중한 물건을 보관해 달라고 간청했습니다.
Por último, se secó los ojos y comenzó a arrojar incluso la ropa más importante.
마침내 그녀는 눈물을 닦고 중요한 옷까지 던지기 시작했습니다.
Cuando terminó con los suyos, comenzó a vaciar los suministros de los hombres.
그녀는 자신의 일을 마치고 나서 남자들의 물품을 비우기 시작했습니다.
Como un torbellino, destrozó las pertenencias de Charles y Hal.
그녀는 회오리바람처럼 찰스와 핼의 소지품을 뒤졌다.
Aunque la carga se redujo a la mitad, todavía era mucho más pesada de lo necesario.
짐은 절반으로 줄었지만 여전히 필요한 것보다 훨씬 무거웠습니다.
Esa noche, Charles y Hal salieron y compraron seis perros nuevos.
그날 밤, 찰스와 핼은 나가서 새 개 여섯 마리를 샀습니다.
Estos nuevos perros se unieron a los seis originales, además de Teek y Koona.
이 새로운 개들은 티크와 쿠나를 포함해 원래 여섯 마리에 합류했습니다.

Juntos formaron un equipo de catorce perros enganchados al trineo.
그들은 함께 썰매에 묶인 14마리의 개로 이루어진 팀을 이루었습니다.

Pero los nuevos perros no eran aptos y estaban mal entrenados para el trabajo con trineos.
하지만 새로 데려온 개들은 썰매 작업에 적합하지 않았고 제대로 훈련되지도 않았습니다.

Tres de los perros eran pointers de pelo corto y uno era un Terranova.
개 중 세 마리는 짧은 털을 가진 포인터였고, 한 마리는 뉴펀들랜드였습니다.

Los dos últimos perros eran mestizos, sin ninguna raza ni propósito claros.
마지막 두 마리의 개는 품종도 목적도 명확하지 않은 잡종이었습니다.

No entendieron el camino y no lo aprendieron rápidamente.
그들은 그 길을 이해하지 못했고, 빨리 배우지도 못했습니다.

Buck y sus compañeros los miraron con desprecio y profunda irritación.
벅과 그의 친구들은 그들을 경멸과 깊은 짜증으로 바라보았습니다.

Aunque Buck les enseñó lo que no debían hacer, no podía enseñarles cuál era el deber.
벅은 그들에게 무엇을 하지 말아야 하는지는 가르쳤지만, 의무는 가르칠 수 없었다.

No se adaptaron bien a la vida en senderos ni al tirón de las riendas y los trineos.
그들은 산길을 걷는 생활이나 고삐와 썰매를 끌어당기는 생활에 적응하지 못했습니다.

Sólo los mestizos intentaron adaptarse, e incluso a ellos les faltó espíritu de lucha.
오직 잡종만이 적응하려고 했고, 그들조차도 투지가 부족했습니다.

Los demás perros estaban confundidos, debilitados y destrozados por su nueva vida.
다른 개들은 새로운 삶에 혼란스러워하고, 약해졌으며, 무너졌습니다.
Con los nuevos perros desorientados y los viejos exhaustos, la esperanza era escasa.
새로 온 개들은 아무것도 모르고, 기존 개들은 지쳐 있었기 때문에 희망은 희박했습니다.
El equipo de Buck había recorrido dos mil quinientas millas de senderos difíciles.
벅의 팀은 힘난한 산길 2,500마일을 달렸습니다.
Aún así, los dos hombres estaban alegres y orgullosos de su gran equipo de perros.
그럼에도 불구하고 두 남자는 쾌활했고, 그들이 데리고 다니는 큰 개 팀을 자랑스러워했습니다.
Creían que viajaban con estilo, con catorce perros enganchados.
그들은 14마리의 개를 데리고 스타일리시하게 여행을 하고 있다고 생각했습니다.
Habían visto trineos partir hacia Dawson y otros llegar desde allí.
그들은 도슨으로 썰매가 떠나는 것을 보았고, 다른 썰매들이 도슨에서 도착하는 것을 보았습니다.
Pero nunca habían visto uno tirado por tantos catorce perros.
하지만 그들은 14마리나 되는 개가 한 마리를 끌고 가는 것을 본 적이 없었습니다.
Había una razón por la que equipos como ese eran raros en el desierto del Ártico.
북극의 자연 속에서 이런 팀이 드문 데에는 이유가 있었습니다.
Ningún trineo podría transportar suficiente comida para alimentar a catorce perros durante el viaje.
어떤 썰매도 여행 내내 14마리의 개에게 먹일 만큼의 충분한 음식을 실을 수 없었습니다.
Pero Charles y Hal no lo sabían: habían hecho los cálculos.

하지만 찰스와 핼은 그 사실을 몰랐습니다. 그들은 이미 계산을 해 두었으니까요.
Planificaron la comida: tanta cantidad por perro, tantos días, y listo.
그들은 음식의 양을 계산했습니다. 개 한 마리당 얼마인지, 며칠 동안 먹었는지..
Mercedes miró sus figuras y asintió como si tuviera sentido.
메르세데스는 그들의 모습을 보고, 그것이 무슨 뜻인지 알겠다는 듯이 고개를 끄덕였다.
Todo le parecía muy sencillo, al menos en el papel.
그녀에게는 모든 것이 매우 간단해 보였습니다. 적어도 문서상으로는 말이죠.

A la mañana siguiente, Buck guió al equipo lentamente por la calle nevada.
다음날 아침, 벅은 팀을 이끌고 눈 덮인 거리를 천천히 올라갔습니다.
No había energía ni espíritu en él ni en los perros detrás de él.
그에게도, 그의 뒤에 있는 개들에게도 에너지나 정신이 없었습니다.
Estaban muertos de cansancio desde el principio: no les quedaban reservas.
그들은 처음부터 지쳐 있었습니다. 여유가 전혀 없었습니다.
Buck ya había hecho cuatro viajes entre Salt Water y Dawson.
벅은 이미 솔트워터와 도슨 사이를 네 번이나 여행했습니다.
Ahora, enfrentado nuevamente el mismo desafío, no sentía nada más que amargura.
이제 다시 같은 길을 마주하게 되었지만, 그는 씁쓸함 외에는 아무것도 느끼지 못했습니다.
Su corazón no estaba en ello, ni tampoco el corazón de los otros perros.

그의 마음은 거기에 없었고, 다른 개들의 마음도 거기에 없었습니다.

Los nuevos perros eran tímidos y los huskies carecían de confianza.

새로 온 개들은 소심했고, 허스키들은 전혀 신뢰하지 않았습니다.

Buck sintió que no podía confiar en estos dos hombres ni en su hermana.

벅은 이 두 남자나 그들의 자매를 믿을 수 없다는 것을 직감했습니다.

No sabían nada y no mostraron señales de aprender en el camino.

그들은 아무것도 몰랐고, 길을 가면서 배우는 모습도 보이지 않았습니다.

Estaban desorganizados y carecían de cualquier sentido de disciplina.

그들은 조직력이 부족했고 규율감이 전혀 없었습니다.

Les tomó media noche montar un campamento descuidado cada vez.

그들은 매번 엉성한 캠프를 세우는 데 반나절이 걸렸습니다.

Y la mitad de la mañana siguiente la pasaron otra vez jugueteando con el trineo.

그리고 다음날 아침의 절반은 다시 썰매를 만지작거리며 보냈습니다.

Al mediodía, a menudo se detenían simplemente para arreglar la carga desigual.

정오쯤 되면 그들은 종종 멈춰서 불균형한 하중을 해결하곤 했습니다.

Algunos días, viajaron menos de diez millas en total.

어떤 날에는 그들이 총 10마일도 이동하지 못했습니다.

Otros días ni siquiera conseguían salir del campamento.

다른 날에는 그들은 캠프를 전혀 떠나지 못했습니다.

Nunca llegaron a cubrir la distancia alimentaria planificada.

그들은 계획된 식량 거리를 결코 넘지 못했습니다.

Como era de esperar, muy rápidamente se quedaron sin comida para los perros.
예상했던 대로, 개들의 먹이가 금세 부족해졌습니다.
Empeoró las cosas sobrealimentándolos en los primeros días.
그들은 초기에 과잉 공급으로 상황을 악화시켰습니다.
Esto acercaba la hambruna con cada ración descuidada.
이런 식으로 부주의한 식량 배급으로 인해 기아가 더 가까워졌습니다.
Los nuevos perros no habían aprendido a sobrevivir con muy poco.
새로 온 개들은 아주 적은 양으로 생존하는 법을 배우지 못했습니다.
Comieron con hambre, con apetitos demasiado grandes para el camino.
그들은 길을 따라가는 것보다 식욕이 너무 왕성해서 배고프게 먹었습니다.
Al ver que los perros se debilitaban, Hal creyó que la comida no era suficiente.
개들이 약해지는 것을 보고, 핼은 음식이 충분하지 않다고 생각했습니다.
Duplicó las raciones, empeorando aún más el error.
그는 식량 배급량을 두 배로 늘려서 실수를 더욱 심화시켰습니다.
Mercedes añadió más problemas con lágrimas y suaves súplicas.
메르세데스는 눈물과 부드러운 애원으로 문제를 더욱 키웠다.
Cuando no pudo convencer a Hal, alimentó a los perros en secreto.
핼을 설득할 수 없자, 그녀는 비밀리에 개들에게 먹이를 주었습니다.
Ella robó de los sacos de pescado y se lo dio a sus espaldas.
그녀는 물고기 자루에서 물고기를 훔쳐서 그의 눈 밖에 나서 그들에게 주었습니다.

Pero lo que los perros realmente necesitaban no era más comida: era descanso.
하지만 개들에게 정말 필요한 것은 더 많은 음식이 아니라 휴식이었습니다.
Iban a poca velocidad, pero el pesado trineo aún seguía avanzando.
그들은 시간을 많이 낭비하지 않았지만, 무거운 썰매는 여전히 계속 끌렸습니다.
Ese peso solo les quitaba las fuerzas que les quedaban cada día.
그 무게만으로도 그들의 남아 있던 힘이 매일 빠져나갔습니다.
Luego vino la etapa de desalimentación ya que los suministros escasearon.
그러다가 공급이 부족해져서 충분한 영양을 공급하지 못하는 단계가 왔습니다.
Una mañana, Hal se dio cuenta de que la mitad de la comida para perros ya había desaparecido.
어느 날 아침, 핼은 개 사료의 절반이 이미 없어졌다는 것을 깨달았습니다.
Sólo habían recorrido una cuarta parte de la distancia total del recorrido.
그들은 전체 산길 거리의 4분의 1만 이동했습니다.
No se podía comprar más comida por ningún precio que se ofreciera.
아무리 가격을 매겨도 더 이상 음식을 살 수 없었습니다.
Redujo las raciones de los perros por debajo de la ración diaria estándar.
그는 개들에게 주는 먹이를 표준 일일 배급량보다 줄였습니다.
Al mismo tiempo, exigió viajes más largos para compensar las pérdidas.
동시에 그는 손실을 메우기 위해 더 긴 여행을 요구했습니다.
Mercedes y Carlos apoyaron este plan, pero fracasaron en su ejecución.

메르세데스와 샤를은 이 계획을 지지했지만 실행에는 실패했다.
Su pesado trineo y su falta de habilidad hicieron que el avance fuera casi imposible.
무거운 썰매와 기술 부족으로 인해 전진이 거의 불가능했습니다.
Era fácil dar menos comida, pero imposible forzar más esfuerzo.
음식을 줄이는 건 쉽지만, 더 많은 노력을 강요하는 건 불가능했습니다.
No podían salir temprano ni tampoco viajar horas extras.
그들은 일찍 출발할 수도 없었고, 몇 시간 더 여행할 수도 없었습니다.
No sabían cómo trabajar con los perros, ni tampoco ellos mismos.
그들은 개를 다루는 법도, 자신들을 다루는 법도 몰랐습니다.
El primer perro que murió fue Dub, el desafortunado pero trabajador ladrón.
처음으로 죽은 개는 불운하지만 열심히 일하는 도둑인 더브였습니다.
Aunque a menudo lo castigaban, Dub había hecho su parte sin quejarse.
종종 벌을 받았지만, 더브는 불평 없이 자신의 몫을 다했습니다.
Su hombro lesionado empeoró sin cuidados ni necesidad de descanso.
그의 다친 어깨는 치료나 휴식이 필요 없이 점점 악화되었습니다.
Finalmente, Hal usó el revólver para acabar con el sufrimiento de Dub.
마침내, 할은 리볼버를 사용해 더브의 고통을 끝냈다.
Un dicho común afirma que los perros normales mueren con raciones para perros esquimales.
일반적인 속담에 허스키 사료를 먹으면 일반 개도 죽는다는 말이 있습니다.

Los seis nuevos compañeros de Buck tenían sólo la mitad de la porción de comida del husky.
벅의 새로운 동료 여섯 마리는 허스키가 나눠 가진 음식의 절반만 가지고 있었습니다.

Primero murió el Terranova y después los tres bracos de pelo corto.
뉴펀들랜드가 먼저 죽고, 그 다음에 짧은 털을 가진 포인터 세 마리가 죽었습니다.

Los dos mestizos resistieron más tiempo pero finalmente perecieron como el resto.
두 잡종은 더 오래 버텼지만 결국 다른 이들처럼 죽고 말았다.

Para entonces, todas las comodidades y la dulzura de Southland habían desaparecido.
이 무렵, 사우스랜드의 모든 편의 시설과 온화함은 사라졌습니다.

Las tres personas habían perdido los últimos vestigios de su educación civilizada.
세 사람은 문명화된 양육의 마지막 흔적을 버렸습니다.

Despojado de glamour y romance, el viaje al Ártico se volvió brutalmente real.
화려함과 로맨스가 사라진 북극 여행은 잔인할 정도로 현실이 되었습니다.

Era una realidad demasiado dura para su sentido de masculinidad y feminidad.
그것은 그들의 남성성과 여성성에 대한 감각으로는 너무나 가혹한 현실이었습니다.

Mercedes ya no lloraba por los perros, ahora lloraba sólo por ella misma.
메르세데스는 더 이상 개들을 위해 울지 않고, 오직 자신을 위해 울었습니다.

Pasó su tiempo llorando y peleando con Hal y Charles.
그녀는 핼과 찰스와 울고 다투며 시간을 보냈다.

Pelear era lo único que nunca estaban demasiado cansados para hacer.

다투는 것은 그들이 지쳐서 할 수 없는 유일한
일이었습니다.
Su irritabilidad surgió de la miseria, creció con ella y la superó.
그들의 짜증은 비참함에서 비롯되었고, 비참함과 함께
커졌으며, 비참함을 넘어섰습니다.
La paciencia del camino, conocida por quienes trabajan y sufren con bondad, nunca llegó.
친절하게 수고하고 고통을 겪는 사람들이 아는, 길에서
겪는 인내심은 결코 찾아오지 않았습니다.
Esa paciencia que conserva dulce la palabra a pesar del dolor les era desconocida.
고통 속에서도 말을 달콤하게 유지하는 그 인내심은
그들에게는 알려지지 않았다.
No tenían ni un ápice de paciencia ni la fuerza que suponía sufrir con gracia.
그들에게는 인내심이라는 흔적도 없었고, 은혜롭게
고통을 겪으면서 얻는 힘도 없었습니다.
Estaban rígidos por el dolor: les dolían los músculos, los huesos y el corazón.
그들은 고통으로 몸이 굳어졌습니다. 근육, 뼈, 심장이
아팠습니다.
Por eso se volvieron afilados de lengua y rápidos para usar palabras ásperas.
이 때문에 그들은 혀가 날카로워지고 거친 말을 하기
쉬워졌습니다.
Cada día comenzaba y terminaba con voces enojadas y amargas quejas.
매일은 화난 목소리와 쓰라린 불평으로 시작하고
끝났습니다.
Charles y Hal discutían cada vez que Mercedes les daba una oportunidad.
메르세데스가 기회를 줄 때마다 찰스와 핼은 서로
다투었다.
Cada hombre creía que hacía más de lo que le correspondía en el trabajo.

각자는 자신에게 할당된 업무량 이상을 해냈다고 믿었습니다.
Ninguno de los dos perdió la oportunidad de decirlo una y otra vez.
두 사람 모두 그 말을 할 기회를 놓치지 않았고, 계속해서 그렇게 말했습니다.
A veces Mercedes se ponía del lado de Charles, a veces del lado de Hal.
때로는 메르세데스는 찰스 편을 들었고, 때로는 핼 편을 들었습니다.
Esto dio lugar a una gran e interminable disputa entre los tres.
이로 인해 세 사람 사이에 끝없는 다툼이 벌어지게 되었다.
Una disputa sobre quién debería cortar leña se salió de control.
장작을 누가 잘라야 할 것인가를 놓고 벌어진 논쟁이 걷잡을 수 없이 커졌습니다.
Pronto se nombraron padres, madres, primos y parientes muertos.
곧 아버지, 어머니, 사촌, 죽은 친척들의 이름이 지어졌습니다.
Las opiniones de Hal sobre el arte o las obras de su tío se convirtieron en parte de la pelea.
할의 예술에 대한 견해나 그의 삼촌의 연극에 대한 견해가 싸움의 일부가 되었습니다.
Las creencias políticas de Charles también entraron en el debate.
찰스의 정치적 신념 또한 논쟁에 포함되었습니다.
Para Mercedes, incluso los chismes de la hermana de su marido parecían relevantes.
메르세데스에게는 남편의 누이의 소문조차도 중요한 것처럼 보였습니다.
Ella expresó sus opiniones sobre eso y sobre muchos de los defectos de la familia de Charles.

그녀는 그 문제와 찰스 가족의 많은 단점에 대한 의견을
밝혔습니다.
Mientras discutían, el fuego permaneció apagado y el
campamento medio montado.
그들이 논쟁하는 동안 불은 꺼져 있었고 캠프는 반쯤
세워져 있었습니다.
Mientras tanto, los perros permanecieron fríos y sin comida.
그 사이 개들은 추위에 떨며 아무것도 먹지 못했습니다.
Mercedes tenía un motivo de queja que consideraba
profundamente personal.
메르세데스는 자신이 매우 개인적으로 생각하는 불만을
품고 있었습니다.
Se sintió maltratada como mujer, negándole sus privilegios
de gentileza.
그녀는 여성으로서 부당한 대우를 받았다고 느꼈고,
신사로서의 특권을 박탈당했다고 느꼈습니다.
Ella era bonita y dulce, y acostumbrada a la caballerosidad
toda su vida.
그녀는 예쁘고 상냥했으며, 평생 기사도 정신에
익숙했습니다.
Pero su marido y su hermano ahora la trataban con
impaciencia.
하지만 그녀의 남편과 오빠는 이제 그녀를 참을성 없이
대했습니다.
Su costumbre era actuar con impotencia y comenzaron a
quejarse.
그녀는 무력하게 행동하는 게 습관이었고, 그들은
불평하기 시작했습니다.
Ofendida por esto, les hizo la vida aún más difícil.
그녀는 이에 불쾌감을 느꼈고, 그들의 삶을 더욱 어렵게
만들었습니다.
Ella ignoró a los perros e insistió en montar ella misma el
trineo.
그녀는 개들을 무시하고 직접 썰매를 타겠다고
고집했습니다.

Aunque parecía ligera de aspecto, pesaba ciento veinte libras.
그녀는 겉모습은 가벼웠지만 몸무게는 120파운드나 나갔습니다.

Esa carga adicional era demasiado para los perros hambrientos y débiles.
그 추가적인 부담은 굶주리고 허약한 개들에게는 너무 컸습니다.

Aún así, ella cabalgó durante días, hasta que los perros se desplomaron en las riendas.
그럼에도 불구하고 그녀는 개들이 고삐를 잡고 쓰러질 때까지 며칠 동안 말을 탔습니다.

El trineo se detuvo y Charles y Hal le rogaron que caminara.
썰매는 멈춰 섰고, 찰스와 핼은 썰매에게 걸어가라고 간청했습니다.

Ellos suplicaron y rogaron, pero ella lloró y los llamó crueles.
그들은 간청하고 간청했지만, 그녀는 울면서 그들을 잔인하다고 불렀습니다.

En una ocasión la sacaron del trineo con pura fuerza y enojo.
한번은 그들은 엄청난 힘과 분노로 그녀를 썰매에서 끌어냈습니다.

Nunca volvieron a intentarlo después de lo que pasó aquella vez.
그들은 그 일이 있은 후로 다시는 시도하지 않았습니다.

Ella se quedó flácida como un niño mimado y se sentó en la nieve.
그녀는 버릇없는 아이처럼 힘이 빠지고 눈 속에 앉았습니다.

Ellos siguieron adelante, pero ella se negó a levantarse o seguirlos.
그들은 계속 움직였지만, 그녀는 일어나거나 뒤따라오기를 거부했습니다.

Después de tres millas, se detuvieron, regresaron y la llevaron de regreso.

3마일을 간 뒤, 그들은 멈춰 서서 돌아와 그녀를 다시 업고 돌아왔다.
La volvieron a cargar en el trineo, nuevamente usando la fuerza bruta.
그들은 다시 힘을 써서 그녀를 썰매에 다시 태웠다.
En su profunda miseria, fueron insensibles al sufrimiento de los perros.
그들은 깊은 비참함에 빠져서 개들의 고통에는 무감각했습니다.
Hal creía que uno debía endurecerse y forzar esa creencia a los demás.
할은 사람이 강해져야 한다고 믿었고, 그 믿음을 다른 사람들에게 강요했습니다.
Primero intentó predicar su filosofía a su hermana.
그는 먼저 자신의 철학을 여동생에게 전파하려고 했습니다.
y luego, sin éxito, le predicó a su cuñado.
그리고 나서, 성공하지 못한 채 그는 처남에게 설교했습니다.
Tuvo más éxito con los perros, pero sólo porque los lastimaba.
그는 개들을 다루는 데 더 성공적이었지만, 그것은 그가 개들을 다치게 했기 때문일 뿐이다.
En Five Fingers, la comida para perros se quedó completamente sin comida.
파이브 핑거스에서는 개 사료가 완전히 떨어졌습니다.
Una vieja india desdentada vendió unas cuantas libras de cuero de caballo congelado
이가 없는 늙은 여자가 얼어붙은 말가죽 몇 파운드를 팔았습니다.
Hal cambió su revólver por la piel de caballo seca.
할은 리볼버를 말린 말가죽과 교환했다.
La carne había procedido de caballos hambrientos de ganaderos meses antes.
그 고기는 몇 달 전 목축업자들이 굶주린 말의 고기였습니다.

Congelada, la piel era como hierro galvanizado: dura y incomestible.
얼어붙은 가죽은 마치 아연 도금된 철과 같아서 질기고 먹을 수 없었습니다.

Los perros tenían que masticar sin parar la piel para poder comérsela.
개들은 가죽을 먹기 위해 끝없이 씹어야 했습니다.

Pero las cuerdas correosas y el pelo corto no constituían apenas alimento.
하지만 가죽 같은 털과 짧은 털은 영양분이 될 수 없었다.

La mayor parte de la piel era irritante y no era alimento en ningún sentido estricto.
가죽의 대부분은 자극적이었고, 엄밀히 말하면 음식이 아니었습니다.

Y durante todo ese tiempo, Buck se tambaleaba al frente, como en una pesadilla.
그리고 그 모든 일에도 불구하고 벅은 악몽 속에서처럼 비틀거리며 앞장섰다.

Tiraba cuando podía, y cuando no, se quedaba tendido hasta que un látigo o un garrote lo levantaban.
그는 할 수 있을 때는 잡아당겼고, 할 수 없을 때는 채찍이나 곤봉이 그를 들어올릴 때까지 누워 있었습니다.

Su fino y brillante pelaje había perdido toda la rigidez y brillo que alguna vez tuvo.
그의 곱고 윤기 나는 털은 한때 가지고 있던 뻣뻣함과 윤기를 모두 잃어버렸습니다.

Su cabello colgaba lacio, enmarañado y cubierto de sangre seca por los golpes.
그의 머리카락은 힘없이 늘어져 있었고, 질질 끌려 있었으며, 타격으로 인한 말라붙은 피로 굳어 있었다.

Sus músculos se encogieron hasta convertirse en cuerdas y sus almohadillas de carne estaban todas desgastadas.
그의 근육은 끈처럼 줄어들었고, 살갗은 모두 닳아 없어졌습니다.

Cada costilla, cada hueso se veía claramente a través de los pliegues de la piel arrugada.
주름진 피부 사이로 각 갈비뼈, 각 뼈가 선명하게 드러났습니다.

Fue desgarrador, pero el corazón de Buck no podía romperse.
가슴 아픈 일이었지만, 벅의 마음은 무너지지 않았습니다.

El hombre del suéter rojo lo había probado y demostrado hacía mucho tiempo.
빨간 스웨터를 입은 남자는 그것을 오래전에 시험해 보고 증명했습니다.

Tal como sucedió con Buck, sucedió con el resto de sus compañeros de equipo.
벅의 경우와 마찬가지로, 그의 나머지 팀원들도 마찬가지였다.

Eran siete en total, cada uno de ellos un esqueleto andante de miseria.
모두 일곱 명이었고, 각자는 비참함의 걸어다니는 해골이었습니다.

Se habían vuelto insensibles a los latigazos y solo sentían un dolor distante.
그들은 채찍질에 무감각해졌고, 멀리서 느껴지는 고통만을 느꼈습니다.

Incluso la vista y el sonido les llegaban débilmente, como a través de una espesa niebla.
짙은 안개 속에서처럼, 시력과 청각조차 희미하게 그들에게 전달되었습니다.

No estaban ni medio vivos: eran huesos con tenues chispas en su interior.
그들은 반쯤 살아 있는 것이 아니었습니다. 그들은 안에 희미한 불꽃이 있는 뼈일 뿐이었습니다.

Al detenerse, se desplomaron como cadáveres y sus chispas casi desaparecieron.
멈추자 그들은 시체처럼 쓰러졌고, 불꽃은 거의 사라졌습니다.

Y cuando el látigo o el garrote volvían a golpear, las chispas revoloteaban débilmente.
그리고 채찍이나 곤봉이 다시 닿았을 때, 불꽃은 약하게 펄럭였다.

Entonces se levantaron, se tambalearon hacia adelante y arrastraron sus extremidades hacia delante.
그러고 나서 그들은 일어나 비틀거리며 앞으로 나아가며 팔다리를 앞으로 끌었다.

Un día el amable Billee se cayó y ya no pudo levantarse.
어느 날 친절한 빌리는 쓰러져서 더 이상 일어날 수 없게 되었습니다.

Hal había cambiado su revólver, por lo que utilizó un hacha para matar a Billee.
할은 리볼버를 교환했기 때문에 대신 도끼를 사용해 빌리를 죽였습니다.

Lo golpeó en la cabeza, luego le cortó el cuerpo y se lo llevó arrastrado.
그는 그의 머리를 내리친 다음 그의 몸을 베어내고 끌고 갔다.

Buck vio esto, y también los demás; sabían que la muerte estaba cerca.
벅은 이 사실을 알았고, 다른 사람들도 이를 보았습니다. 그들은 죽음이 다가오고 있다는 것을 알았습니다.

Al día siguiente Koona se fue, dejando sólo cinco perros en el equipo hambriento.
다음날 쿠나는 떠났고, 굶주린 팀에는 개 다섯 마리만 남았습니다.

Joe, que ya no era malo, estaba demasiado perdido como para darse cuenta de gran cosa.
조는 더 이상 심술궂지 않았지만, 너무 정신이 나가서 아무것도 알아차리지 못했습니다.

Pike, que ya no fingía su lesión, estaba apenas consciente.
파이크는 더 이상 부상을 가장하지 않았고, 거의 의식이 없었습니다.

Solleks, todavía fiel, lamentó no tener fuerzas para dar.

여전히 충실한 솔렉스는 더 이상 줄 힘이 없다는 것을 슬퍼했습니다.

Teek fue el que más perdió porque estaba más fresco, pero su rendimiento se estaba agotando rápidamente.

티크는 더 신선했기 때문에 가장 많이 패배했지만, 빠르게 쇠퇴했습니다.

Y Buck, todavía a la cabeza, ya no mantenía el orden ni lo hacía cumplir.

그리고 여전히 선두에 있던 벅은 더 이상 질서를 유지하거나 이를 집행하지 않았습니다.

Medio ciego por la debilidad, Buck siguió el rastro sólo por el tacto.

약함으로 인해 반쯤 눈이 먼 벅은 감각만으로 흔적을 따라갔다.

Era un hermoso clima primaveral, pero ninguno de ellos lo notó.

아름다운 봄날씨였지만, 그들 중 누구도 그것을 눈치채지 못했습니다.

Cada día el sol salía más temprano y se ponía más tarde que el anterior.

매일 해가 예전보다 일찍 뜨고, 예전보다 늦게 졌습니다.

A las tres de la mañana ya había amanecido; el crepúsculo duró hasta las nueve.

새벽 3시가 되자 새벽이 밝았고, 황혼은 9시까지 지속되었습니다.

Los largos días estuvieron llenos del resplandor del sol primaveral.

긴 낮 동안에는 봄의 햇살이 활짝 비치었습니다.

El silencio fantasmal del invierno se había transformado en un cálido murmullo.

겨울의 유령같은 고요함은 따뜻한 속삭임으로 바뀌었습니다.

Toda la tierra estaba despertando, viva con la alegría de los seres vivos.

온 땅이 깨어나, 살아있는 존재들의 기쁨으로 살아 숨 쉬고 있었습니다.

El sonido provenía de lo que había permanecido muerto e inmóvil durante el invierno.
그 소리는 겨울 내내 죽어서 움직이지 않던 것에서 나왔습니다.

Ahora, esas cosas se movieron nuevamente, sacudiéndose el largo sueño helado.
이제 그 것들이 다시 움직이며 긴 서리잠을 털어냈습니다.

La savia subía a través de los oscuros troncos de los pinos que esperaban.
기다리고 있던 소나무의 어두운 줄기 사이로 수액이 흘러내렸습니다.

Los sauces y los álamos brotan brillantes y jóvenes brotes en cada ramita.
버드나무와 아스펜은 각 나뭇가지에서 밝고 어린 새싹을 터뜨렸습니다.

Los arbustos y las enredaderas se vistieron de un verde fresco a medida que el bosque cobraba vida.
숲이 생기를 띠면서 관목과 덩굴이 새 푸르름을 띱니다.

Los grillos cantaban por la noche y los insectos se arrastraban bajo el sol del día.
밤에는 귀뚜라미가 울었고, 낮에는 벌레가 기어다녔습니다.

Las perdices graznaban y los pájaros carpinteros picoteaban en lo profundo de los árboles.
참새가 울부짖고, 딱따구리가 나무 깊숙이 울었다.

Las ardillas parloteaban, los pájaros cantaban y los gansos graznaban al hablarles a los perros.
다람쥐가 지저귀고, 새들이 노래하고, 거위들이 개들 위로 울었습니다.

Las aves silvestres llegaron en grupos afilados, volando desde el sur.
들새들이 남쪽에서 날아오면서 날카로운 쐐기 모양 떼를 지어 날아왔습니다.

De cada ladera llegaba la música de arroyos ocultos y caudalosos.

모든 언덕에서 숨겨진 시냇물이 흐르는 음악이
들려왔다.
Todas las cosas se descongelaron y se rompieron, se doblaron y volvieron a ponerse en movimiento.
모든 것이 녹아내리고 부러지고, 구부러지고 다시
움직이기 시작했습니다.
El Yukón se esforzó por romper las frías cadenas del hielo congelado.
유콘 강은 얼어붙은 얼음의 차가운 사슬을 끊으려고
애썼다.
El hielo se derritió desde abajo, mientras que el sol lo derritió desde arriba.
얼음은 아래쪽에서 녹았고, 태양은 위쪽에서
녹였습니다.
Se abrieron agujeros de aire, se abrieron grietas y algunos trozos cayeron al río.
공기구멍이 열리고, 균열이 벌어지고, 덩어리가 강으로
떨어졌습니다.
En medio de toda esta vida frenética y llameante, los viajeros se tambaleaban.
이 모든 폭발적이고 불타는 삶 속에서 여행자들은
비틀거렸습니다.
Dos hombres, una mujer y una jauría de perros esquimales caminaban como muertos.
두 남자, 한 여자, 그리고 허스키 무리가 죽은 사람처럼
걸어갔다.
Los perros caían, Mercedes lloraba, pero seguía montando el trineo.
개들이 넘어지고, 메르세데스는 울었지만, 여전히
썰매를 탔다.
Hal maldijo débilmente y Charles parpadeó con los ojos llorosos.
할은 힘없이 욕설을 내뱉었고, 찰스는 눈물을 흘리며
눈을 깜빡였다.
Se toparon con el campamento de John Thornton junto a la desembocadura del río Blanco.

그들은 화이트 리버 하구에서 존 손튼의 캠프에 우연히 들어갔습니다.

Cuando se detuvieron, los perros cayeron al suelo, como si todos hubieran muerto.
그들이 멈추자, 개들은 모두 죽은 것처럼 쓰러졌습니다.

Mercedes se secó las lágrimas y miró a John Thornton.
메르세데스는 눈물을 닦고 존 손튼을 바라보았다.

Charles se sentó en un tronco, lenta y rígidamente, dolorido por el camino.
찰스는 몸을 뻣뻣하게 하고 천천히 통나무에 앉았다.
그는 발걸음 때문에 몸이 아팠다.

Hal habló mientras Thornton tallaba el extremo del mango de un hacha.
쏜튼이 도끼 자루의 끝을 조각하는 동안 할이 이야기를 나누었습니다.

Él tallaba madera de abedul y respondía con respuestas breves y firmes.
그는 자작나무를 깎아 짧고 단호한 대답을 내렸다.

Cuando se le preguntó, dio consejos, seguro de que no serían seguidos.
그가 묻자 그는 그 조언이 따르지 않을 것이라고 확신하며 조언을 했습니다.

Hal explicó: "Nos dijeron que el hielo del sendero se estaba desprendiendo".
할은 "산길의 얼음이 빠져나가고 있다고 들었어요."라고 설명했습니다.

Dijeron que nos quedáramos allí, pero llegamos a White River.
"그들은 우리가 그 자리에 머물러야 한다고 했지만, 우리는 화이트 리버에 도착했습니다."

Terminó con un tono burlón, como para proclamar la victoria en medio de las dificultades.
그는 마치 고난 속에서 승리를 주장하듯이 비웃는 어조로 말을 마쳤다.

—Y te dijeron la verdad —respondió John Thornton a Hal en voz baja.

"그들이 당신에게 진실을 말했어요." 존 손튼이 조용히 할에게 대답했다.
"El hielo puede ceder en cualquier momento; está a punto de desprenderse".
"얼음은 언제든지 무너질 수 있어요. 떨어져 나갈 준비가 되어 있죠."
"Solo la suerte ciega y los tontos pudieron haber llegado tan lejos con vida".
"오직 행운과 바보들만이 이렇게 멀리까지 살아올 수 있었을 거야."
"Te lo digo directamente: no arriesgaría mi vida ni por todo el oro de Alaska".
"솔직히 말해서, 알래스카의 모든 금을 위해서라면 내 목숨을 걸고 싶지 않아요."
—Supongo que es porque no eres tonto —respondió Hal.
"그건 당신이 바보가 아니기 때문일 거예요." 할이 대답했다.
—De todos modos, seguiremos hasta Dawson. —Desenrolló el látigo.
"그래도 우리는 도슨에게로 갈 거야." 그는 채찍을 풀었다.
—¡Sube, Buck! ¡Hola! ¡Sube! ¡Vamos! —gritó con dureza.
"일어나, 벅! 안녕! 일어나! 어서!" 그는 거칠게 소리쳤다.
Thornton siguió tallando madera, sabiendo que los tontos no escucharían razones.
쏜튼은 바보들은 이성의 말을 듣지 않을 거라는 걸 알고 계속해서 깎아내렸습니다.
Detener a un tonto era inútil, y dos o tres tontos no cambiaban nada.
어리석은 사람을 막는 것은 소용이 없습니다. 그리고 두세 명이 속아도 아무것도 변하지 않습니다.
Pero el equipo no se movió ante la orden de Hal.
하지만 할의 명령에도 불구하고 팀은 움직이지 않았다.
A estas alturas, sólo los golpes podían hacerlos levantarse y avanzar.

이제 그들을 일으켜 세우고 앞으로 나아가게 할 수 있는 것은 타격뿐이었습니다.
El látigo golpeó una y otra vez a los perros debilitados.
채찍은 약해진 개들에게 계속해서 휘둘렸다.
John Thornton apretó los labios con fuerza y observó en silencio.
존 손튼은 입술을 꽉 다물고 말없이 지켜보았다.
Solleks fue el primero en ponerse de pie bajo el látigo.
채찍질을 당하자 솔렉스가 가장 먼저 일어섰다.
Entonces Teek lo siguió, temblando. Joe gritó al tambalearse.
그러자 틱이 몸을 떨며 따라왔다. 조는 비틀거리며 일어서며 비명을 질렀다.
Pike intentó levantarse, falló dos veces y finalmente se mantuvo en pie, tambaleándose.
파이크는 일어서려고 했지만 두 번이나 실패하고 마침내 비틀거리며 일어섰다.
Pero Buck yacía donde había caído, sin moverse en absoluto este momento.
하지만 벅은 쓰러진 자리에 그대로 누워서 전혀 움직이지 않았습니다.
El látigo lo golpeaba una y otra vez, pero él no emitía ningún sonido.
채찍이 그를 계속해서 베었지만 그는 소리를 내지 않았다.
Él no se inmutó ni se resistió, simplemente permaneció quieto y en silencio.
그는 움찔하거나 저항하지 않고 그저 가만히 있었습니다.
Thornton se movió más de una vez, como si fuera a hablar, pero no lo hizo.
쏜튼은 말을 하려는 듯 여러 번 몸을 움직였지만 말을 하지 않았다.
Sus ojos se humedecieron y el látigo siguió golpeando contra Buck.
그의 눈은 젖었고, 채찍은 여전히 벅을 때렸다.

Finalmente, Thornton comenzó a caminar lentamente, sin saber qué hacer.
마침내, 쏜튼은 무엇을 해야 할지 몰라 천천히 왔다 갔다 하기 시작했습니다.
Era la primera vez que Buck fallaba y Hal se puso furioso.
벅이 실패한 것은 이번이 처음이었고, 핼은 분노했다.
Dejó el látigo y en su lugar tomó el pesado garrote.
그는 채찍을 내려놓고 대신 무거운 곤봉을 집어들었다.
El palo de madera cayó con fuerza, pero Buck todavía no se levantó para moverse.
나무 곤봉이 세게 내려왔지만, 벅은 여전히 일어나 움직이지 않았다.
Al igual que sus compañeros de equipo, era demasiado débil, pero más que eso.
그의 팀 동료들처럼 그도 너무 약했습니다. 하지만 그 이상이었습니다.
Buck había decidido no moverse, sin importar lo que sucediera después.
벅은 무슨 일이 일어나더라도 움직이지 않기로 결심했습니다.
Sintió algo oscuro y seguro flotando justo delante.
그는 바로 앞에 뭔가 어둡고 확실한 것이 떠 있는 것을 느꼈다.
Ese miedo se apoderó de él tan pronto como llegó a la orilla del río.
그 공포는 그가 강둑에 도착하자마자 그를 사로잡았습니다.
La sensación no lo había abandonado desde que sintió el hielo fino bajo sus patas.
그는 발 밑의 얼음이 얇아지는 것을 느낀 이후로 그 느낌을 떨쳐낼 수 없었다.
Algo terrible lo esperaba; lo sintió más allá del camino.
뭔가 끔찍한 일이 기다리고 있다는 것을 그는 산길 바로 아래에서 느꼈다.
No iba a caminar hacia esa cosa terrible que había delante.

그는 앞에 있는 그 끔찍한 것을 향해 걸어갈 생각이 없었다.

Él no iba a obedecer ninguna orden que lo llevara a esa cosa.
그는 그를 그 곳으로 인도하는 어떠한 명령에도 복종하지 않을 것입니다.

El dolor de los golpes apenas lo afectaba ahora: estaba demasiado lejos.
타격의 고통은 이제 그에게 거의 느껴지지 않았다. 그는 너무 지쳐 있었다.

La chispa de la vida parpadeaba débilmente y se apagaba bajo cada golpe cruel.
생명의 불꽃이 낮게 깜빡이며 잔혹한 일격마다 희미해졌습니다.

Sus extremidades se sentían distantes; su cuerpo entero parecía pertenecer a otro.
그의 팔다리는 멀리 떨어져 있는 것 같았고, 그의 몸 전체는 다른 사람의 소유인 것 같았다.

Sintió un extraño entumecimiento mientras el dolor desapareció por completo.
그는 고통이 완전히 사라지자 이상한 무감각함을 느꼈다.

Desde lejos, sentía que lo golpeaban, pero apenas lo sabía.
멀리서 그는 자신이 구타당하고 있다는 것을 느꼈지만 거의 알지 못했습니다.

Podía oír los golpes débilmente, pero ya no dolían realmente.
그는 쿵쿵거리는 소리를 희미하게 들었지만, 더 이상 진짜로 아프지는 않았다.

Los golpes dieron en el blanco, pero su cuerpo ya no parecía el suyo.
타격이 가해졌지만, 그의 몸은 더 이상 자신의 몸 같지 않았습니다.

Entonces, de repente y sin previo aviso, John Thornton lanzó un grito salvaje.
그러자 갑자기, 아무런 경고도 없이, 존 손튼이 갑자기 큰 소리로 울부짖었다.

Era un grito inarticulado, más el grito de una bestia que el de un hombre.
그것은 분명하지 않았고, 사람의 울음소리라기보다는 짐승의 울음소리에 가까웠다.
Saltó hacia el hombre con el garrote y tiró a Hal hacia atrás.
그는 곤봉을 든 남자에게 달려들어 할을 뒤로 밀어냈다.
Hal voló como si lo hubiera golpeado un árbol y aterrizó con fuerza en el suelo.
할은 나무에 맞은 듯 날아가다가 땅에 세게 착지했다.
Mercedes gritó en pánico y se llevó las manos a la cara.
메르세데스는 당황해서 큰 소리로 비명을 지르며 얼굴을 움켜쥐었다.
Charles se limitó a mirar, se secó los ojos y permaneció sentado.
찰스는 그저 바라보며 눈물을 닦고 앉아만 있었다.
Su cuerpo estaba demasiado rígido por el dolor para levantarse o ayudar en la pelea.
그의 몸은 너무 뻣뻣해서 일어날 수도, 싸움에 참여할 수도 없었다.
Thornton se quedó de pie junto a Buck, temblando de furia, incapaz de hablar.
쏜튼은 벅 위에 서서 분노에 떨며 말을 할 수 없었다.
Se estremeció de rabia y luchó por encontrar su voz a través de ella.
그는 분노에 몸을 떨었고, 그 속에서 자신의 목소리를 찾으려고 애썼다.
—Si vuelves a golpear a ese perro, te mataré —dijo finalmente.
"그 개를 다시 때리면 죽여버릴 거야." 그는 마침내 말했다.
Hal se limpió la sangre de la boca y volvió a avanzar.
할은 입가의 피를 닦고 다시 앞으로 나왔다.
—Es mi perro —murmuró—. ¡Quítate del medio o te curaré!
"내 개잖아." 그가 중얼거렸다. "비켜, 안 그러면 내가 고쳐줄게."
"Voy a Dawson y no me lo vas a impedir", añadió.

그는 "나는 도슨으로 갈 거야. 너희가 나를 막을 수는 없어."라고 덧붙였다.

Thornton se mantuvo firme entre Buck y el joven enojado.
쏜튼은 벅과 화난 청년 사이에 굳건히 섰다.

No tenía intención de hacerse a un lado o dejar pasar a Hal.
그는 물러나거나 핼을 지나가게 할 생각이 전혀 없었다.

Hal sacó su cuchillo de caza, largo y peligroso en la mano.
할은 사냥용 칼을 꺼냈다. 그 칼은 길고 위험했다.

Mercedes gritó, luego lloró y luego rió con una histeria salvaje.
메르세데스는 비명을 지르고, 울고, 그리고 격렬한 히스테리에 빠져 웃었다.

Thornton golpeó la mano de Hal con el mango de su hacha, fuerte y rápido.
쏜튼은 도끼 자루로 핼의 손을 빠르고 세게 쳤다.

El cuchillo se soltó del agarre de Hal y voló al suelo.
칼은 할의 손에서 빠져나와 땅으로 떨어졌다.

Hal intentó recoger el cuchillo y Thornton volvió a golpearle los nudillos.
할은 칼을 집으려고 했고, 쏜튼은 다시 한번 그의 손가락 관절을 두드렸다.

Entonces Thornton se agachó, agarró el cuchillo y lo sostuvo.
그러자 쏜튼은 몸을 굽혀 칼을 움켜쥐고 있었다.

Con dos rápidos golpes del mango del hacha, cortó las riendas de Buck.
그는 도끼 자루를 두 번 빠르게 휘둘러 벅의 고삐를 잘랐다.

Hal ya no tenía fuerzas para luchar y se apartó del perro.
할은 더 이상 싸울 힘이 없었고 개에게서 물러섰다.

Además, Mercedes necesitaba ahora ambos brazos para mantenerse erguida.
게다가 메르세데스는 이제 몸을 똑바로 세우려면 두 팔이 모두 필요했다.

Buck estaba demasiado cerca de la muerte como para volver a ser útil para tirar de un trineo.
벅은 다시 썰매를 끌기에는 너무 죽음이 가까웠다.

Unos minutos después, se marcharon y se dirigieron río abajo.
몇 분 후, 그들은 강을 따라 내려갔습니다.
Buck levantó la cabeza débilmente y los observó mientras salían del banco.
벅은 힘없이 고개를 들고 그들이 은행에서 나가는 것을 지켜보았다.
Pike lideró el equipo, con Solleks en la parte trasera, al volante.
파이크가 팀을 이끌었고, 솔렉스가 뒤에서 휠을 맡았습니다.
Joe y Teek caminaron entre ellos, ambos cojeando por el cansancio.
조와 틱은 둘 다 지쳐서 다리를 절뚝거리며 그 사이를 걸어갔다.
Mercedes se sentó en el trineo y Hal agarró el largo palo.
메르세데스는 썰매에 앉았고, 할은 긴 썰매 막대를 잡았다.
Charles se tambaleó detrás, sus pasos torpes e inseguros.
찰스는 뒤쳐지며 비틀거렸고, 그의 발걸음은 어색하고 불안했다.
Thornton se arrodilló junto a Buck y buscó con delicadeza los huesos rotos.
쏜튼은 벅 옆에 무릎을 꿇고 조심스럽게 부러진 뼈를 만져보았다.
Sus manos eran ásperas pero se movían con amabilidad y cuidado.
그의 손은 거칠었지만 친절하고 세심하게 움직였다.
El cuerpo de Buck estaba magullado pero no mostraba lesiones duraderas.
벅의 몸은 멍이 들었지만 영구적인 부상은 보이지 않았습니다.
Lo que quedó fue un hambre terrible y una debilidad casi total.
남은 것은 극심한 배고픔과 거의 완전한 쇠약뿐이었습니다.

Cuando esto quedó claro, el trineo ya había avanzado mucho río abajo.
이것이 명확해졌을 때쯤, 썰매는 이미 강 하류로 멀리 이동해 버렸습니다.

El hombre y el perro observaron cómo el trineo se deslizaba lentamente sobre el hielo agrietado.
남자와 개는 썰매가 갈라지는 얼음 위로 천천히 기어가는 것을 지켜보았습니다.

Luego vieron que el trineo se hundía en un hueco.
그러자 그들은 썰매가 움푹 들어간 곳으로 가라앉는 것을 보았습니다.

El mástil voló hacia arriba, con Hal todavía aferrándose a él en vano.
기둥이 날아올랐지만, 할은 여전히 기둥에 매달려 있었지만 소용이 없었다.

El grito de Mercedes les llegó a través de la fría distancia.
메르세데스의 비명 소리가 차가운 거리를 가로질러 그들에게 전해졌습니다.

Charles se giró y dio un paso atrás, pero ya era demasiado tarde.
찰스는 돌아서서 한 걸음 물러섰다. 하지만 그는 너무 늦었다.

Una capa de hielo entera cedió y todos ellos cayeron al suelo.
빙하 전체가 무너졌고, 그들은 모두 그 아래로 떨어졌습니다.

Los perros, los trineos y las personas desaparecieron en el agua negra que había debajo.
개, 썰매, 사람들이 아래의 검은 물 속으로 사라졌습니다.

En el hielo por donde habían pasado sólo quedaba un amplio agujero.
그들이 지나간 자리에는 얼음에 넓은 구멍만 남았다.

El sendero se había hundido por completo, tal como Thornton había advertido.
쏜튼이 경고한 대로, 산길의 바닥이 빠져나갔습니다.

Thornton y Buck se miraron el uno al otro y guardaron silencio por un momento.
쏜튼과 벅은 잠시 아무 말 없이 서로를 바라보았다.
—Pobre diablo —dijo Thornton suavemente, y Buck le lamió la mano.
"불쌍한 놈이군." 손튼이 부드럽게 말했고, 벅은 그의 손을 핥았다.

Por el amor de un hombre
남자를 사랑해서

John Thornton se congeló los pies en el frío del diciembre anterior.
존 손튼은 지난 12월의 추위로 발이 얼어붙었습니다.
Sus compañeros lo hicieron sentir cómodo y lo dejaron recuperarse solo.
그의 파트너들은 그를 편안하게 해 주었고 그가 혼자 회복할 수 있도록 내버려 두었습니다.
Subieron al río para recoger una balsa de troncos para aserrar para Dawson.
그들은 도슨을 위해 톱질용 통나무를 모으기 위해 강을 거슬러 올라갔습니다.
Todavía cojeaba ligeramente cuando rescató a Buck de la muerte.
그는 벅을 죽음에서 구해냈을 때에도 여전히 약간 절뚝거리고 있었습니다.
Pero como el clima cálido continuó, incluso esa cojera desapareció.
하지만 따뜻한 날씨가 계속되자 그 절름발이도 사라졌습니다.
Durante los largos días de primavera, Buck descansaba a orillas del río.
벅은 긴 봄날 강둑에 누워서 휴식을 취했습니다.
Observó el agua fluir y escuchó a los pájaros y a los insectos.
그는 흐르는 물을 바라보며 새와 곤충의 소리에 귀를 기울였다.
Lentamente, Buck recuperó su fuerza bajo el sol y el cielo.
벅은 천천히 태양과 하늘 아래서 힘을 되찾았습니다.
Un descanso fue maravilloso después de viajar tres mil millas.
3천 마일을 여행한 후에 휴식을 취하니 기분이 정말 좋았습니다.
Buck se volvió perezoso a medida que sus heridas sanaban y su cuerpo se llenaba.

벅의 상처가 낫고 몸이 부풀어 오르자, 그는 게으르게 되었다.

Sus músculos se reafirmaron y la carne volvió a cubrir sus huesos.

그의 근육이 단단해졌고, 살이 다시 뼈를 덮었습니다.

Todos estaban descansando: Buck, Thornton, Skeet y Nig.

그들은 모두 쉬고 있었습니다. 벅, 손튼, 스키트, 니그.

Esperaron la balsa que los llevaría a Dawson.

그들은 도슨으로 그들을 데려다줄 뗏목을 기다렸다.

Skeet era un pequeño setter irlandés que se hizo amigo de Buck.

스키트는 벅과 친구가 된 작은 아일랜드 세터였습니다.

Buck estaba demasiado débil y enfermo para resistirse a ella en su primer encuentro.

벅은 첫 만남에서 그녀를 저항할 수 없을 만큼 약하고 아팠다.

Skeet tenía el rasgo de sanador que algunos perros poseen naturalmente.

스키트는 일부 개들이 본래 가지고 있는 치료사 특성을 가지고 있었습니다.

Como una gata madre, lamió y limpió las heridas abiertas de Buck.

그녀는 어미 고양이처럼 벅의 상처를 핥고 닦아주었다.

Todas las mañanas, después del desayuno, repetía su minucioso trabajo.

매일 아침 식사 후, 그녀는 신중하게 작업하는 것을 반복했습니다.

Buck llegó a esperar su ayuda tanto como la de Thornton.

벅은 쏜튼의 도움을 기대했던 것만큼 그녀의 도움도 기대하게 되었다.

Nig también era amigable, pero menos abierto y menos cariñoso.

니그도 친절했지만 덜 개방적이고 덜 애정 어린 사람이었습니다.

Nig era un perro grande y negro, mitad sabueso y mitad lebrel.

니그는 몸집이 큰 검은 개로, 블러드하운드와
디어하운드의 혼합종이었습니다.

Tenía ojos sonrientes y un espíritu bondadoso sin límites.
그는 웃는 눈을 가지고 있었고, 그의 정신 속에는 끝없는
선량함이 있었습니다.

Para sorpresa de Buck, ninguno de los perros mostró celos hacia él.
벅이 놀란 것은, 두 마리의 개 모두 그에게 질투심을
보이지 않았다는 것이다.

Tanto Skeet como Nig compartieron la amabilidad de John Thornton.
스키트와 니그는 둘 다 존 손튼의 친절을 공유했습니다.

A medida que Buck se hacía más fuerte, lo atrajeron hacia juegos de perros tontos.
벅이 강해지자, 그들은 그를 어리석은 개 놀이에
유인했습니다.

Thornton también jugaba a menudo con ellos, incapaz de resistirse a su alegría.
쏜튼 역시 종종 그들과 놀았고, 그들의 기쁨을 이기지
못했습니다.

De esta manera lúdica, Buck pasó de la enfermedad a una nueva vida.
이런 장난기 넘치는 방식으로 벅은 병에서 벗어나
새로운 삶으로 나아갔습니다.

El amor, el amor verdadero, ardiente y apasionado, finalmente era suyo.
사랑, 진실하고 뜨겁고 열정적인 사랑이 마침내 그에게
찾아왔습니다.

Nunca había conocido ese tipo de amor en la finca de Miller.
그는 밀러의 영지에서 이런 종류의 사랑을 경험한 적이
없었다.

Con los hijos del Juez había compartido trabajo y aventuras.
그는 판사의 아들들과 함께 일과 모험을 공유했습니다.

En los nietos vio un orgullo rígido y jactancioso.
그는 손자들에게서 뻣뻣하고 거만한 자존심을 보았다.

Con el propio juez Miller mantuvo una amistad respetuosa.

그는 밀러 판사와도 존중하는 우정을 나누었습니다.
Pero el amor que era fuego, locura y adoración llegó con Thornton.
하지만 쏜튼에게는 불과 광기, 숭배가 담긴 사랑이 찾아왔습니다.
Este hombre había salvado la vida de Buck, y eso solo significaba mucho.
이 남자는 벅의 생명을 구했고, 그것만으로도 큰 의미가 있었습니다.
Pero más que eso, John Thornton era el tipo de maestro ideal.
하지만 그보다 더 중요한 것은, 존 손튼이 이상적인 스승이었다는 점입니다.
Otros hombres cuidaban perros por obligación o necesidad laboral.
어떤 사람들은 의무나 사업상의 필요 때문에 개를 돌보았습니다.
John Thornton cuidaba a sus perros como si fueran sus hijos.
존 손튼은 마치 자기 자식처럼 자기 개들을 돌보았습니다.
Él se preocupaba por ellos porque los amaba y simplemente no podía evitarlo.
그는 그들을 사랑했기 때문에 그들을 돌보았고, 도저히 그럴 수 없었습니다.
John Thornton vio incluso más lejos de lo que la mayoría de los hombres lograron ver.
존 손튼은 대부분의 남자들이 볼 수 있는 것보다 더 멀리 보았습니다.
Nunca se olvidó de saludarlos amablemente o decirles alguna palabra de aliento.
그는 그들에게 친절하게 인사하거나 격려의 말을 건네는 것을 결코 잊지 않았습니다.
Le encantaba sentarse con los perros para tener largas charlas, o "gases", como él decía.

그는 개들과 함께 앉아서 오랜 시간 이야기를 나누는 것을 좋아했습니다. 그의 표현을 빌리자면 "가스 같은" 시간이었습니다.

Le gustaba agarrar bruscamente la cabeza de Buck entre sus fuertes manos.
그는 강한 손으로 벅의 머리를 거칠게 움켜쥐는 것을 좋아했다.

Luego apoyó su cabeza contra la de Buck y lo sacudió suavemente.
그러고 나서 그는 자신의 머리를 벅의 머리에 기대고 부드럽게 흔들었다.

Mientras tanto, él llamaba a Buck con nombres groseros que significaban amor para Buck.
그는 벅을 향해 무례한 이름을 불렀는데, 이는 벅에 대한 사랑을 의미했다.

Para Buck, ese fuerte abrazo y esas palabras le trajeron una profunda alegría.
벅에게는 그 거친 포옹과 그 말이 깊은 기쁨을 가져다주었습니다.

Su corazón parecía latir con fuerza de felicidad con cada movimiento.
그의 가슴은 매 움직임마다 행복으로 떨리는 듯했다.

Cuando se levantó de un salto, su boca parecía como si se estuviera riendo.
그가 나중에 벌떡 일어섰을 때, 그의 입은 웃는 것처럼 보였다.

Sus ojos brillaban intensamente y su garganta temblaba con una alegría tácita.
그의 눈은 밝게 빛났고, 그의 목은 말로 표현할 수 없는 기쁨으로 떨렸다.

Su sonrisa se detuvo en ese estado de emoción y afecto resplandeciente.
그의 미소는 그 감정과 빛나는 애정의 상태에서 그대로 멈췄다.

Entonces Thornton exclamó pensativo: "¡Dios! ¡Casi puede hablar!"

그러자 손튼은 생각에 잠긴 듯 소리쳤다. "맙소사! 거의 말을 할 수 있을 것 같아!"

Buck tenía una extraña forma de expresar amor que casi causaba dolor.
벅은 사랑을 표현하는 이상한 방법을 가지고 있었는데, 그 방법은 거의 고통을 불러일으켰습니다.

A menudo apretaba muy fuerte la mano de Thornton entre los dientes.
그는 종종 쏜튼의 손을 이빨로 매우 세게 움켜쥐곤 했다.

La mordedura iba a dejar marcas profundas que permanecerían durante algún tiempo.
물린 자국은 깊은 상처를 남겼고 그 상처는 한동안 남았습니다.

Buck creía que esos juramentos eran de amor y Thornton lo sabía también.
벅은 그 맹세가 사랑이라고 믿었고, 손튼도 똑같은 것을 알았습니다.

La mayoría de las veces, el amor de Buck se demostraba en una adoración silenciosa, casi silenciosa.
벅의 사랑은 대개 조용하고 거의 말없는 숭배의 형태로 나타났습니다.

Aunque se emocionaba cuando lo tocaban o le hablaban, no buscaba atención.
그는 누군가 만지거나 말을 걸면 기뻐했지만, 주의를 끌려고 하지는 않았습니다.

Skeet empujó su nariz bajo la mano de Thornton hasta que él la acarició.
스키트는 쏜튼의 손 아래로 그녀의 코를 쿡 찌르며 쓰다듬었다.

Nig se acercó en silencio y apoyó su gran cabeza en la rodilla de Thornton.
니그는 조용히 다가가서 큰 머리를 손튼의 무릎에 기댔다.

Buck, por el contrario, se conformaba con amar desde una distancia respetuosa.

반면 벅은 존중심을 가지고 거리를 두고 사랑하는 것에 만족했습니다.

Durante horas permaneció tendido a los pies de Thornton, alerta y observando atentamente.
그는 몇 시간 동안 쏜튼의 발치에 누워서 경계하며 주의 깊게 지켜보았습니다.

Buck estudió cada detalle del rostro de su amo y su más mínimo movimiento.
벅은 주인의 얼굴과 사소한 움직임 하나하나를 주의 깊게 살폈다.

O yacía más lejos, estudiando la figura del hombre en silencio.
아니면 더 멀리 누워서 침묵 속에서 남자의 모습을 살펴보기도 했습니다.

Buck observó cada pequeño movimiento, cada cambio de postura o gesto.
벅은 모든 작은 움직임, 자세나 몸짓의 변화를 살폈다.

Tan poderosa era esta conexión que a menudo atraía la mirada de Thornton.
이런 강력한 연결은 종종 쏜튼의 시선을 끌었다.

Sostuvo la mirada de Buck sin palabras, pero el amor brillaba claramente a través de ella.
그는 아무 말 없이 벅의 눈을 마주쳤고, 그의 눈에는 사랑이 선명하게 빛났다.

Durante mucho tiempo después de ser salvado, Buck nunca perdió de vista a Thornton.
구출된 후 오랫동안 벅은 쏜튼을 눈에서 떼지 않았습니다.

Cada vez que Thornton salía de la tienda, Buck lo seguía de cerca afuera.
쏜튼이 텐트를 나갈 때마다 벅은 그를 바짝 뒤따라 밖으로 나갔다.

Todos los amos severos de las Tierras del Norte habían hecho que Buck tuviera miedo de confiar.
북쪽 땅의 가혹한 주인들은 모두 벅이 신뢰하기 어렵게 만들었습니다.

Temía que ningún hombre pudiera seguir siendo su amo durante más de un corto tiempo.
그는 누구도 짧은 시간 이상 자신의 주인으로 남을 수 없을 것이라고 두려워했습니다.
Temía que John Thornton desapareciera como Perrault y François.
그는 존 손튼이 페로와 프랑수아처럼 사라질 것을 두려워했습니다.
Incluso por la noche, el miedo a perderlo acechaba el sueño inquieto de Buck.
밤에도 그를 잃을지도 모른다는 두려움이 벅의 불안한 잠을 괴롭혔다.
Cuando Buck se despertó, salió a escondidas al frío y fue a la tienda de campaña.
벅이 깨어나자 그는 추위 속으로 기어나와 텐트로 갔다.
Escuchó atentamente el suave sonido de la respiración en su interior.
그는 안에서 들리는 부드러운 호흡음을 주의 깊게 들었다.
A pesar del profundo amor de Buck por John Thornton, lo salvaje siguió vivo.
벅이 존 손튼을 깊이 사랑했음에도 불구하고, 야생은 살아남았습니다.
Ese instinto primitivo, despertado en el Norte, no desapareció.
북쪽에서 깨어난 그 원시적 본능은 사라지지 않았습니다.
El amor trajo devoción, lealtad y el cálido vínculo del fuego.
사랑은 헌신과 충성, 그리고 벽난로 주변의 따뜻한 유대감을 가져다주었습니다.
Pero Buck también mantuvo sus instintos salvajes, agudos y siempre alerta.
하지만 벅은 또한 자신의 거친 본능을 날카롭게 유지하고 항상 경계했습니다.
No era sólo una mascota domesticada de las suaves tierras de la civilización.

그는 문명의 부드러운 땅에서 길들여진 애완동물일 뿐이 아니었습니다.

Buck era un ser salvaje que había venido a sentarse junto al fuego de Thornton.
벅은 쏜튼의 불 옆에 앉아 있던 야생적인 존재였습니다.

Parecía un perro del Sur, pero en su interior vivía lo salvaje.
그는 사우스랜드의 개처럼 보였지만, 그의 내면에는 야성이 깃들어 있었습니다.

Su amor por Thornton era demasiado grande como para permitirle robarle algo.
그는 쏜튼을 너무나 사랑했기 때문에 그에게서 물건을 훔치는 것을 허용할 수 없었습니다.

Pero en cualquier otro campamento, robaría con valentía y sin pausa.
하지만 다른 진영이었다면 그는 주저하지 않고 과감하게 도둑질을 했을 것입니다.

Era tan astuto al robar que nadie podía atraparlo ni acusarlo.
그는 도둑질에 너무나 능숙해서 아무도 그를 잡거나 고발할 수 없었습니다.

Su rostro y su cuerpo estaban cubiertos de cicatrices de muchas peleas pasadas.
그의 얼굴과 몸은 과거의 수많은 싸움으로 인한 상처로 뒤덮여 있었습니다.

Buck seguía luchando con fiereza, pero ahora luchaba con más astucia.
벅은 여전히 사납게 싸웠지만, 이제는 더욱 교활하게 싸웠다.

Skeet y Nig eran demasiado amables para pelear, y eran de Thornton.
스키트와 니그는 싸우기에는 너무 온순했고, 그들은 쏜튼의 것이었다.

Pero cualquier perro extraño, por fuerte o valiente que fuese, cedía.
하지만 낯선 개는 아무리 강하고 용감하더라도 항복했습니다.

De lo contrario, el perro se encontraría luchando contra Buck; luchando por su vida.
그렇지 않으면, 그 개는 벅과 싸우게 되고, 자신의 생명을 위해 싸우게 됩니다.
Buck no tuvo piedad una vez que decidió pelear contra otro perro.
벅은 다른 개와 싸우기로 결정하자 더 이상 자비를 베풀지 않았습니다.
Había aprendido bien la ley del garrote y el colmillo en las Tierras del Norte.
그는 북쪽 땅에서 곤봉과 송곳니의 법칙을 잘 배웠습니다.
Él nunca renunció a una ventaja y nunca se retractó de la batalla.
그는 결코 이점을 포기하지 않았고, 결코 전투에서 물러나지 않았습니다.
Había estudiado a los Spitz y a los perros más feroces del correo y de la policía.
그는 스피츠와 우편 및 경찰에 투입된 가장 사나운 개들에 대해 연구했습니다.
Sabía claramente que no había término medio en un combate salvaje.
그는 격렬한 전투에서는 중간지대가 없다는 것을 분명히 알고 있었습니다.
Él debía gobernar o ser gobernado; mostrar misericordia significaba mostrar debilidad.
그는 통치해야 하고 그렇지 않으면 통치를 받아야 한다. 자비를 베푸는 것은 약함을 베푸는 것을 의미한다.
Mercy era una desconocida en el crudo y brutal mundo de la supervivencia.
생존의 잔혹하고 거친 세상에서 자비는 알려지지 않았습니다.
Mostrar misericordia era visto como miedo, y el miedo conducía rápidamente a la muerte.
자비를 베푸는 것은 두려움으로 여겨졌고, 두려움은 곧 죽음으로 이어졌습니다.

La antigua ley era simple: matar o ser asesinado, comer o ser comido.
옛날의 법은 간단했습니다. 죽이거나 죽임을 당하고, 먹거나 먹혀라.
Esa ley vino desde las profundidades del tiempo, y Buck la siguió plenamente.
그 법칙은 시간의 깊은 곳에서 나왔고, 벅은 그것을 온전히 따랐습니다.
Buck era mayor que su edad y el número de respiraciones que tomaba.
벅은 그의 나이보다, 그리고 그가 숨쉬는 횟수보다 더 많았습니다.
Conectó claramente el pasado antiguo con el momento presente.
그는 고대의 과거와 현재를 명확하게 연결했습니다.
Los ritmos profundos de las épocas lo atravesaban como mareas.
시대의 깊은 리듬이 조수처럼 그의 몸을 스쳐 지나갔다.
El tiempo latía en su sangre con la misma seguridad con la que las estaciones movían la tierra.
그의 피 속에서 시간은 마치 계절이 지구를 움직이는 것처럼 확실하게 뛰었습니다.
Se sentó junto al fuego de Thornton, con el pecho fuerte y los colmillos blancos.
그는 쏜튼의 불 옆에 앉아 있었는데, 튼튼한 가슴과 하얀 송곳니를 가지고 있었습니다.
Su largo pelaje ondeaba, pero detrás de él los espíritus de los perros salvajes observaban.
그의 긴 털이 흔들렸지만, 그의 뒤에서 야생 개들의 영혼이 지켜보고 있었습니다.
Lobos medio y lobos completos se agitaron dentro de su corazón y sus sentidos.
그의 마음과 감각 속에서 반늑대와 온전한 늑대가 꿈틀거렸다.
Probaron su carne y bebieron la misma agua que él.

그들은 그의 고기를 맛보았고, 그가 마셨던 것과 같은 물을 마셨습니다.

Olfatearon el viento junto a él y escucharon el bosque.
그들은 그 옆에서 바람을 맡고 숲의 소리에 귀를 기울였다.

Susurraron los significados de los sonidos salvajes en la oscuridad.
그들은 어둠 속에서 거친 소리의 의미를 속삭였다.

Ellos moldearon sus estados de ánimo y guiaron cada una de sus reacciones tranquilas.
그들은 그의 기분을 형성하고 그의 조용한 반응을 이끌었습니다.

Se quedaron con él mientras dormía y se convirtieron en parte de sus sueños más profundos.
그들은 그가 잠들었을 때 그와 함께 누워 그의 깊은 꿈의 일부가 되었습니다.

Soñaron con él, más allá de él, y constituyeron su propio espíritu.
그들은 그와 함께, 그를 넘어 꿈을 꾸었고, 그의 정신을 만들어냈습니다.

Los espíritus de la naturaleza llamaron con tanta fuerza que Buck se sintió atraído.
야생의 정령들이 너무나 강하게 불러서 벅은 끌리는 것을 느꼈다.

Cada día, la humanidad y sus reivindicaciones se debilitaban más en el corazón de Buck.
벅의 마음속에서 인류와 그들의 주장은 날이 갈수록 약해졌습니다.

En lo profundo del bosque, un llamado extraño y emocionante estaba por surgir.
숲 속 깊은 곳에서 이상하고도 신나는 부름이 울려 퍼졌습니다.

Cada vez que escuchaba el llamado, Buck sentía un impulso que no podía resistir.
그 부름을 들을 때마다 벅은 저항할 수 없는 충동을 느꼈다.

Él iba a alejarse del fuego y de los caminos humanos trillados.
그는 불과 인간의 낡은 길에서 돌아서려고 했습니다.
Iba a adentrarse en el bosque, avanzando sin saber por qué.
그는 왜인지도 모른 채 숲 속으로 뛰어들려고 했습니다.
Él no cuestionó esta atracción porque el llamado era profundo y poderoso.
그는 이러한 끌림을 의심하지 않았습니다. 왜냐하면 그 부름은 깊고 강력했기 때문입니다.
A menudo, alcanzaba la sombra verde y la tierra suave e intacta.
그는 종종 푸른 그늘과 부드럽고 손길이 닿지 않은 땅에 도달했습니다.
Pero entonces el fuerte amor por John Thornton lo atrajo de nuevo al fuego.
하지만 존 손튼에 대한 강한 사랑이 그를 다시 불 속으로 끌어들였습니다.
Sólo John Thornton realmente pudo sostener en sus manos el corazón salvaje de Buck.
오직 존 손튼만이 벅의 거친 마음을 진정으로 붙잡고 있었습니다.
El resto de la humanidad no tenía ningún valor o significado duradero para Buck.
나머지 인류는 벅에게 지속적인 가치나 의미가 없었습니다.
Los extraños podrían elogiarlo o acariciar su pelaje con manos amistosas.
낯선 사람들이 그를 칭찬하거나 친절한 손으로 그의 털을 쓰다듬을 수도 있습니다.
Buck permaneció impasible y se alejó por demasiado afecto.
벅은 아무런 감정도 느끼지 못하고 너무 많은 애정에 휩쓸려 떠났다.
Hans y Pete llegaron con la balsa que habían esperado durante tanto tiempo.
한스와 피트는 오랫동안 기다려온 뗏목을 가지고 도착했습니다.

Buck los ignoró hasta que supo que estaban cerca de Thornton.
벅은 쏜튼과 가까워졌다는 것을 알 때까지 그들을 무시했습니다.
Después de eso, los toleró, pero nunca les mostró total calidez.
그 후로 그는 그들을 참아주긴 했지만 결코 온전한 따뜻함을 보여주지는 않았습니다.
Él aceptaba comida o gentileza de ellos como si les estuviera haciendo un favor.
그는 마치 그들에게 은혜를 베푸는 것처럼 그들에게서 음식이나 친절을 받았습니다.
Eran como Thornton: sencillos, honestos y claros en sus pensamientos.
그들은 쏜튼과 같았습니다. 단순하고, 정직하고, 생각이 명확했습니다.
Todos juntos viajaron al aserradero de Dawson y al gran remolino.
그들은 모두 함께 Dawson의 제재소와 큰 소용돌이로 여행했습니다.
En su viaje aprendieron a comprender profundamente la naturaleza de Buck.
그들은 여행을 하면서 벅의 본성을 깊이 이해하는 법을 배웠습니다.
No intentaron acercarse como lo habían hecho Skeet y Nig.
그들은 스키트와 니그처럼 친해지려고 노력하지 않았습니다.
Pero el amor de Buck por John Thornton solo se profundizó con el tiempo.
하지만 벅의 존 쏜튼에 대한 사랑은 시간이 지날수록 더욱 깊어졌습니다.
Sólo Thornton podía colocar una mochila en la espalda de Buck en el verano.
여름에 벅의 등에 짐을 실어줄 수 있는 사람은 쏜튼뿐이었다.

Cualquiera que fuera lo que Thornton ordenaba, Buck estaba dispuesto a hacerlo a cabalidad.
벅은 손튼이 명령한 것은 무엇이든 온전히 수행할 의지가 있었습니다.
Un día, después de que dejaron Dawson hacia las cabeceras del río Tanana,
어느 날, 그들이 도슨을 떠나 타나나 강 상류로 향했을 때,
El grupo se sentó en un acantilado que caía un metro hasta el lecho rocoso desnudo.
그 무리는 3피트나 되는 절벽 위에 앉아 있었는데, 그 절벽은 맨 바위로 되어 있었습니다.
John Thornton se sentó cerca del borde y Buck descansó a su lado.
존 손튼은 가장자리에 앉았고, 벅은 그의 옆에서 쉬었다.
Thornton tuvo una idea repentina y llamó la atención de los hombres.
쏜튼은 갑자기 생각이 떠올라 남자들의 주의를 끌었다.
Señaló hacia el otro lado del abismo y le dio a Buck una única orden.
그는 틈새 너머를 가리키며 벅에게 단 하나의 명령을 내렸다.
—¡Salta, Buck! —dijo, extendiendo el brazo por encima del precipicio.
"뛰어, 벅!" 그는 팔을 휘두르며 말했다.
En un momento, tuvo que agarrar a Buck, quien estaba saltando para obedecer.
그는 그 순간, 복종하려고 뛰어오는 벅을 붙잡아야 했습니다.
Hans y Pete corrieron hacia adelante y los pusieron a ambos a salvo.
한스와 피트는 앞으로 달려가 두 사람을 안전한 곳으로 끌어당겼다.
Cuando todo terminó y recuperaron el aliento, Pete habló.
모든 것이 끝나고, 그들이 숨을 돌린 후, 피트가 입을 열었습니다.

"El amor es extraño", dijo, conmocionado por la feroz devoción del perro.
그는 개의 강렬한 헌신에 흔들리며 "사랑이 묘하네요."라고 말했다.
Thornton meneó la cabeza y respondió con seriedad y calma.
쏜튼은 고개를 저으며 차분하고 진지하게 대답했다.
"No, el amor es espléndido", dijo, "pero también terrible".
"아니요, 사랑은 훌륭해요." 그가 말했다. "하지만 끔찍하기도 해요."
"A veces, debo admitirlo, este tipo de amor me da miedo".
"가끔은, 이런 종류의 사랑이 나를 두렵게 만든다는 걸 인정해야겠어요."
Pete asintió y dijo: "Odiaría ser el hombre que te toque".
피트는 고개를 끄덕이며 말했다. "당신을 만지는 남자가 되고 싶지는 않아요."
Miró a Buck mientras hablaba, serio y lleno de respeto.
그는 벅을 바라보며 진지하고 존경심 가득한 어조로 말했다.
—¡Py Jingo! —dijo Hans rápidamente—. Yo tampoco, señor.
"파이 징고!" 한스가 재빨리 말했다. "저도요, 안 돼요."

Antes de que terminara el año, los temores de Pete se hicieron realidad en Circle City.
그 해가 끝나기 전, 피트의 두려움은 서클 시티에서 현실이 되었습니다.
Un hombre cruel llamado Black Burton provocó una pelea en el bar.
블랙 버튼이라는 잔인한 남자가 술집에서 싸움을 걸었습니다.
Estaba enojado y malicioso, arremetiendo contra un nuevo novato.
그는 화가 나서 악의를 품고 새로 온 신입생을 향해 덤벼들었다.
John Thornton entró en escena, tranquilo y afable como siempre.

존 손튼은 언제나처럼 차분하고 상냥한 태도로 나섰습니다.

Buck yacía en un rincón, con la cabeza gacha, observando a Thornton de cerca.
벅은 구석에 누워서 머리를 숙인 채 쏜튼을 유심히 지켜보고 있었다.

Burton atacó de repente, y su puñetazo hizo que Thornton girara.
버튼이 갑자기 주먹을 날렸고, 그의 주먹에 쏜튼이 회전했다.

Sólo la barandilla de la barra evitó que se estrellara con fuerza contra el suelo.
그가 바닥에 세게 떨어지는 것을 막아준 것은 바의 난간뿐이었다.

Los observadores oyeron un sonido que no era un ladrido ni un aullido.
감시자들은 짖는 소리나 울부짖는 소리가 아닌 소리를 들었습니다.

Un rugido profundo salió de Buck mientras se lanzaba hacia el hombre.
벅은 그 남자를 향해 달려들면서 깊은 포효를 터뜨렸다.

Burton levantó el brazo y apenas salvó su vida.
버튼은 팔을 들어올려 간신히 자신의 목숨을 구했습니다.

Buck se estrelló contra él y lo tiró al suelo.
벅이 그에게 부딪히면서 그는 바닥에 쓰러졌습니다.

Buck mordió profundamente el brazo del hombre y luego se abalanzó sobre su garganta.
벅은 남자의 팔을 깊이 물고, 목을 노렸다.

Burton sólo pudo bloquearlo parcialmente y su cuello quedó destrozado.
버튼은 반쯤만 막을 수 있었고 그의 목은 찢어졌습니다.

Los hombres se apresuraron a entrar, con los garrotes en alto, y apartaron a Buck del hombre sangrante.
남자들이 달려들어 곤봉을 들고 벅을 피 흘리는 남자에게서 쫓아냈다.

Un cirujano trabajó rápidamente para detener la fuga de sangre.
외과의사는 재빨리 수술을 해서 피가 흐르는 것을 막았습니다.
Buck caminaba de un lado a otro y gruñía, intentando atacar una y otra vez.
벅은 왔다 갔다 하며 으르렁거리며 계속해서 공격하려고 했습니다.
Sólo los golpes con los palos le impidieron llegar hasta Burton.
버튼에게 다가가려는 그를 막은 것은 오직 휘두르는 곤봉뿐이었다.
Allí mismo se convocó y celebró una asamblea de mineros.
그 자리에서 광부 회의가 소집되어 개최되었습니다.
Estuvieron de acuerdo en que Buck había sido provocado y votaron por liberarlo.
그들은 벅이 도발을 받았다는 데 동의하고 그를 석방하기로 투표했습니다.
Pero el feroz nombre de Buck ahora resonaba en todos los campamentos de Alaska.
하지만 벅의 사나운 이름은 이제 알래스카의 모든 캠프에 울려 퍼졌습니다.
Más tarde ese otoño, Buck salvó a Thornton nuevamente de una nueva manera.
그해 가을에 벅은 새로운 방법으로 다시 한번 손튼을 구했습니다.
Los tres hombres guiaban un bote largo por rápidos agitados.
세 남자는 거친 급류 속으로 긴 배를 몰고 가고 있었습니다.
Thornton tripulaba el bote, gritando instrucciones para llegar a la costa.
쏜튼은 배를 조종하며 해안선으로 가는 길을 외쳤다.
Hans y Pete corrieron por la tierra, sosteniendo una cuerda de árbol a árbol.

한스와 피트는 나무에서 나무로 밧줄을 잡고 땅으로 달려갔다.
Buck seguía el ritmo en la orilla, siempre observando a su amo.
벅은 강둑에서 늘 주인을 지켜보며 속도를 유지했습니다.
En un lugar desagradable, las rocas sobresalían bajo el agua rápida.
한 군데에서는 물살이 빠른데 바위가 튀어나와 있었습니다.
Hans soltó la cuerda y Thornton dirigió el bote hacia otro lado.
한스는 밧줄을 놓았고, 손튼은 배를 크게 틀었다.
Hans corrió para alcanzar el barco nuevamente más allá de las rocas peligrosas.
한스는 위험한 바위를 지나 다시 배를 잡기 위해 달려갔다.
El barco superó la cornisa pero se topó con una parte más fuerte de la corriente.
배는 난간을 넘었지만 더 강한 흐름에 부딪혔습니다.
Hans agarró la cuerda demasiado rápido y desequilibró el barco.
한스는 밧줄을 너무 빨리 잡아 배의 균형을 잃었습니다.
El barco se volcó y se estrelló contra la orilla, boca abajo.
배가 뒤집혀 바닥이 위로 향한 채 강둑에 부딪혔습니다.
Thornton fue arrojado y arrastrado hacia la parte más salvaje del agua.
쏜튼은 밖으로 튕겨져 나가 물속의 가장 거친 곳으로 휩쓸려갔다.
Ningún nadador habría podido sobrevivir en esas aguas turbulentas y mortales.
그 위험하고 격렬한 물살 속에서는 어떤 수영자도 살아남을 수 없었을 것입니다.
Buck saltó instantáneamente y persiguió a su amo río abajo.
벅은 즉시 뛰어들어 강 아래로 주인을 쫓아갔다.
Después de trescientos metros, llegó por fin a Thornton.

300야드를 달린 후, 그는 마침내 손튼에 도착했습니다.
Thornton agarró la cola de Buck y Buck se giró hacia la orilla.
쏜튼은 벅의 꼬리를 잡았고, 벅은 해안으로 돌아섰습니다.
Nadó con todas sus fuerzas, luchando contra el arrastre salvaje del agua.
그는 물의 격렬한 저항에 맞서며 온 힘을 다해 수영했습니다.
Se movieron río abajo más rápido de lo que podían llegar a la orilla.
그들은 해안에 도달하는 것보다 더 빠른 속도로 하류로 이동했습니다.
Más adelante, el río rugía cada vez más fuerte mientras caía en rápidos mortales.
앞에서 강물은 치명적인 급류로 떨어지면서 더욱 큰 소리를 냈습니다.
Las rocas cortaban el agua como los dientes de un peine enorme.
바위들이 거대한 빗살처럼 물을 가르며 나 있었다.
La atracción del agua cerca de la caída era salvaje e ineludible.
물방울이 떨어지는 곳 근처의 물의 힘은 사납고 벗어날 수 없었습니다.
Thornton sabía que nunca podrían llegar a la costa a tiempo.
쏜튼은 그들이 결코 제시간에 해안에 도착할 수 없다는 것을 알고 있었습니다.
Raspó una roca, se estrelló contra otra,
그는 한 바위를 긁어 넘고, 두 번째 바위를 부수었습니다.
Y entonces se estrelló contra una tercera roca, agarrándola con ambas manos.
그리고 그는 세 번째 바위에 부딪혀 두 손으로 그것을 붙잡았습니다.
Soltó a Buck y gritó por encima del rugido: "¡Vamos, Buck! ¡Vamos!".

그는 벅을 놓아주고 포효하는 소리 위로 소리쳤다. "가, 벅! 가!"

Buck no pudo mantenerse a flote y fue arrastrado por la corriente.
벅은 떠 있을 수 없었고 해류에 휩쓸려 떠내려갔습니다.

Luchó con todas sus fuerzas, intentando girar, pero no consiguió ningún progreso.
그는 힘겹게 몸을 돌려 방향을 바꾸려고 했지만 전혀 진전이 없었습니다.

Entonces escuchó a Thornton repetir la orden por encima del rugido del río.
그러자 그는 강물의 울림 속에서 쏜튼이 명령을 반복하는 것을 들었습니다.

Buck salió del agua y levantó la cabeza como para echar una última mirada.
벅은 물에서 몸을 내밀고, 마지막으로 한 번 더 바라보려는 듯 고개를 들었다.

Luego se giró y obedeció, nadando hacia la orilla con resolución.
그러고 나서 돌아서서 순종하며 단호하게 강둑을 향해 헤엄쳐갔다.

Pete y Hans lo sacaron a tierra en el último momento posible.
피트와 한스는 마지막 순간에 그를 해안으로 끌어올렸습니다.

Sabían que Thornton podría aferrarse a la roca sólo por unos minutos más.
그들은 쏜튼이 바위에 매달려 있을 수 있는 시간이 몇 분밖에 되지 않는다는 걸 알고 있었습니다.

Corrieron por la orilla hasta un lugar mucho más arriba de donde estaba colgado.
그들은 그가 매달려 있는 곳보다 훨씬 위쪽의 지점까지 강둑을 따라 올라갔습니다.

Ataron la cuerda del bote al cuello y los hombros de Buck con cuidado.

그들은 보트의 줄을 벅의 목과 어깨에 조심스럽게
묶었습니다.
La cuerda estaba ajustada pero lo suficientemente suelta para permitir la respiración y el movimiento.
밧줄은 꼭 맞지만 숨쉬고 움직이기에는 충분히
느슨했습니다.
Luego lo lanzaron nuevamente al caudaloso y mortal río.
그들은 그를 다시 급류에 휩쓸려 죽음의 강물에
던졌습니다.
Buck nadó con valentía, pero perdió su ángulo debido a la fuerza de la corriente.
벅은 대담하게 헤엄쳤지만 물살의 힘에 밀려 각도를
놓쳤다.
Se dio cuenta demasiado tarde de que iba a dejar atrás a Thornton.
그는 쏜튼을 지나쳐 흘러갈 것이라는 것을 너무 늦게
깨달았습니다.
Hans tiró de la cuerda con fuerza, como si Buck fuera un barco que se hundía.
한스는 마치 벅이 전복하는 배인 것처럼 밧줄을
팽팽하게 당겼다.
La corriente lo arrastró hacia abajo y desapareció bajo la superficie.
물살이 그를 끌어당겼고, 그는 수면 아래로
사라졌습니다.
Su cuerpo chocó contra el banco antes de que Hans y Pete pudieran sacarlo.
한스와 피트가 그를 끌어내기 전에 그의 몸은 강둑에
부딪혔습니다.
Estaba medio ahogado y le sacaron el agua a golpes.
그는 반쯤 물에 빠져 죽었고, 그들은 그에게서 물을
뿜어냈습니다.
Buck se puso de pie, se tambaleó y volvió a desplomarse en el suelo.
벅은 일어서서 비틀거리다가 다시 땅바닥에
쓰러졌습니다.

Entonces oyeron la voz de Thornton llevada débilmente por el viento.

그때 그들은 바람에 실려오는 쏜튼의 목소리를 들었다.

Aunque las palabras no eran claras, sabían que estaba cerca de morir.

말은 분명하지 않았지만, 그들은 그가 죽음이 다가왔다는 것을 알고 있었습니다.

El sonido de la voz de Thornton golpeó a Buck como una sacudida eléctrica.

쏜튼의 목소리가 전기 충격처럼 벅을 강타했다.

Saltó y corrió por la orilla, regresando al punto de lanzamiento.

그는 뛰어올라 강둑을 따라 달려 출발 지점으로 돌아왔습니다.

Nuevamente ataron la cuerda a Buck, y nuevamente entró al arroyo.

그들은 다시 밧줄을 벅에게 묶었고, 그는 다시 개울로 들어갔다.

Esta vez nadó directo y firmemente hacia el agua que palpitaba.

이번에는 그는 똑바로 그리고 힘차게 흐르는 물속으로 헤엄쳐 들어갔다.

Hans soltó la cuerda con firmeza mientras Pete evitaba que se enredara.

한스는 밧줄이 엉키지 않도록 잡고 있는 동안 꾸준히 밧줄을 풀었다.

Buck nadó con fuerza hasta que estuvo alineado justo encima de Thornton.

벅은 쏜튼 바로 위에 위치할 때까지 열심히 헤엄쳤다.

Luego se dio la vuelta y se lanzó hacia abajo como un tren a toda velocidad.

그러고 나서 그는 돌아서서 마치 전속력으로 달리는 기차처럼 달려내려갔다.

Thornton lo vio venir, se preparó y le rodeó el cuello con los brazos.

쏜튼은 그가 오는 것을 보고 몸을 굳히고 그의 목에 팔을 둘렀다.

Hans ató la cuerda fuertemente alrededor de un árbol mientras ambos eran arrastrados hacia abajo.

한스는 둘 다 나무 밑으로 끌려가자 밧줄을 나무에 단단히 묶었다.

Cayeron bajo el agua y se estrellaron contra rocas y escombros del río.

그들은 물속으로 떨어지면서 바위와 강 잔해물에 부딪혔습니다.

En un momento Buck estaba arriba y al siguiente Thornton se levantó jadeando.

어느 순간 벅이 위에 있었는데, 다음 순간 쏜튼이 헐떡이며 일어섰습니다.

Maltratados y asfixiados, se desviaron hacia la orilla y se pusieron a salvo.

그들은 폭행을 당하고 질식해서 강둑과 안전한 곳으로 향했습니다.

Thornton recuperó el conocimiento, acostado sobre un tronco a la deriva.

쏜튼은 표류물 위에 누워서 의식을 되찾았습니다.

Hans y Pete trabajaron duro para devolverle el aliento y la vida.

한스와 피트는 그가 다시 숨쉬고 살아갈 수 있도록 열심히 노력했습니다.

Su primer pensamiento fue para Buck, que yacía inmóvil y flácido.

그의 첫 번째 생각은 움직이지 않고 힘없이 누워 있는 벅에 대한 것이었습니다.

Nig aulló sobre el cuerpo de Buck y Skeet le lamió la cara suavemente.

니그는 벅의 몸 위로 울부짖었고, 스키트는 그의 얼굴을 부드럽게 핥았습니다.

Thornton, dolorido y magullado, examinó a Buck con manos cuidadosas.

손튼은 상처와 멍이 난 채로 벅을 조심스럽게
살펴보았다.
Encontró tres costillas rotas, pero ninguna herida mortal en el perro.
그는 개에게서 갈비뼈 세 개가 부러진 것을 발견했지만
치명적인 상처는 발견하지 못했습니다.
"Eso lo resuelve", dijo Thornton. "Acamparemos aquí". Y así lo hicieron.
"그럼 됐지." 손튼이 말했다. "우린 여기서 캠핑을 하죠."
그리고 그들은 그렇게 했다.
Se quedaron hasta que las costillas de Buck sanaron y pudo caminar nuevamente.
그들은 벅의 갈비뼈가 아물고 그가 다시 걸을 수 있을
때까지 머물렀습니다.

Ese invierno, Buck realizó una hazaña que aumentó aún más su fama.
그 겨울, 벅은 자신의 명성을 더욱 높이는 업적을
이루었습니다.
Fue menos heroico que salvar a Thornton, pero igual de impresionante.
쏜튼을 구한 것만큼 영웅적이지는 않았지만, 마찬가지로
인상적이었습니다.
En Dawson, los socios necesitaban suministros para un viaje lejano.
도슨의 파트너들은 먼 여행을 위한 물품이
필요했습니다.
Querían viajar hacia el Este, hacia tierras vírgenes y silvestres.
그들은 동쪽, 손길이 닿지 않은 자연 그대로의 땅으로
여행하고 싶어했습니다.
La escritura de Buck en el Eldorado Saloon hizo posible ese viaje.
엘도라도 살롱에 있는 벅의 증서 덕분에 그 여행이
가능해졌습니다.

Todo empezó con hombres alardeando de sus perros mientras bebían.
그것은 남자들이 술을 마시며 자기 개에 대해 자랑하는 것에서 시작되었습니다.
La fama de Buck lo convirtió en blanco de desafíos y dudas.
벅의 명성은 그를 도전과 의심의 표적으로 만들었다.
Thornton, orgulloso y tranquilo, se mantuvo firme en la defensa del nombre de Buck.
쏜튼은 당당하고 침착하게 벅의 이름을 수호하는 데 굳건히 섰습니다.
Un hombre dijo que su perro podía levantar doscientos cincuenta kilos con facilidad.
한 남자는 자신의 개가 500파운드를 쉽게 끌 수 있다고 말했습니다.
Otro dijo seiscientos, y un tercero se jactó de setecientos.
또 다른 사람은 600이라고 말했고, 세 번째 사람은 700이라고 자랑했습니다.
"¡Pfft!" dijo John Thornton, "Buck puede tirar de un trineo de mil libras".
"푸우!" 존 손튼이 말했다. "벅은 1,000파운드짜리 썰매를 끌 수 있어."
Matthewson, un Rey de Bonanza, se inclinó hacia delante y lo desafió.
보난자 킹인 매튜슨이 앞으로 몸을 기울여 그에게 도전했습니다.
¿Crees que puede poner tanto peso en movimiento?
"그가 그렇게 많은 힘을 행사할 수 있다고 생각하세요?"
"¿Y crees que puede tirar del peso cien yardas enteras?"
"그가 그 무게를 100야드나 끌 수 있다고 생각하세요?"
Thornton respondió con frialdad: «Sí. Buck es lo suficientemente bueno como para hacerlo».
쏜튼이 차갑게 대답했다. "그래. 벅은 그럴 만큼 강인해."
"Pondrá mil libras en movimiento y las arrastrará cien yardas".
"그는 1,000파운드의 힘을 움직여 100야드까지 끌어올릴 수 있어요."

Matthewson sonrió lentamente y se aseguró de que todos los hombres escucharan sus palabras.
매튜슨은 천천히 미소를 지으며 모든 남자들이 자신의 말을 듣도록 했다.
Tengo mil dólares que dicen que no puede. Ahí está.
"그가 못 간다고 적힌 천 달러가 있어요. 여기 있어요."
Arrojó un saco de polvo de oro del tamaño de una salchicha sobre la barra.
그는 소시지 크기의 금가루 자루를 바 위에 내던졌다.
Nadie dijo una palabra. El silencio se hizo denso y tenso a su alrededor.
아무도 아무 말도 하지 않았다. 그들 주변의 침묵은 점점 무겁고 긴장되었다.
El engaño de Thornton —si es que lo hubo— había sido tomado en serio.
쏜튼의 허세는—만약 그것이 허세였다면—심각하게 받아들여졌습니다.
Sintió que el calor le subía a la cara mientras la sangre le subía a las mejillas.
그는 얼굴이 뜨거워지는 것을 느꼈고, 피가 뺨으로 몰려왔다.
En ese momento su lengua se había adelantado a su razón.
그 순간 그의 혀가 이성보다 앞서 나갔다.
Realmente no sabía si Buck podría mover mil libras.
그는 벅이 1,000파운드를 옮길 수 있을지 정말로 몰랐다.
¡Media tonelada! Solo su tamaño le hacía sentir un gran peso en el corazón.
반 톤이나 되는 무게! 그 크기만으로도 가슴이 무거워졌다.
Tenía fe en la fuerza de Buck y creía que era capaz.
그는 벅의 힘을 믿었고 그가 유능하다고 생각했습니다.
Pero nunca se había enfrentado a un desafío así, no de esta manera.
하지만 그는 이런 종류의 도전에 직면한 적이 없었습니다.

Una docena de hombres lo observaban en silencio, esperando ver qué haría.
12명의 남자가 그를 조용히 지켜보며 그가 무엇을 할지 지켜보고 있었습니다.
Él no tenía el dinero, ni tampoco Hans ni Pete.
그는 돈이 없었습니다. 한스나 피트도 마찬가지였습니다.
"Tengo un trineo afuera", dijo Matthewson fría y directamente.
매튜슨은 차갑고 직설적으로 "밖에 썰매가 있어요"라고 말했다.
"Está cargado con veinte sacos de cincuenta libras cada uno, todo de harina.
"그 안에는 밀가루로 만든 자루가 20개 들어 있어요. 자루당 무게가 50파운드예요.
Así que no dejen que un trineo perdido sea su excusa ahora", añadió.
그는 "그러니 지금 썰매가 없어졌다는 것을 변명으로 삼지 마세요"라고 덧붙였다.
Thornton permaneció en silencio. No sabía qué decir.
손튼은 아무 말도 하지 않았다. 무슨 말을 해야 할지 알 수 없었다.
Miró a su alrededor los rostros sin verlos con claridad.
그는 주위를 둘러보았지만 얼굴들이 뚜렷이 보이지 않았다.
Parecía un hombre congelado en sus pensamientos, intentando reiniciarse.
그는 생각에 잠겨 다시 시작하려고 하는 사람처럼 보였다.
Luego vio a Jim O'Brien, un amigo de la época de Mastodon.
그러다가 그는 마스토돈 시절 친구인 짐 오브라이언을 만났습니다.
Ese rostro familiar le dio un coraje que no sabía que tenía.
그 친숙한 얼굴은 그에게 자신이 가지고 있다는 것을 몰랐던 용기를 주었습니다.
Se giró y preguntó en voz baja: "¿Puedes prestarme mil?"

그는 돌아서서 작은 목소리로 "천 달러만 빌려줄 수 있나요?"라고 물었습니다.

"Claro", dijo O'Brien, dejando caer un pesado saco junto al oro.

"물론이죠." 오브라이언이 말하며 금화가 든 무거운 자루를 떨어뜨렸다.

"Pero la verdad, John, no creo que la bestia pueda hacer esto".

"하지만 솔직히 말해서, 존, 나는 그 짐승이 이런 일을 할 수 있다고 믿지 않아."

Todos los que estaban en el Eldorado Saloon corrieron hacia afuera para ver el evento.

엘도라도 살롱에 있던 모든 사람들이 그 행사를 보기 위해 달려 나갔습니다.

Abandonaron las mesas y las bebidas, e incluso los juegos se pausaron.

그들은 테이블과 음료를 남겨두고 떠났고, 심지어 게임도 중단되었습니다.

Comerciantes y jugadores acudieron para presenciar el final de la audaz apuesta.

딜러와 도박꾼들은 대담한 내기의 끝을 지켜보러 왔습니다.

Cientos de personas se reunieron alrededor del trineo en la calle helada y abierta.

수백 명의 사람들이 얼음으로 뒤덮인 거리의 썰매 주위에 모였습니다.

El trineo de Matthewson estaba cargado con un montón de sacos de harina.

매튜슨의 썰매에는 밀가루 자루가 가득 실려 있었습니다.

El trineo había permanecido parado durante horas a temperaturas bajo cero.

썰매는 영하의 기온 속에 몇 시간 동안 놓여 있었습니다.

Los patines del trineo estaban congelados y pegados a la nieve compacta.

썰매의 바퀴는 굳어버린 눈에 꼭 붙어 있었습니다.

Los hombres ofrecieron dos a uno de que Buck no podría mover el trineo.
남자들은 벅이 썰매를 움직일 수 없을 것이라는 배당률을 두 대 1로 제시했습니다.
Se desató una disputa sobre lo que realmente significaba "break out".
"브레이크 아웃"이 실제로 무엇을 의미하는지에 대한 논쟁이 벌어졌습니다.
O'Brien dijo que Thornton debería aflojar la base congelada del trineo.
오브라이언은 쏜튼이 썰매의 얼어붙은 바닥을 풀어야 한다고 말했다.
Buck pudo entonces "escapar" de un comienzo sólido e inmóvil.
그러면 벅은 흔들리지 않고 안정적으로 출발하여 "탈출"할 수 있었습니다.
Matthewson argumentó que el perro también debe liberar a los corredores.
매튜슨은 개가 주자들을 자유롭게 풀어줘야 한다고 주장했다.
Los hombres que habían escuchado la apuesta estuvieron de acuerdo con la opinión de Matthewson.
내기를 들은 사람들은 매튜슨의 의견에 동의했습니다.
Con esa decisión, las probabilidades aumentaron a tres a uno en contra de Buck.
그 판결로 벅에게 유리한 배당률은 3 대 1로 높아졌습니다.
Nadie se animó a asumir las crecientes probabilidades de tres a uno.
점점 커지는 3대 1의 확률에 맞서기 위해 나서는 사람은 아무도 없었다.
Ningún hombre creyó que Buck pudiera realizar la gran hazaña.
버크가 그 위대한 업적을 이룰 수 있다고 믿는 사람은 단 한 명도 없었다.

Thornton se había apresurado a hacer la apuesta, cargado de dudas.
쏜튼은 의심에 사로잡혀 서둘러 내기를 걸었다.
Ahora miró el trineo y el equipo de diez perros que estaba a su lado.
이제 그는 썰매와 그 옆에 있는 열 마리의 개로 이루어진 팀을 바라보았습니다.
Ver la realidad de la tarea la hizo parecer más imposible.
그 과제의 현실을 깨닫자 그것은 더욱 불가능해 보였다.
Matthewson estaba lleno de orgullo y confianza en ese momento.
그 순간 매튜슨은 자부심과 자신감으로 가득 찼습니다.
—¡Tres a uno! —gritó—. ¡Apuesto mil más, Thornton!
"3 대 1!" 그가 소리쳤다. "손튼, 1,000달러 더 걸겠어!"
"¿Qué dices?" añadió lo suficientemente alto para que todos lo oyeran.
"무슨 말씀이시죠?" 그는 모든 사람이 들을 수 있을 만큼 큰 소리로 덧붙였다.
El rostro de Thornton mostraba sus dudas, pero su ánimo se había elevado.
쏜튼의 얼굴에는 의심이 드러났지만, 그의 기운은 올라갔습니다.
Ese espíritu de lucha ignoraba las probabilidades y no temía a nada en absoluto.
그 투지는 역경을 무시했고 아무것도 두려워하지 않았습니다.
Llamó a Hans y Pete para que trajeran todo su dinero a la mesa.
그는 한스와 피트에게 전화해서 그들이 가지고 있는 현금을 모두 가져오라고 했습니다.
Les quedaba poco: sólo doscientos dólares en total.
그들에게 남은 것은 거의 없었습니다. 모두 합쳐 200달러뿐이었습니다.
Esta pequeña suma constituía su fortuna total en tiempos difíciles.

이 소액은 힘든 시기에 그들이 가진 모든
재산이었습니다.
Aún así, apostaron toda su fortuna contra la apuesta de Matthewson.
그럼에도 불구하고 그들은 매튜슨의 베팅에 모든 재산을
걸었습니다.
El equipo de diez perros fue desenganchado y se alejó del trineo.
10마리의 개로 이루어진 팀은 썰매에서 떨어져 나와
멀어졌습니다.
Buck fue colocado en las riendas, vistiendo su arnés familiar.
벅은 익숙한 하네스를 착용하고 고삐를 잡았다.
Había captado la energía de la multitud y sentía la tensión.
그는 군중의 에너지를 느꼈고 긴장감을 느꼈습니다.
De alguna manera, sabía que tenía que hacer algo por John Thornton.
그는 어떻게든 존 손튼을 위해 뭔가를 해야 한다는 걸
알았습니다.
La gente murmuraba con admiración ante la orgullosa figura del perro.
사람들은 개의 당당한 모습에 감탄하며 중얼거렸다.
Era delgado y fuerte, sin un solo gramo de carne extra.
그는 살이 한 톨도 찌지 않은, 마른 몸과 강한 몸매를
가지고 있었습니다.
Su peso total de ciento cincuenta libras era todo potencia y resistencia.
그의 전체 체중 150파운드는 모두 힘과
지구력이었습니다.
El pelaje de Buck brillaba como la seda, espeso y saludable.
벅의 코트는 실크처럼 빛났고, 건강과 힘이 두껍게
깃들어 있었다.
El pelaje a lo largo de su cuello y hombros pareció levantarse y erizarse.
그의 목과 어깨의 털이 들어올려지고 뻣뻣해지는 것
같았다.

Su melena se movía levemente, cada cabello vivo con su gran energía.
그의 갈기가 살짝 움직였고, 머리카락 하나하나가 그의 강렬한 에너지로 살아 있었습니다.
Su pecho ancho y sus piernas fuertes hacían juego con su cuerpo pesado y duro.
그의 넓은 가슴과 튼튼한 다리는 그의 무겁고 강인한 몸매와 잘 어울렸습니다.
Los músculos se ondulaban bajo su abrigo, tensos y firmes como hierro.
그의 코트 아래에서는 근육이 꿈틀거리며, 쇠로 묶인 것처럼 팽팽하고 단단했다.
Los hombres lo tocaron y juraron que estaba construido como una máquina de acero.
남자들은 그를 만지며 그가 강철 기계처럼 생겼다고 맹세했습니다.
Las probabilidades bajaron levemente a dos a uno contra el gran perro.
그 위대한 개에 대한 승산 확률은 약간 떨어져 2 대 1이 되었습니다.
Un hombre de los bancos Skookum se adelantó, tartamudeando.
스쿠컴 벤치에 앉아 있던 한 남자가 더듬거리며 앞으로 나아갔다.
—¡Bien, señor! ¡Ofrezco ochocientas libras por él, antes del examen, señor!
"좋습니다, 선생님! 시험 전에 800달러를 제안합니다, 선생님!"
"¡Ochocientos, tal como está ahora mismo!" insistió el hombre.
"지금 기준으로 800명이에요!" 그 남자가 주장했다.
Thornton dio un paso adelante, sonrió y meneó la cabeza con calma.
쏜튼은 앞으로 나서서 미소를 지으며 차분하게 고개를 저었다.

Matthewson intervino rápidamente con una voz de advertencia y el ceño fruncido.
매튜슨은 재빨리 경고하는 목소리와 눈살을 찌푸리며 나섰다.
—Debes alejarte de él —dijo—. Dale espacio.
"그에게서 물러나야 합니다." 그가 말했다. "그에게 공간을 주세요."
La multitud quedó en silencio; sólo los jugadores seguían ofreciendo dos a uno.
군중은 조용해졌다. 오직 도박꾼들만이 여전히 2대 1을 걸고 있었다.
Todos admiraban la complexión de Buck, pero la carga parecía demasiado grande.
모두가 벅의 몸매에 감탄했지만, 무게가 너무 무거워 보였다.
Veinte sacos de harina, cada uno de cincuenta libras de peso, parecían demasiados.
밀가루 자루 20개(각 자루의 무게가 50파운드)는 너무 많은 것 같았습니다.
Nadie estaba dispuesto a abrir su bolsa y arriesgar su dinero.
누구도 주머니를 열어 돈을 걸고 싶어하지 않았습니다.
Thornton se arrodilló junto a Buck y tomó su cabeza con ambas manos.
쏜튼은 벅 옆에 무릎을 꿇고 두 손으로 그의 머리를 잡았다.
Presionó su mejilla contra la de Buck y le habló al oído.
그는 자신의 뺨을 벅의 뺨에 대고 그의 귀에 대고 말했다.
Ya no había apretones juguetones ni susurros de insultos amorosos.
이제는 장난스럽게 흔드는 일도, 속삭이는 애정 어린 모욕도 없었습니다.
Él sólo murmuró suavemente: "Tanto como me amas, Buck".
그는 단지 부드럽게 중얼거렸다. "당신이 나를 아무리 사랑하더라도, 벅."

Buck dejó escapar un gemido silencioso, su entusiasmo apenas fue contenido.
벅은 조용히 신음하며 간신히 열망을 억눌렀다.
Los espectadores observaron con curiosidad cómo la tensión llenaba el aire.
구경꾼들은 긴장감이 공기 중에 가득 차는 것을 호기심 어린 눈으로 지켜보았습니다.
El momento parecía casi irreal, como algo más allá de la razón.
그 순간은 거의 비현실적으로 느껴졌고, 이성을 초월한 것 같은 느낌이었습니다.
Cuando Thornton se puso de pie, Buck tomó suavemente su mano entre sus mandíbulas.
쏜튼이 일어서자, 벅은 조심스럽게 그의 손을 턱에 쥐었다.
Presionó con los dientes y luego lo soltó lenta y suavemente.
그는 이를 눌러 누른 다음 천천히 부드럽게 놓았다.
Fue una respuesta silenciosa de amor, no dicha, pero entendida.
말로 표현한 것이 아니라 이해한 조용한 사랑의 대답이었습니다.
Thornton se alejó bastante del perro y dio la señal.
쏜튼은 개에게서 멀리 떨어져서 신호를 보냈다.
—Ahora, Buck —dijo, y Buck respondió con calma y concentración.
"자, 벅," 그가 말했고, 벅은 집중된 침착함으로 대답했습니다.
Buck apretó las correas y luego las aflojó unos centímetros.
벅은 흔적을 조였다가 다시 몇 인치 정도 느슨하게 했습니다.
Éste era el método que había aprendido; su manera de romper el trineo.
이것이 그가 배운 방법이었습니다. 썰매를 부수는 방법이었습니다.
—¡Caramba! —gritó Thornton con voz aguda en el pesado silencio.

"이런!" 쏜튼이 무거운 침묵 속에서 날카로운 목소리로 소리쳤다.
Buck giró hacia la derecha y se lanzó con todo su peso.
벅은 오른쪽으로 돌아서서 온몸의 무게를 실어 달려들었다.
La holgura desapareció y la masa total de Buck golpeó las cuerdas apretadas.
느슨한 부분이 사라지고, 벅의 몸 전체가 단단한 줄에 부딪혔다.
El trineo tembló y los patines produjeron un crujido crujiente.
썰매가 떨렸고, 주자들은 딱딱거리는 소리를 냈다.
—¡Ja! —ordenó Thornton, cambiando nuevamente la dirección de Buck.
"하!" 쏜튼이 명령하며 벅의 방향을 다시 바꿨다.
Buck repitió el movimiento, esta vez tirando bruscamente hacia la izquierda.
벅은 다시 한번 움직임을 시도했고, 이번에는 왼쪽으로 급격히 방향을 틀었다.
El trineo crujió más fuerte y los patines crujieron y se movieron.
썰매는 더 큰 소리를 내며, 썰매의 주자들이 딱딱거리고 움직였다.
La pesada carga se deslizó ligeramente hacia un lado sobre la nieve congelada.
무거운 짐이 얼어붙은 눈 위로 살짝 옆으로 미끄러졌습니다.
¡El trineo se había soltado del sendero helado!
썰매는 얼음길에서 벗어났습니다!
Los hombres contenían la respiración, sin darse cuenta de que ni siquiera estaban respirando.
남자들은 자신이 숨을 쉬지 않는다는 사실조차 모른 채 숨을 참았습니다.
—¡Ahora, TIRA! —gritó Thornton a través del silencio helado.
"당겨!" 손튼이 얼어붙은 침묵 속에서 소리쳤다.

La orden de Thornton sonó aguda, como el chasquido de un látigo.
쏜튼의 명령은 채찍을 휘두르는 소리처럼 날카롭게 울려 퍼졌다.

Buck se lanzó hacia adelante con una estocada feroz y estremecedora.
벅은 사납고 충격적인 돌진으로 몸을 앞으로 던졌습니다.

Todo su cuerpo se tensó y se arrugó por la enorme tensión.
그의 몸 전체가 엄청난 부담으로 긴장되고 뭉쳐졌습니다.

Los músculos se ondulaban bajo su pelaje como serpientes que cobraban vida.
그의 털 아래에서 근육이 꿈틀거리는 모습이 마치 살아 움직이는 뱀 같았다.

Su gran pecho estaba bajo y la cabeza estirada hacia delante, hacia el trineo.
그의 큰 가슴은 낮게 위치하고, 머리는 썰매를 향해 뻗어 있었습니다.

Sus patas se movían como un rayo y sus garras cortaban el suelo helado.
그의 발은 번개처럼 움직였고, 발톱으로 얼어붙은 땅을 갈랐다.

Los surcos se abrieron profundos mientras luchaba por cada centímetro de tracción.
그는 견인력을 한 인치라도 더 얻으려고 애쓰면서 홈을 깊게 파냈습니다.

El trineo se balanceó, tembló y comenzó un movimiento lento e inquieto.
썰매는 흔들리고 떨리더니 느리고 불안하게 움직이기 시작했습니다.

Un pie resbaló y un hombre entre la multitud gimió en voz alta.
한 발이 미끄러지자 군중 속의 한 남자가 큰 소리로 신음했습니다.

Entonces el trineo se lanzó hacia adelante con un movimiento brusco y espasmódico.
그러자 썰매가 갑자기 거칠게 앞으로 움직였다.
No se detuvo de nuevo: media pulgada... una pulgada... dos pulgadas más.
더 이상 멈추지 않았습니다. 반 인치... 한 인치... 두 인치 더.
Los tirones se hicieron más pequeños a medida que el trineo empezó a ganar velocidad.
썰매가 속도를 내면서 갑작스러운 움직임은 점점 줄어들었습니다.
Pronto Buck estaba tirando con una potencia suave, uniforme y rodante.
곧 벅은 부드럽고 고르게 굴러가는 힘으로 끌어당기기 시작했습니다.
Los hombres jadearon y finalmente recordaron respirar de nuevo.
남자들은 숨을 헐떡이며 마침내 다시 숨을 쉬는 법을 기억해냈습니다.
No se habían dado cuenta de que su respiración se había detenido por el asombro.
그들은 경외심에 숨이 멎는 줄도 몰랐다.
Thornton corrió detrás, gritando órdenes breves y alegres.
쏜튼은 짧고 쾌활한 명령을 외치며 뒤따라 달렸다.
Más adelante había una pila de leña que marcaba la distancia.
앞에는 거리를 알려주는 장작더미가 놓여 있었습니다.
A medida que Buck se acercaba a la pila, los vítores se hacían cada vez más fuertes.
벅이 더미에 가까워질수록 환호성은 점점 더 커졌습니다.
Los aplausos aumentaron hasta convertirse en un rugido cuando Buck pasó el punto final.
벅이 종착점을 지나자 환호성은 함성으로 커졌습니다.
Los hombres saltaron y gritaron, incluso Matthewson sonrió.

남자들은 놀라서 소리쳤고, 매튜슨조차도 미소를 지었다.

Los sombreros volaron por el aire y los guantes fueron arrojados sin pensar ni rumbo.
모자가 공중으로 날아가고, 장갑이 생각이나 목적 없이 던져졌습니다.

Los hombres se abrazaron y se dieron la mano sin saber a quién.
누구인지도 모르는 남자들이 서로를 붙잡고 악수했다.

Toda la multitud vibró en una celebración salvaje y alegre.
군중 전체가 열광적이고 즐거운 축하 분위기에 휩싸였다.

Thornton cayó de rodillas junto a Buck con manos temblorosas.
쏜튼은 떨리는 손으로 벅 옆에 무릎을 꿇었다.

Apretó su cabeza contra la de Buck y lo sacudió suavemente hacia adelante y hacia atrás.
그는 자신의 머리를 벅의 머리에 가져다 대고 가볍게 앞뒤로 흔들었다.

Los que se acercaron le oyeron maldecir al perro con silencioso amor.
다가간 사람들은 그가 조용한 사랑으로 개를 저주하는 것을 들었습니다.

Maldijo a Buck durante un largo rato, suavemente, cálidamente, con emoción.
그는 오랫동안 벅을 향해 욕설을 퍼부었다. 부드럽고, 따뜻하게, 감정을 담아서.

—¡Bien, señor! ¡Bien, señor! —gritó el rey del Banco Skookum a toda prisa.
"좋아요, 선생님! 좋아, 선생님!" 스쿠컴 벤치의 왕이 황급히 소리쳤다.

—¡Le daré mil, no, mil doscientos, por ese perro, señor!
"저 개 한 마리에 천 달러, 아니, 천이백 달러를 드리겠습니다, 선생님!"

Thornton se puso de pie lentamente, con los ojos brillantes de emoción.

쏜튼은 천천히 일어섰고, 그의 눈은 감정으로 빛났다.
Las lágrimas corrían abiertamente por sus mejillas sin ninguna vergüenza.
그의 뺨에는 조금의 부끄러움도 없이 눈물이 줄줄 흘러내렸다.
"Señor", le dijo al rey del Banco Skookum, firme y firme.
그는 Skookum Bench의 왕에게 "선생님"이라고 말하며 꾸준하고 단호하게 말했습니다.
—No, señor. Puede irse al infierno, señor. Esa es mi última respuesta.
"아니요, 선생님. 지옥에나 가시죠, 선생님. 이게 제 마지막 대답입니다."
Buck agarró suavemente la mano de Thornton con sus fuertes mandíbulas.
벅은 튼튼한 턱으로 쏜튼의 손을 부드럽게 잡았다.
Thornton lo sacudió juguetonamente; su vínculo era más profundo que nunca.
쏜튼은 장난스럽게 그를 흔들었고, 두 사람의 유대감은 그 어느 때보다 깊었다.
La multitud, conmovida por el momento, retrocedió en silencio.
그 순간에 감동한 군중은 조용히 뒤로 물러섰다.
Desde entonces nadie se atrevió a interrumpir tan sagrado afecto.
그 이후로 그 누구도 감히 그 신성한 애정을 방해하지 못했습니다.

El sonido de la llamada
부름의 소리

Buck había ganado mil seiscientos dólares en cinco minutos.
벅은 5분 만에 1,600달러를 벌었습니다.
El dinero permitió a John Thornton pagar algunas de sus deudas.
그 돈으로 존 손튼은 빚의 일부를 갚을 수 있었습니다.
Con el resto del dinero se dirigió al Este con sus socios.

그는 남은 돈을 가지고 동료들과 함께 동쪽으로 향했습니다.

Buscaban una legendaria mina perdida, tan antigua como el país mismo.

그들은 그 나라만큼이나 오래된 전설 속 잃어버린 광산을 찾았습니다.

Muchos hombres habían buscado la mina, pero pocos la habían encontrado.

많은 사람들이 광산을 찾았지만, 실제로 광산을 찾은 사람은 거의 없었습니다.

Más de unos pocos hombres habían desaparecido durante la peligrosa búsqueda.

위험한 탐색 중에 몇몇 남자가 사라졌습니다.

Esta mina perdida estaba envuelta en misterio y vieja tragedia.

이 잃어버린 광산은 미스터리와 오래된 비극에 싸여 있었습니다.

Nadie sabía quién había sido el primer hombre que encontró la mina.

광산을 처음 발견한 사람이 누구인지는 아무도 몰랐습니다.

Las historias más antiguas no mencionan a nadie por su nombre.

가장 오래된 이야기에는 누구의 이름도 언급되지 않습니다.

Siempre había habido allí una antigua y destartalada cabaña.

그곳에는 항상 낡고 허름한 오두막이 있었습니다.

Los hombres moribundos habían jurado que había una mina al lado de aquella vieja cabaña.

죽어가는 사람들은 그 오래된 오두막 옆에 광산이 있었다고 맹세했습니다.

Probaron sus historias con oro como ningún otro en ningún otro lugar.

그들은 다른 어떤 곳에서도 찾을 수 없는 금으로 자신의 이야기를 증명했습니다.

Ningún alma viviente había jamás saqueado el tesoro de aquel lugar.
그 곳에서 보물을 약탈한 사람은 아무도 없었습니다.
Los muertos estaban muertos, y los muertos no cuentan historias.
죽은 자는 죽었고, 죽은 자는 아무 말도 하지 않는다.
Entonces Thornton y sus amigos se dirigieron al Este.
그래서 쏜튼과 그의 친구들은 동쪽으로 향했습니다.
Pete y Hans se unieron, trayendo a Buck y seis perros fuertes.
피트와 한스가 벅과 힘센 개 여섯 마리를 데리고 합류했습니다.
Se embarcaron en un camino desconocido donde otros habían fracasado.
그들은 다른 사람들이 실패한 알려지지 않은 산길로 들어섰습니다.
Se deslizaron en trineo setenta millas por el congelado río Yukón.
그들은 얼어붙은 유콘 강을 따라 70마일을 썰매를 타고 올라갔습니다.
Giraron a la izquierda y siguieron el sendero hacia Stewart.
그들은 좌회전하여 스튜어트로 향하는 산길을 따라갔다.
Pasaron Mayo y McQuestion y siguieron adelante.
그들은 메이요 앤 맥퀘션을 지나 계속해서 전진했습니다.
El río Stewart se encogió y se convirtió en un arroyo, atravesando picos irregulares.
스튜어트 강은 뾰족한 봉우리를 지나며 흐르는 개울처럼 줄어들었다.
Estos picos afilados marcaban la columna vertebral del continente.
이 날카로운 봉우리들은 대륙의 핵심을 이루었습니다.
John Thornton exigía poco a los hombres y a la tierra salvaje.
존 쏜튼은 사람이나 자연에 별로 많은 것을 요구하지 않았습니다.

No temía a nada de la naturaleza y se enfrentaba a lo salvaje con facilidad.
그는 자연 속에서 아무것도 두려워하지 않았고, 야생에 쉽게 맞섰습니다.
Con sólo sal y un rifle, podría viajar a donde quisiera.
그는 소금과 소총만 가지고 원하는 곳 어디든 여행할 수 있었습니다.
Al igual que los nativos, cazaba alimentos mientras viajaba.
그는 원주민들처럼 여행하면서 식량을 사냥했습니다.
Si no pescaba nada, seguía adelante, confiando en que la suerte le acompañaría.
아무것도 잡지 못하더라도 그는 앞으로 행운이 있을 것이라고 믿고 계속 나아갔습니다.
En este largo viaje, la carne era lo principal que comían.
이 긴 여정에서 그들이 주로 먹은 음식은 고기였습니다.
El trineo contenía herramientas y municiones, pero no un horario estricto.
썰매에는 도구와 탄약이 실려 있었지만, 엄격한 시간표는 없었습니다.
A Buck le encantaba este vagabundeo, la caza y la pesca interminables.
벅은 이런 방랑, 끝없는 사냥과 낚시를 좋아했습니다.
Durante semanas estuvieron viajando día tras día.
그들은 몇 주 동안 매일매일 여행을 했습니다.
Otras veces montaban campamentos y permanecían allí durante semanas.
어떤 때는 캠프를 짓고 몇 주 동안 움직이지 않고 머물기도 했습니다.
Los perros descansaron mientras los hombres cavaban en la tierra congelada.
남자들이 얼어붙은 흙을 파헤치는 동안 개들은 휴식을 취했습니다.
Calentaron sartenes sobre el fuego y buscaron oro escondido.
그들은 불 위에 냄비를 올려놓고 숨겨진 금을 찾았습니다.

Algunos días pasaban hambre y otros días tenían fiestas.
어떤 날은 굶주렸고, 어떤 날은 잔치를 벌였습니다.
Sus comidas dependían de la presa y de la suerte de la caza.
그들의 식사는 사냥감과 사냥의 행운에 달려 있었습니다.
Cuando llegaba el verano, los hombres y los perros cargaban cargas sobre sus espaldas.
여름이 오자, 사람들과 개들은 등에 짐을 짊어졌습니다.
Navegaron por lagos azules escondidos en bosques de montaña.
그들은 산림 속에 숨겨진 푸른 호수를 뗏목으로 건넜습니다.
Navegaban en delgadas embarcaciones por ríos que ningún hombre había cartografiado jamás.
그들은 아무도 지도에 표시해 본 적이 없는 강에서 가느다란 배를 타고 항해했습니다.
Esos barcos se construyeron a partir de árboles que cortaban en la naturaleza.
그 배들은 야생에서 톱질한 나무로 만들어졌습니다.

Los meses pasaron y ellos serpentearon por tierras salvajes y desconocidas.
몇 달이 지났고, 그들은 알려지지 않은 광활한 땅을 지나갔습니다.
No había hombres allí, aunque había rastros antiguos que indicaban que había habido hombres.
거기에는 남자가 없었지만, 오래된 흔적으로 보아 남자가 있었던 것으로 보인다.
Si la Cabaña Perdida fue real, entonces otras personas habían pasado por allí alguna vez.
만약 잃어버린 오두막이 실제로 존재한다면, 다른 사람들도 한때 이곳으로 왔을 것이다.
Cruzaron pasos altos en medio de tormentas de nieve, incluso en verano.
그들은 여름에도 눈보라 속에서 높은 고개를 건넜습니다.

Temblaban bajo el sol de medianoche en las laderas desnudas de las montañas.
그들은 벌거벗은 산비탈에서 자정의 태양 아래서 떨고 있었습니다.

Entre la línea de árboles y los campos de nieve, subieron lentamente.
그들은 나무가 우거진 곳과 눈밭 사이를 천천히 올라갔습니다.

En los valles cálidos, aplastaban nubes de mosquitos y moscas.
따뜻한 계곡에서는 그들은 모기와 파리떼를 쫓아냈습니다.

Recogieron bayas dulces cerca de los glaciares en plena floración del verano.
그들은 여름철 꽃이 만발한 빙하 근처에서 달콤한 열매를 따 먹었습니다.

Las flores que encontraron eran tan hermosas como las de las Tierras del Sur.
그들이 발견한 꽃은 사우스랜드의 꽃만큼이나 아름다웠습니다.

Ese otoño llegaron a una región solitaria llena de lagos silenciosos.
그해 가을, 그들은 조용한 호수가 가득한 외딴 지역에 도착했습니다.

La tierra estaba triste y vacía, una vez llena de pájaros y bestias.
그 땅은 한때 새와 짐승이 살았지만 지금은 쓸쓸하고 텅 비어 있습니다.

Ahora no había vida, sólo el viento y el hielo formándose en charcos.
이제는 생명은 존재하지 않았고, 오직 바람과 웅덩이에 형성되는 얼음만이 있을 뿐이었습니다.

Las olas golpeaban las orillas vacías con un sonido suave y triste.
파도가 텅 빈 해안에 부드럽고 슬픈 소리를 내며 밀려왔다.

Llegó otro invierno y volvieron a seguir los viejos y tenues senderos.
또다시 겨울이 왔고, 그들은 다시 희미하고 오래된 길을 따라갔다.

Éstos eran los rastros de hombres que habían buscado mucho antes que ellos.
이것은 그들보다 훨씬 먼저 수색을 했던 사람들의 흔적이었습니다.

Un día encontraron un camino que se adentraba profundamente en el bosque oscuro.
그들은 어느 날 어둠의 숲 속으로 깊이 파인 길을 발견했습니다.

Era un sendero antiguo y sintieron que la cabaña perdida estaba cerca.
그곳은 오래된 산길이었고, 그들은 잃어버린 오두막이 가까이 있다고 느꼈습니다.

Pero el sendero no conducía a ninguna parte y se perdía en el espeso bosque.
하지만 그 길은 어디로도 이어지지 않고 울창한 숲 속으로 사라졌습니다.

Nadie sabe quién hizo el sendero ni por qué lo hizo.
누가 그 길을 만들었는지, 그리고 왜 만들었는지 아무도 몰랐습니다.

Más tarde encontraron los restos de una cabaña escondidos entre los árboles.
나중에 그들은 나무 사이에 숨겨진 롯지의 잔해를 발견했습니다.

Mantas podridas yacían esparcidas donde alguna vez alguien había dormido.
누군가가 잠을 잤던 곳에는 썩은 담요가 흩어져 있었습니다.

John Thornton encontró una pistola de chispa de cañón largo enterrada en el interior.
존 손튼은 안에 묻힌 긴 총신의 화승총을 발견했습니다.

Sabía que se trataba de un cañón de la Bahía de Hudson desde los primeros días de su comercialización.
그는 초창기부터 이것이 허드슨 만의 총이라는 것을 알고 있었습니다.
En aquella época, estas armas se intercambiaban por montones de pieles de castor.
그 당시에는 그런 총을 비버 가죽 몇 뭉치와 교환하곤 했습니다.
Eso fue todo: no quedó ninguna pista del hombre que construyó el albergue.
그게 전부였습니다. 롯지를 지은 사람에 대한 단서는 전혀 남아 있지 않았습니다.

Llegó nuevamente la primavera y no encontraron ninguna señal de la Cabaña Perdida.
다시 봄이 왔지만, 그들은 잃어버린 오두막의 흔적을 찾을 수 없었다.
En lugar de eso encontraron un valle amplio con un arroyo poco profundo.
대신 그들은 얕은 개울이 흐르는 넓은 계곡을 발견했습니다.
El oro se extendía sobre el fondo de las sartenes como mantequilla suave y amarilla.
냄비 바닥에는 매끈한 노란 버터처럼 금이 깔려 있었습니다.
Se detuvieron allí y no buscaron más la cabaña.
그들은 거기서 멈춰 서서 더 이상 오두막을 찾지 않았습니다.
Cada día trabajaban y encontraban miles en polvo de oro.
그들은 매일 일하여 수천 개의 금가루를 발견했습니다.
Empaquetaron el oro en bolsas de piel de alce, de cincuenta libras cada una.
그들은 금을 각각 50파운드씩 무스 가죽 자루에 담아 포장했습니다.
Las bolsas estaban apiladas como leña afuera de su pequeña cabaña.

가방들은 그들의 작은 숙소 밖에 장작처럼 쌓여
있었습니다.
Trabajaron como gigantes y los días pasaban como sueños rápidos.
그들은 거인처럼 일했고, 하루하루는 꿈처럼 빨리
지나갔습니다.
Acumularon tesoros a medida que los días interminables transcurrían rápidamente.
끝없는 나날이 빠르게 흘러가는 동안 그들은 보물을
쌓았습니다.
Los perros no tenían mucho que hacer excepto transportar carne de vez en cuando.
개들이 할 수 있는 일은 가끔씩 고기를 끌어오는 것
외에는 별로 없었다.
Thornton cazó y mató el animal, y Buck se quedó tendido junto al fuego.
쏜튼은 사냥을 해서 사냥감을 잡았고, 벅은 불 옆에 누워
있었습니다.
Pasó largas horas en silencio, perdido en sus pensamientos y recuerdos.
그는 오랜 시간 침묵 속에 생각과 기억에 잠겨
있었습니다.
La imagen del hombre peludo venía cada vez más a la mente de Buck.
털이 많은 남자의 이미지가 벅의 마음속에 더 자주
떠올랐다.
Ahora que el trabajo escaseaba, Buck soñaba mientras parpadeaba ante el fuego.
이제 일자리가 부족해지자 벅은 불을 쳐다보며 눈을
깜빡이며 꿈을 꾸었다.
En esos sueños, Buck vagaba con el hombre en otro mundo.
그 꿈속에서 벅은 그 남자와 함께 다른 세계를
방황했습니다.
El miedo parecía el sentimiento más fuerte en ese mundo distante.
두려움은 그 먼 세상에서 가장 강한 감정인 듯했다.

Buck vio al hombre peludo dormir con la cabeza gacha.
벅은 털이 많은 남자가 머리를 숙인 채 잠들어 있는 것을 보았다.

Tenía las manos entrelazadas y su sueño era inquieto y entrecortado.
그는 손을 꽉 쥐고 있었고, 잠은 불안하고 깨져 있었습니다.

Solía despertarse sobresaltado y mirar con miedo hacia la oscuridad.
그는 깜짝 놀라 깨어나 두려움에 떨며 어둠 속을 응시하곤 했습니다.

Luego echaba más leña al fuego para mantener la llama brillante.
그리고 그는 불꽃을 밝게 유지하기 위해 불에 나무를 더 많이 던졌습니다.

A veces caminaban por una playa junto a un mar gris e interminable.
때때로 그들은 잿빛으로 끝없이 펼쳐진 바다를 따라 해변을 따라 걸었습니다.

El hombre peludo recogía mariscos y los comía mientras caminaba.
털이 많은 남자는 조개류를 주워서 걸으면서 먹었습니다.

Sus ojos buscaban siempre peligros ocultos en las sombras.
그의 눈은 항상 그림자 속에 숨겨진 위험을 찾았습니다.

Sus piernas siempre estaban listas para correr ante la primera señal de amenaza.
그의 다리는 언제나 위협의 첫 징후에 달려들 준비가 되어 있었습니다.

Se arrastraron por el bosque, silenciosos y cautelosos, uno al lado del otro.
그들은 나란히 조용히 조심스럽게 숲을 지나갔다.

Buck lo siguió de cerca y ambos se mantuvieron alerta.
벅이 그의 뒤를 따랐고, 두 사람은 모두 경계를 늦추지 않았습니다.

Sus orejas se movían y temblaban, sus narices olfateaban el aire.
그들의 귀는 꿈틀거리고 움직였고, 코는 공기를 맡았습니다.
El hombre podía oír y oler el bosque tan agudamente como Buck.
그 남자는 벅만큼이나 숲의 냄새와 소리를 예리하게 들을 수 있었습니다.
El hombre peludo se balanceó entre los árboles con una velocidad repentina.
털이 많은 남자가 갑작스러운 속도로 나무 사이로 달려갔다.
Saltaba de rama en rama sin perder nunca su agarre.
그는 가지에서 가지로 뛰어다니며 한 번도 놓치지 않았습니다.
Se movió tan rápido sobre el suelo como sobre él.
그는 땅 위에서만큼 빠르게 움직였다.
Buck recordó las largas noches bajo los árboles, haciendo guardia.
벅은 나무 아래에서 긴 밤을 보내며 경계를 지키던 때를 기억했다.
El hombre dormía recostado en las ramas, aferrado fuertemente.
그 남자는 나뭇가지에 매달려 몸을 꼭 붙잡고 잠을 잤다.
Esta visión del hombre peludo estaba estrechamente ligada al llamado profundo.
털이 많은 남자에 대한 이 환상은 깊은 부름과 밀접하게 연관되어 있었습니다.
El llamado aún resonaba en el bosque con una fuerza inquietante.
그 부름은 여전히 숲 속에 잊혀지지 않을 만큼 힘차게 울려 퍼졌다.
La llamada llenó a Buck de anhelo y una inquieta sensación de alegría.
그 전화는 벅의 마음을 그리움과 끊임없는 기쁨으로 채웠다.

Sintió impulsos y agitaciones extrañas que no podía nombrar.
그는 이름 붙일 수 없는 이상한 충동과 움직임을 느꼈다.
A veces seguía la llamada hasta lo profundo del tranquilo bosque.
때때로 그는 조용한 숲 속 깊은 곳까지 부름을 따라갔다.
Buscó el llamado, ladrando suave o agudamente mientras caminaba.
그는 부름을 찾으려고 가면서 가볍게 또는 날카롭게 짖었다.
Olfateó el musgo y la tierra negra donde crecían las hierbas.
그는 풀이 자라는 이끼와 검은 흙을 맡았습니다.
Resopló de alegría ante los ricos olores de la tierra profunda.
그는 깊은 땅에서 풍기는 풍부한 냄새를 즐기며 코를 킁킁거렸다.
Se agazapó durante horas detrás de troncos cubiertos de hongos.
그는 곰팡이로 뒤덮인 나무줄기 뒤에 몇 시간 동안 웅크리고 있었습니다.
Se quedó quieto, escuchando con los ojos muy abiertos cada pequeño sonido.
그는 움직이지 않고 눈을 크게 뜨고 모든 작은 소리에 귀를 기울였다.
Quizás esperaba sorprender al objeto que le había hecho el llamado.
그는 전화를 건 사람을 놀라게 하고 싶었을지도 모른다.
Él no sabía por qué actuaba así: simplemente lo hacía.
그는 왜 이런 행동을 했는지 몰랐지만, 그냥 그렇게 행동했을 뿐이었습니다.
Los impulsos venían desde lo más profundo, más allá del pensamiento o la razón.
그런 충동은 생각이나 이성을 초월한 깊은 내면에서 나왔습니다.
Impulsos irresistibles se apoderaron de Buck sin previo aviso ni razón.

저항할 수 없는 충동이 아무런 경고나 이유 없이 벅을
사로잡았습니다.

A veces dormitaba perezosamente en el campamento bajo el calor del mediodía.
그는 가끔 한낮의 더위 속에서 캠프 안에서 게으르게
졸기도 했습니다.

De repente, su cabeza se levantó y sus orejas se levantaron en alerta.
갑자기 그의 머리가 들려졌고 그의 귀가
솟아올랐습니다.

Entonces se levantó de un salto y se lanzó hacia lo salvaje sin detenerse.
그러자 그는 벌떡 일어나 잠시도 멈추지 않고 야생으로
달려 나갔다.

Corrió durante horas por senderos forestales y espacios abiertos.
그는 숲길과 열린 공간을 수 시간 동안 달렸습니다.

Le encantaba seguir los lechos de los arroyos secos y espiar a los pájaros en los árboles.
그는 마른 개울바닥을 따라가고 나무 위에 있는 새들을
관찰하는 것을 좋아했습니다.

Podría permanecer escondido todo el día, mirando a las perdices pavonearse.
그는 하루 종일 숨어서 참새들이 활보하는 것을 지켜볼
수도 있었습니다.

Ellos tamborilearon y marcharon, sin percatarse de la presencia todavía de Buck.
그들은 벅이 아직 존재한다는 사실을 모른 채 북을 치며
행진했다.

Pero lo que más le gustaba era correr al atardecer en verano.
하지만 그가 가장 좋아했던 것은 여름 황혼 무렵에
달리는 것이었습니다.

La tenue luz y los sonidos soñolientos del bosque lo llenaron de alegría.
희미한 빛과 졸린 숲의 소리가 그를 기쁨으로 채웠다.

Leyó las señales del bosque tan claramente como un hombre lee un libro.
그는 마치 사람이 책을 읽듯이 숲 속의 표지판을 또렷하게 읽었습니다.
Y siempre buscaba aquella cosa extraña que lo llamaba.
그리고 그는 항상 자신을 부르는 이상한 것을 찾았습니다.
Ese llamado nunca se detuvo: lo alcanzaba despierto o dormido.
그 부름은 결코 멈추지 않았습니다. 깨어 있든 잠들어 있든 그 부름은 그에게 닿았습니다.

Una noche, se despertó sobresaltado, con los ojos alerta y las orejas alerta.
어느 날 밤, 그는 깜짝 놀라 깨어났는데, 눈은 예리하고 귀는 쫑긋 서 있었습니다.
Sus fosas nasales se crisparon mientras su melena se erizaba en ondas.
그의 콧구멍은 꿈틀거렸고 그의 갈기는 물결치듯 곤두섰다.
Desde lo profundo del bosque volvió a oírse el sonido, el viejo llamado.
숲 속 깊은 곳에서 다시 소리가 들렸습니다. 옛날의 부름이었습니다.
Esta vez el sonido sonó claro, un aullido largo, inquietante y familiar.
이번에는 소리가 또렷하게 들렸습니다. 길고, 잊혀지지 않고, 친숙한 울부짖음이었습니다.
Era como el grito de un husky, pero extraño y salvaje en tono.
그것은 허스키의 울음소리와 비슷했지만, 음색이 이상하고 거칠었습니다.
Buck reconoció el sonido al instante: había oído exactamente el mismo sonido hacía mucho tiempo.
벅은 그 소리를 즉시 알아챘다. 그는 오래전에 그 소리를 들었던 것이다.

Saltó a través del campamento y desapareció rápidamente en el bosque.
그는 캠프를 뛰어넘어 재빨리 숲 속으로 사라졌다.
A medida que se acercaba al sonido, disminuyó la velocidad y se movió con cuidado.
그는 소리가 가까워지자 속도를 늦추고 조심스럽게 움직였다.
Pronto llegó a un claro entre espesos pinos.
그는 곧 울창한 소나무 사이의 개간지에 도착했습니다.
Allí, erguido sobre sus cuartos traseros, estaba sentado un lobo de bosque alto y delgado.
거기, 엉덩이를 땅에 대고 똑바로 앉아 있는 키가 크고 마른 늑대가 있었습니다.
La nariz del lobo apuntaba hacia el cielo, todavía haciendo eco del llamado.
늑대의 코는 하늘을 가리키며 여전히 울음소리를 울리고 있었다.
Buck no había emitido ningún sonido, pero el lobo se detuvo y escuchó.
벅은 소리를 내지 않았지만 늑대는 멈춰서서 귀를 기울였다.
Sintiendo algo, el lobo se tensó y buscó en la oscuridad.
무언가를 감지한 늑대는 긴장하며 어둠 속을 탐색했습니다.
Buck apareció sigilosamente, con el cuerpo agachado y los pies quietos sobre el suelo.
벅이 몸을 숙이고 발은 땅에 닿은 채 조용히 다가왔다.
Su cola estaba recta y su cuerpo enroscado por la tensión.
그의 꼬리는 곧게 뻗었고, 몸은 긴장감으로 팽팽하게 꼬여 있었습니다.
Mostró al mismo tiempo una amenaza y una especie de amistad ruda.
그는 위협적인 모습과 거친 우정의 모습을 동시에 보였다.
Fue el saludo cauteloso que compartían las bestias salvajes.
그것은 야생 동물이 나누는 조심스러운 인사였습니다.

Pero el lobo se dio la vuelta y huyó tan pronto como vio a Buck.
하지만 늑대는 벅을 보자마자 돌아서 도망갔습니다.
Buck lo persiguió, saltando salvajemente, ansioso por alcanzarlo.
벅은 맹렬하게 뛰어올라 그것을 따라잡으려고 달려들었다.
Siguió al lobo hasta un arroyo seco bloqueado por un atasco de madera.
그는 늑대를 따라 나무가 막혀 있는 마른 개울로 들어갔다.
Acorralado, el lobo giró y se mantuvo firme.
궁지에 몰린 늑대는 돌아서서 그 자리에 섰다.
El lobo gruñó y mordió a su presa como un perro husky atrapado en una pelea.
늑대는 싸움에 갇힌 허스키 개처럼 으르렁거리고 딱딱거렸다.
Los dientes del lobo chasquearon rápidamente y su cuerpo se erizó de furia salvaje.
늑대의 이빨이 빠르게 딱딱 부딪혔고, 늑대의 몸은 격렬한 분노로 가득 찼습니다.
Buck no atacó, sino que rodeó al lobo con cautelosa amabilidad.
벅은 공격하지 않고 조심스럽고 친근하게 늑대 주위를 돌았습니다.
Intentó bloquear su escape con movimientos lentos e inofensivos.
그는 느리고 무해한 움직임으로 탈출을 막으려고 했습니다.
El lobo estaba cauteloso y asustado: Buck pesaba tres veces más que él.
늑대는 경계심과 두려움을 느꼈습니다. 벅은 늑대보다 세 배나 더 무거웠습니다.
La cabeza del lobo apenas llegaba hasta el enorme hombro de Buck.
늑대의 머리는 벅의 거대한 어깨에 간신히 닿았습니다.

Al acecho de un hueco, el lobo salió disparado y la persecución comenzó de nuevo.
늑대는 틈을 노리고 달려갔고 추격은 다시 시작되었습니다.
Varias veces Buck lo acorraló y el baile se repitió.
벅은 여러 번 그를 몰아붙였고, 춤은 반복되었다.
El lobo estaba delgado y débil, de lo contrario Buck no podría haberlo atrapado.
늑대는 마르고 약했기 때문에 벅이 그를 잡을 수 없었을 것이다.
Cada vez que Buck se acercaba, el lobo giraba y lo enfrentaba con miedo.
벅이 다가갈 때마다 늑대는 돌아서서 두려움에 휩싸여 그를 마주 보았다.
Luego, a la primera oportunidad, se lanzó de nuevo al bosque.
그러다가 기회가 생기자마자 그는 다시 숲으로 달려갔다.
Pero Buck no se dio por vencido y finalmente el lobo comenzó a confiar en él.
하지만 벅은 포기하지 않았고, 마침내 늑대는 그를 신뢰하게 되었습니다.
Olió la nariz de Buck y los dos se pusieron juguetones y alertas.
그는 벅의 코를 맡았고, 두 사람은 장난기 넘치고 경계심을 갖게 되었다.
Jugaban como animales salvajes, feroces pero tímidos en su alegría.
그들은 야생 동물처럼 놀았고, 기쁨 속에서는 사나우면서도 수줍어했습니다.
Después de un rato, el lobo se alejó trotando con calma y propósito.
얼마 후, 늑대는 차분한 마음으로 달려갔습니다.
Le demostró claramente a Buck que tenía la intención de que lo siguieran.

그는 벅에게 자신이 따라와야 한다는 것을 분명히
보여주었습니다.
Corrieron uno al lado del otro a través de la penumbra del crepúsculo.
그들은 황혼의 어둠 속을 나란히 달렸다.
Siguieron el lecho del arroyo hasta el desfiladero rocoso.
그들은 개울바닥을 따라 바위 협곡으로 올라갔습니다.
Cruzaron una divisoria fría donde había comenzado el arroyo.
그들은 개울이 시작되는 차가운 분수령을 건넜습니다.
En la ladera más alejada encontraron un extenso bosque y numerosos arroyos.
저 멀리 있는 경사지에는 넓은 숲과 많은 개울이
있었습니다.
Por esta vasta tierra corrieron durante horas sin parar.
그들은 이 광활한 땅을 몇 시간 동안 멈추지 않고
달렸습니다.
El sol salió más alto, el aire se calentó, pero ellos siguieron corriendo.
태양은 더 높이 떠올랐고, 공기는 따뜻해졌지만 그들은
계속 달렸습니다.
Buck estaba lleno de alegría: sabía que estaba respondiendo a su llamado.
벅은 기쁨으로 가득 찼습니다. 그는 자신이 부름에
응답했다는 것을 알았습니다.
Corrió junto a su hermano del bosque, más cerca de la fuente del llamado.
그는 숲 속의 형제 옆으로 달려가, 부름의 근원에 더
가까이 다가갔다.
Los viejos sentimientos regresaron, poderosos y difíciles de ignorar.
옛날의 감정이 돌아왔고, 그 감정은 강렬해서 무시하기
어려웠다.
Éstas eran las verdades detrás de los recuerdos de sus sueños.
이것이 그의 꿈 속 기억 속에 담긴 진실이었습니다.

Todo esto ya lo había hecho antes, en un mundo distante y sombrío.
그는 이 모든 일을 먼 어두운 세상에서 이미 행한 적이 있었습니다.

Ahora lo hizo de nuevo, corriendo salvajemente con el cielo abierto encima.
그는 이번에도 똑같은 짓을 반복하며, 머리 위의 열린 하늘을 마음껏 날아다녔습니다.

Se detuvieron en un arroyo para beber del agua fría que fluía.
그들은 차갑게 흐르는 물을 마시기 위해 개울가에 멈췄다.

Mientras bebía, Buck de repente recordó a John Thornton.
그는 술을 마시던 중 갑자기 존 손튼을 떠올렸다.

Se sentó en silencio, desgarrado por la atracción de la lealtad y el llamado.
그는 충성심과 부름에 대한 갈등 속에서 침묵 속에 앉았습니다.

El lobo siguió trotando, pero regresó para impulsar a Buck a seguir adelante.
늑대는 계속 달렸지만, 돌아와서 벅을 앞으로 재촉했습니다.

Le olisqueó la nariz y trató de convencerlo con gestos suaves.
그는 코를 킁킁거리며 부드러운 몸짓으로 그를 달래려고 노력했다.

Pero Buck se dio la vuelta y comenzó a regresar por donde había venido.
하지만 벅은 돌아서서 온 길로 돌아갔습니다.

El lobo corrió a su lado durante un largo rato, gimiendo silenciosamente.
늑대는 오랫동안 그의 옆을 따라 달리며 조용히 낑낑거렸다.

Luego se sentó, levantó la nariz y dejó escapar un largo aullido.
그러고 나서 그는 앉아서 코를 들어올리고 길게 울부짖었다.

Fue un grito triste, que se suavizó cuando Buck se alejó.
그것은 애절한 울음소리였지만, 벅이 걸어가면서 그 울음소리는 부드러워졌습니다.

Buck escuchó mientras el sonido del grito se desvanecía lentamente en el silencio del bosque.
벅은 울음소리가 숲의 고요함 속으로 천천히 사라지는 것을 들었다.

John Thornton estaba cenando cuando Buck irrumpió en el campamento.
존 손튼이 저녁을 먹고 있을 때 벅이 캠프로 뛰어 들어왔습니다.

Buck saltó sobre él salvajemente, lamiéndolo, mordiéndolo y haciéndolo caer.
벅은 그에게 달려들어 핥고, 물고, 넘어뜨렸습니다.

Lo derribó, se subió encima y le besó la cara.
그는 그를 쓰러뜨리고 그 위로 기어올라가 그의 얼굴에 키스했습니다.

Thornton lo llamó con cariño "hacer el tonto en general".
손튼은 이를 애정을 담아 "일반 바보 놀이"라고 불렀습니다.

Mientras tanto, maldijo a Buck suavemente y lo sacudió de un lado a otro.
그러는 동안 그는 벅을 부드럽게 저주하며 앞뒤로 흔들었다.

Durante dos días y dos noches enteras, Buck no abandonó el campamento ni una sola vez.
이틀 밤낮으로 벅은 캠프를 한 번도 떠나지 않았습니다.

Se mantuvo cerca de Thornton y nunca lo perdió de vista.
그는 쏜튼과 가까이 지내며 그를 시야에서 벗어나지 않게 했습니다.

Lo siguió mientras trabajaba y lo observó mientras comía.
그는 그가 일하는 모습을 따라갔고, 그가 식사하는 모습을 지켜보았습니다.

Acompañaba a Thornton con sus mantas por la noche y lo salía cada mañana.

그는 밤에는 쏜튼이 담요를 뒤집어쓰고, 아침에는 그가 담요를 뒤집어쓰고 있는 것을 보았습니다.

Pero pronto el llamado del bosque regresó, más fuerte que nunca.

하지만 곧 숲의 부름이 예전보다 더 크게 돌아왔습니다.

Buck volvió a inquietarse, agitado por los pensamientos del lobo salvaje.

벅은 야생 늑대에 대한 생각에 다시 불안해졌습니다.

Recordó el terreno abierto y correr uno al lado del otro.

그는 넓은 땅과 나란히 달리는 것을 기억했습니다.

Comenzó a vagar por el bosque una vez más, solo y alerta.

그는 다시 한번 혼자서 정신을 차리고 숲속으로 들어가기 시작했습니다.

Pero el hermano salvaje no regresó y el aullido no se escuchó.

그러나 야생의 형제는 돌아오지 않았고, 울부짖음도 들리지 않았습니다.

Buck comenzó a dormir a la intemperie, manteniéndose alejado durante días.

벅은 밖에서 자기 시작했고, 며칠씩이나 밖에 나가지 않았습니다.

Una vez cruzó la alta divisoria donde había comenzado el arroyo.

그는 개울이 시작되는 높은 분수령을 건넜습니다.

Entró en la tierra de la madera oscura y de los arroyos anchos y fluidos.

그는 어두운 숲과 넓게 흐르는 개울이 있는 땅에 들어갔습니다.

Durante una semana vagó en busca de señales del hermano salvaje.

그는 일주일 동안 야생 형제의 흔적을 찾아 돌아다녔습니다.

Mataba su propia carne y viajaba con pasos largos e incansables.

그는 스스로 고기를 잡고, 지치지 않고 긴 걸음걸이로 여행을 했습니다.

Pescaba salmón en un ancho río que llegaba al mar.
그는 바다로 이어지는 넓은 강에서 연어를 낚았습니다.

Allí luchó y mató a un oso negro enloquecido por los insectos.
그곳에서 그는 벌레에 미쳐버린 검은곰과 싸워서 죽였습니다.

El oso estaba pescando y corrió ciegamente entre los árboles.
곰은 낚시를 하던 중 나무 사이로 눈을 감고 달려갔다.

La batalla fue feroz y despertó el profundo espíritu de lucha de Buck.
그 전투는 치열했고, 벅의 깊은 투지를 일깨웠습니다.

Dos días después, Buck regresó y encontró glotones en su presa.
이틀 후, 벅은 자신이 죽인 사냥감에 울버린이 있는 것을 발견했습니다.

Una docena de ellos se pelearon con furia y ruidosidad por la carne.
그들 중 12명이 고기를 놓고 시끄럽고 분노하며 싸웠다.

Buck cargó y los dispersó como hojas en el viento.
벅은 달려들어 바람에 날리는 나뭇잎처럼 그들을 흩어버렸다.

Dos lobos permanecieron atrás, silenciosos, sin vida e inmóviles para siempre.
두 마리의 늑대가 뒤에 남았습니다. 영원히 조용하고, 생명이 없고, 움직이지 않았습니다.

La sed de sangre se hizo más fuerte que nunca.
피에 대한 갈증은 그 어느 때보다 강해졌습니다.

Buck era un cazador, un asesino, que se alimentaba de criaturas vivas.
벅은 사냥꾼이자 살인자였으며, 살아있는 생물을 잡아먹었습니다.

Sobrevivió solo, confiando en su fuerza y sus sentidos agudos.
그는 자신의 힘과 예리한 감각에 의지해 혼자 살아남았습니다.

Prosperó en la naturaleza, donde sólo los más resistentes podían vivir.
그는 강인한 사람만이 살 수 있는 야생에서 잘 살았습니다.
A partir de esto, un gran orgullo surgió y llenó todo el ser de Buck.
그러자 큰 자부심이 솟아올라 벅의 온 존재를 가득 채웠다.
Su orgullo se reflejaba en cada uno de sus pasos, en el movimiento de cada músculo.
그의 자부심은 그의 모든 발걸음과 근육의 움직임에서 드러났습니다.
Su orgullo era tan claro como sus palabras, y se reflejaba en su manera de comportarse.
그의 자존심은 말에서처럼 분명했고, 그가 행동하는 방식에서도 드러났다.
Incluso su grueso pelaje parecía más majestuoso y brillaba más.
그의 두꺼운 털도 더욱 위엄 있어 보였고, 더욱 밝게 빛났다.
Buck podría haber sido confundido con un lobo gigante.
벅은 거대한 목재늑대로 오해받을 수도 있었습니다.
A excepción del color marrón en el hocico y las manchas sobre los ojos.
주둥이의 갈색과 눈 위의 반점을 제외하고요.
Y la raya blanca de pelo que corría por el centro de su pecho.
그리고 그의 가슴 중앙을 따라 흘러내리는 흰 털줄기.
Era incluso más grande que el lobo más grande de esa feroz raza.
그는 그 사나운 늑대 중에서도 가장 큰 늑대보다도 더 컸습니다.
Su padre, un San Bernardo, le dio tamaño y complexión robusta.
그의 아버지는 세인트 버나드 종으로, 그에게 크고 튼튼한 체구를 물려주었습니다.

Su madre, una pastora, moldeó esa masa hasta darle forma de lobo.
그의 어머니는 양치기였는데, 그 덩어리를 늑대 모양으로 만들었습니다.
Tenía el hocico largo de un lobo, aunque más pesado y ancho.
그는 늑대처럼 긴 주둥이를 가지고 있었지만, 늑대보다 무겁고 넓었습니다.
Su cabeza era la de un lobo, pero construida en una escala enorme y majestuosa.
그의 머리는 늑대의 머리였지만, 그 규모는 엄청나고 위엄이 넘쳤습니다.
La astucia de Buck era la astucia del lobo y de la naturaleza.
벅의 교활함은 늑대의 교활함과 야생의 교활함이었다.
Su inteligencia provenía tanto del pastor alemán como del san bernardo.
그의 지능은 저먼 셰퍼드와 세인트 버나드에게서 나왔습니다.
Todo esto, más la dura experiencia, lo convirtieron en una criatura temible.
이 모든 것과 혹독한 경험 때문에 그는 무서운 존재가 되었습니다.
Era tan formidable como cualquier bestia que vagaba por las tierras salvajes del norte.
그는 북부 황야를 돌아다니는 어떤 짐승보다도 강력했습니다.
Viviendo sólo de carne, Buck alcanzó el máximo nivel de su fuerza.
오직 고기만 먹고 사는 벅은 자신의 힘의 정점에 도달했습니다.
Rebosaba poder y fuerza masculina en cada fibra de él.
그는 온몸에 힘과 남성적 강인함이 넘쳐흘렀습니다.
Cuando Thornton le acarició la espalda, sus pelos brillaron con energía.
쏜튼이 그의 등을 쓰다듬자, 그의 털에서 에너지가 솟아올랐다.

Cada cabello crujió, cargado con el toque de un magnetismo vivo.
각각의 머리카락이 딱딱거렸고, 살아있는 자기력으로 충전된 듯했다.
Su cuerpo y su cerebro estaban afinados al máximo nivel posible.
그의 몸과 두뇌는 가능한 가장 좋은 음정으로 조정되었습니다.
Cada nervio, fibra y músculo trabajaba en perfecta armonía.
모든 신경, 섬유, 근육이 완벽한 조화를 이루며 작동했습니다.
Ante cualquier sonido o visión que requiriera acción, él respondía instantáneamente.
행동이 필요한 소리나 광경에 그는 즉시 반응했습니다.
Si un husky saltaba para atacar, Buck podía saltar el doble de rápido.
허스키가 공격하려고 뛰어들면, 벅은 두 배나 빨리 뛰어오를 수 있었습니다.
Reaccionó más rápido de lo que los demás pudieron verlo o escuchar.
그는 다른 사람들이 보거나 들을 수 있는 것보다 더 빠르게 반응했습니다.
La percepción, la decisión y la acción se produjeron en un momento fluido.
인식, 결정, 행동이 모두 한 순간에 이루어졌습니다.
En realidad, estos actos fueron separados, pero demasiado rápidos para notarlos.
사실, 이 두 가지 행위는 별개였지만 너무 빨리 진행되어 알아차리지 못했습니다.
Los intervalos entre estos actos fueron tan breves que parecían uno solo.
이 두 행위 사이의 간격이 너무 짧아서 마치 하나가 된 것처럼 보였습니다.
Sus músculos y su ser eran como resortes fuertemente enrollados.
그의 근육과 존재는 단단히 꼬인 스프링과 같았습니다.

Su cuerpo rebosaba de vida, salvaje y alegre en su poder.
그의 몸은 활력으로 솟구쳐 올랐고, 그 힘은 거칠고 즐거웠다.

A veces sentía como si la fuerza fuera a estallar fuera de él por completo.
때때로 그는 힘이 자신에게서 완전히 터져 나올 것 같은 느낌을 받았습니다.

"Nunca vi un perro así", dijo Thornton un día tranquilo.
"그런 개는 결코 없었어." 쏜튼은 어느 조용한 날 이렇게 말했다.

Los socios observaron a Buck alejarse orgullosamente del campamento.
두 사람은 벅이 캠프에서 당당하게 걸어나오는 모습을 지켜보았다.

"Cuando lo crearon, cambió lo que un perro puede ser", dijo Pete.
피트는 "그가 만들어졌을 때, 개가 될 수 있는 모습이 바뀌었어요."라고 말했습니다.

—¡Por Dios! Yo también lo creo —respondió Hans rápidamente.
"맙소사! 나도 그렇게 생각해." 한스가 재빨리 동의했다.

Lo vieron marcharse, pero no el cambio que vino después.
그들은 그가 행진하는 모습은 보았지만, 그 후에 일어난 변화는 보지 못했습니다.

Tan pronto como entró en el bosque, Buck se transformó por completo.
숲에 들어서자마자 벅은 완전히 변했습니다.

Ya no marchaba, sino que se movía como un fantasma salvaje entre los árboles.
그는 더 이상 행진하지 않고, 나무 사이를 야생 유령처럼 움직였다.

Se quedó en silencio, con pasos de gato, un destello que pasaba entre las sombras.
그는 조용해졌고, 고양이발처럼 움직이며 그림자 속으로 스쳐 지나가는 깜빡임이 되었다.

Utilizó la cubierta con habilidad, arrastrándose sobre su vientre como una serpiente.
그는 능숙하게 엄폐물을 사용했고, 뱀처럼 배를 기어다녔습니다.

Y como una serpiente, podía saltar hacia adelante y atacar en silencio.
그리고 뱀처럼 그는 앞으로 뛰어올라 소리 없이 공격할 수 있었습니다.

Podría robar una perdiz nival directamente de su nido escondido.
그는 숨겨진 둥지에서 뇌조를 바로 훔칠 수도 있었습니다.

Mató conejos dormidos sin hacer un solo sonido.
그는 잠자는 토끼들을 소리 하나 내지 않고 죽였습니다.

Podía atrapar ardillas en el aire cuando huían demasiado lentamente.
그는 다람쥐들이 너무 느리게 도망가기 때문에 공중에서 그들을 잡을 수 있었습니다.

Ni siquiera los peces en los estanques podían escapar de sus ataques repentinos.
심지어 연못 속의 물고기조차도 그의 갑작스러운 공격을 피할 수 없었다.

Ni siquiera los castores más inteligentes que arreglaban presas estaban a salvo de él.
댐을 고치는 똑똑한 비버조차도 그에게서 안전하지 못했습니다.

Él mataba por comida, no por diversión, pero prefería matar a sus propias víctimas.
그는 재미로가 아니라 음식을 위해 살인을 저질렀지만, 자신이 죽인 것이 가장 좋았다.

Aun así, un humor astuto impregnaba algunas de sus cacerías silenciosas.
그럼에도 불구하고 그의 조용한 사냥에는 교활한 유머가 흐르고 있었습니다.

Se acercó sigilosamente a las ardillas, pero las dejó escapar.

그는 다람쥐에게 가까이 다가갔지만 다람쥐가
도망가도록 내버려 두었습니다.

Iban a huir hacia los árboles, parloteando con terrible indignación.
그들은 두려움과 분노에 찬 소리를 지르며 나무 위로 도망갈 참이었다.

A medida que llegaba el otoño, los alces comenzaron a aparecer en mayor número.
가을이 오면서 무스가 더 많이 나타나기 시작했습니다.

Avanzaron lentamente hacia los valles bajos para encontrarse con el invierno.
그들은 겨울을 맞이하기 위해 천천히 낮은 계곡으로 이동했습니다.

Buck ya había derribado a un ternero joven y perdido.
벅은 이미 어린 길 잃은 송아지 한 마리를 잡아왔다.

Pero anhelaba enfrentarse a presas más grandes y peligrosas.
하지만 그는 더 크고 더 위험한 먹잇감에 맞서고 싶어했습니다.

Un día, en la divisoria, a la altura del nacimiento del arroyo, encontró su oportunidad.
어느 날 분수령에서, 개울의 상류에서 그는 기회를 찾았습니다.

Una manada de veinte alces había cruzado desde tierras boscosas.
20마리의 무스 무리가 숲에서 건너왔습니다.

Entre ellos había un poderoso toro; el líder del grupo.
그들 중에는 힘센 황소가 있었는데, 그는 그 무리의 리더였다.

El toro medía más de seis pies de alto y parecía feroz y salvaje.
그 황소는 키가 6피트가 넘었고 사납고 거칠어 보였습니다.

Lanzó sus anchas astas, con catorce puntas ramificándose hacia afuera.
그는 넓은 뿔을 흔들었고, 뿔의 14개가 바깥쪽으로 갈라졌습니다.

Las puntas de esas astas se extendían siete pies de ancho.
뿔의 끝은 너비가 7피트나 되었습니다.
Sus pequeños ojos ardieron de rabia cuando vio a Buck cerca.
그는 근처에 벅이 있는 것을 보고 작은 눈으로 분노를 표했다.
Soltó un rugido furioso, temblando de furia y dolor.
그는 격노와 고통으로 떨면서 맹렬한 포효를 터뜨렸다.
Una punta de flecha sobresalía cerca de su flanco, emplumada y afilada.
그의 옆구리 근처에는 깃털이 돋아 있고 날카로운 화살촉이 튀어나와 있었다.
Esta herida ayudó a explicar su humor salvaje y amargado.
이 상처는 그의 사나운, 씁쓸한 기분을 설명하는 데 도움이 되었습니다.
Buck, guiado por su antiguo instinto de caza, hizo su movimiento.
벅은 고대의 사냥 본능에 따라 움직였다.
Su objetivo era separar al toro del resto de la manada.
그는 황소를 무리의 나머지 부분에서 분리하는 것을 목표로 삼았습니다.
No fue una tarea fácil: requirió velocidad y una astucia feroz.
이것은 쉬운 일이 아니었습니다. 빠른 속도와 엄청난 재치가 필요했습니다.
Ladró y bailó cerca del toro, fuera de su alcance.
그는 황소 근처로 짖으며 춤을 추었지만, 황소의 사정거리 바로 바깥에 있었습니다.
El alce atacó con enormes pezuñas y astas mortales.
무스는 거대한 발굽과 치명적인 뿔로 달려들었다.
Un golpe podría haber acabado con la vida de Buck en un instante.
한 번의 타격만으로도 벅의 생명은 눈 깜짝할 새에 끝날 수 있었습니다.
Incapaz de dejar atrás la amenaza, el toro se volvió loco.
위협에서 벗어날 수 없었던 황소는 미쳐버렸다.
Él cargó con furia, pero Buck siempre se le escapaba.

그는 격노하여 돌격했지만 벅은 언제나 도망쳤다.
Buck fingió debilidad, lo que lo alejó aún más de la manada.
벅은 약한 척하며 무리에서 멀어졌습니다.

Pero los toros jóvenes estaban a punto de atacar para proteger al líder.
하지만 어린 황소들은 지도자를 보호하기 위해 돌격해 왔습니다.

Obligaron a Buck a retirarse y al toro a reincorporarse al grupo.
그들은 벅을 후퇴하게 했고 황소는 무리에 다시 합류했습니다.

Hay una paciencia en lo salvaje, profunda e imparable.
자연에는 깊고 멈출 수 없는 인내심이 있습니다.

Una araña espera inmóvil en su red durante incontables horas.
거미는 수없이 많은 시간 동안 거미줄 속에서 움직이지 않고 기다린다.

Una serpiente se enrosca sin moverse y espera hasta que llega el momento.
뱀은 꿈틀거리지 않고 똬리를 틀며 때가 될 때까지 기다린다.

Una pantera acecha hasta que llega el momento.
표범은 매복 공격을 하지만, 때가 되면 매복 공격을 합니다.

Ésta es la paciencia de los depredadores que cazan para sobrevivir.
이것이 살아남기 위해 사냥하는 포식자의 인내심입니다.

Esa misma paciencia ardía dentro de Buck mientras se quedaba cerca.
벅은 가까이 머물면서 그와 같은 인내심을 불태웠다.

Se quedó cerca de la manada, frenando su marcha y sembrando el miedo.
그는 무리 근처에 머물며 무리의 행진을 늦추고 두려움을 조장했습니다.

Provocaba a los toros jóvenes y acosaba a las vacas madres.
그는 어린 황소들을 놀리고, 어미 암소들을 괴롭혔다.

Empujó al toro herido hacia una rabia más profunda e impotente.
그는 상처 입은 황소를 더욱 깊고 무력한 분노 속으로 몰아넣었다.
Durante medio día, la lucha se prolongó sin descanso alguno.
반나절 동안 싸움은 쉬지 않고 계속되었습니다.
Buck atacó desde todos los ángulos, rápido y feroz como el viento.
벅은 모든 각도에서 바람처럼 빠르고 맹렬하게 공격했다.
Impidió que el toro descansara o se escondiera con su manada.
그는 황소가 쉬거나 무리 속에 숨는 것을 막았습니다.
Buck desgastó la voluntad del alce más rápido que su cuerpo.
벅은 무스의 몸보다 더 빨리 무스의 의지를 꺾어버렸다.
El día transcurrió y el sol se hundió en el cielo del noroeste.
하루가 지나고 태양이 북서쪽 하늘에 낮게 졌습니다.
Los toros jóvenes regresaron más lentamente para ayudar a su líder.
어린 황소들은 지도자를 돕기 위해 더 천천히 돌아왔습니다.
Las noches de otoño habían regresado y la oscuridad ahora duraba seis horas.
가을밤이 돌아왔고, 어둠은 이제 여섯 시간 동안 지속되었습니다.
El invierno los estaba empujando cuesta abajo hacia valles más seguros y cálidos.
겨울은 그들을 더 안전하고 따뜻한 계곡으로 내리막길로 몰아넣었습니다.
Pero aún así no pudieron escapar del cazador que los retenía.
하지만 그들은 여전히 그들을 붙잡고 있는 사냥꾼에게서 벗어날 수 없었습니다.
Sólo una vida estaba en juego: no la de la manada, sino la de su líder.

위험에 처한 것은 단 한 명의 목숨뿐이었다. 무리의 목숨이 아니라, 그들의 지도자의 목숨이었다.
Eso hizo que la amenaza fuera distante y no su preocupación urgente.
그래서 그들은 위협을 멀리하는 것으로 여겼고, 그 위협을 시급한 문제로 여기지 않았습니다.
Con el tiempo, aceptaron ese coste y dejaron que Buck se llevara al viejo toro.
시간이 지나면서 그들은 이 비용을 받아들이고 벅이 늙은 황소를 맡게 했습니다.
Al caer la tarde, el viejo toro permanecía con la cabeza gacha.
황혼이 깃들자 늙은 황소는 머리를 숙인 채 서 있었습니다.
Observó cómo la manada que había guiado se desvanecía en la luz que se desvanecía.
그는 자신이 이끌던 무리가 희미해지는 빛 속으로 사라지는 것을 지켜보았습니다.
Había vacas que había conocido, terneros que una vez había engendrado.
그가 아는 소도 있었고, 한때 낳은 송아지도 있었습니다.
Había toros más jóvenes con los que había luchado y gobernado en temporadas pasadas.
그는 지난 시즌에 더 어린 황소들과 싸워서 다스렸습니다.
No pudo seguirlos, pues frente a él estaba agazapado nuevamente Buck.
그는 그들을 따라갈 수 없었다. 그의 앞에는 벅이 다시 웅크리고 있었기 때문이다.
El terror despiadado con colmillos bloqueó cualquier camino que pudiera tomar.
무자비한 송곳니를 가진 공포가 그가 갈 수 있는 모든 길을 막았습니다.
El toro pesaba más de trescientos kilos de densa potencia.
그 황소는 300파운드 이상의 무거운 힘을 가지고 있었습니다.

Había vivido mucho tiempo y luchado con ahínco en un mundo de luchas.
그는 오랫동안 살았고, 투쟁의 세상에서 힘겹게 싸웠습니다.
Pero ahora, al final, la muerte vino de una bestia muy inferior a él.
하지만 이제, 마지막에 이르러 죽음은 그의 훨씬 아래에 있는 짐승에게서 왔습니다.
La cabeza de Buck ni siquiera llegó a alcanzar las enormes rodillas del toro.
벅의 머리는 황소의 거대한 무릎에도 미치지 못했습니다.
A partir de ese momento, Buck permaneció con el toro noche y día.
그 순간부터 벅은 밤낮으로 황소와 함께 지냈습니다.
Nunca le dio descanso, nunca le permitió pastar ni beber.
그는 그에게 결코 휴식을 주지 않았고, 방목하거나 물을 마시는 것도 허락하지 않았습니다.
El toro intentó comer brotes tiernos de abedul y hojas de sauce.
황소는 어린 자작나무 새순과 버드나무 잎을 먹으려고 했습니다.
Pero Buck lo ahuyentó, siempre alerta y siempre atacando.
하지만 벅은 그를 몰아냈고, 항상 경계하며 항상 공격했습니다.
Incluso ante arroyos que goteaban, Buck bloqueó cada intento de sed.
심지어 졸졸 흐르는 시냇물에서도 벅은 목마른 사람들의 모든 시도를 막았습니다.
A veces, desesperado, el toro huía a toda velocidad.
때로는 절망에 빠진 황소는 전속력으로 도망치기도 했습니다.
Buck lo dejó correr, trotando tranquilamente detrás, nunca muy lejos.
벅은 그가 달리도록 내버려 두었고, 그의 바로 뒤에서 침착하게 달렸으며, 결코 멀리 떨어지지 않았습니다.

Cuando el alce se detuvo, Buck se acostó, pero se mantuvo listo.
무스가 멈추자 벅은 누워 있었지만 준비를 갖추고 있었습니다.

Si el toro intentaba comer o beber, Buck atacaba con toda furia.
황소가 먹거나 마시려고 하면 벅은 맹렬한 분노로 공격했습니다.

La gran cabeza del toro se hundió aún más bajo sus enormes astas.
황소의 커다란 머리는 거대한 뿔 아래로 처져 있었습니다.

Su paso se hizo más lento, el trote se hizo pesado, un paso tambaleante.
그의 걸음은 느려졌고, 질주는 무거워졌다. 비틀거리는 걸음걸이였다.

A menudo se quedaba quieto con las orejas caídas y la nariz pegada al suelo.
그는 종종 귀를 늘어뜨리고 코를 땅에 대고 서 있었습니다.

Durante esos momentos, Buck se tomó tiempo para beber y descansar.
그 시간 동안 벅은 술을 마시고 휴식을 취했습니다.

Con la lengua afuera y los ojos fijos, Buck sintió que la tierra estaba cambiando.
혀를 내밀고 눈을 고정한 채, 벅은 땅이 변하고 있음을 느꼈다.

Sintió algo nuevo moviéndose a través del bosque y el cielo.
그는 숲과 하늘을 가로질러 새로운 무언가가 움직이는 것을 느꼈습니다.

A medida que los alces regresaban, también lo hacían otras criaturas salvajes.
무스가 돌아오자 다른 야생 동물들도 돌아왔습니다.

La tierra se sentía viva, con presencia, invisible pero fuertemente conocida.

그 땅은 눈에 보이지 않지만 뚜렷하게 알려진
존재감으로 살아 있는 듯했다.

No fue por el sonido, ni por la vista, ni por el olfato que Buck supo esto.
벅은 소리나 시각이나 후각으로 그것을 알지
못했습니다.

Un sentimiento más profundo le decía que nuevas fuerzas estaban en movimiento.
더 깊은 감각은 새로운 세력이 움직이고 있다고 그에게
말했습니다.

Una vida extraña se agitaba en los bosques y a lo largo de los arroyos.
숲과 개울을 따라 이상한 생명이 움직였다.

Decidió explorar este espíritu, después de que la caza se completara.
그는 사냥이 끝난 후 이 영혼을 탐구하기로
결심했습니다.

Al cuarto día, Buck finalmente logró derribar al alce.
네 번째 날, 벅은 마침내 무스를 내려왔습니다.

Se quedó junto a la presa durante un día y una noche enteros, alimentándose y descansando.
그는 하루 종일 밤새도록 사냥한 사슴 곁에 머물며
먹이를 먹고 쉬었습니다.

Comió, luego durmió, luego volvió a comer, hasta que estuvo fuerte y lleno.
그는 먹고, 자고, 다시 먹었는데, 그렇게 몸이 튼튼하고
배부르게 되었다.

Cuando estuvo listo, regresó hacia el campamento y Thornton.
준비가 되자 그는 캠프와 손튼 쪽으로 돌아섰습니다.

Con ritmo constante, inició el largo viaje de regreso a casa.
그는 꾸준한 속도로 집으로 돌아가는 긴 여정을
시작했습니다.

Corría con su incansable galope, hora tras hora, sin desviarse jamás.

그는 지칠 줄 모르고 몇 시간이고 달렸으며, 한 번도 길을 잃지 않았습니다.

A través de tierras desconocidas, se movió recto como la aguja de una brújula.

그는 알려지지 않은 땅을 나침반 바늘처럼 똑바로 나아갔다.

Su sentido de la orientación hacía que el hombre y el mapa parecieran débiles en comparación.

그의 방향 감각은 인간과 지도를 비교하면 약해 보였다.

A medida que Buck corría, sentía con más fuerza la agitación en la tierra salvaje.

벅은 달릴수록 황야지대에서 더 강한 움직임을 느꼈다.

Era un nuevo tipo de vida, diferente a la de los tranquilos meses de verano.

그것은 고요한 여름철의 삶과는 다른 새로운 종류의 삶이었습니다.

Este sentimiento ya no llegaba como un mensaje sutil o distante.

이런 느낌은 더 이상 미묘하거나 멀리서 전해지는 메시지가 아니었습니다.

Ahora los pájaros hablaban de esta vida y las ardillas parloteaban sobre ella.

이제 새들은 이 삶에 대해 이야기했고 다람쥐들은 이 삶에 대해 지저귀었습니다.

Incluso la brisa susurraba advertencias a través de los árboles silenciosos.

심지어 바람조차도 조용한 나무들 사이로 경고를 속삭였다.

Varias veces se detuvo y olió el aire fresco de la mañana.

그는 여러 번 멈춰서서 신선한 아침 공기를 맡았습니다.

Allí leyó un mensaje que le hizo avanzar más rápido.

그는 거기에서 자신을 더 빨리 앞으로 뛰게 만드는 메시지를 읽었습니다.

Una fuerte sensación de peligro lo llenó, como si algo hubiera salido mal.

마치 무슨 일이 잘못된 것처럼, 무거운 위험감이 그를 가득 채웠다.

Temía que se avecinara una calamidad, o que ya hubiera ocurrido.
그는 재앙이 다가오고 있다거나 이미 다가왔다고 두려워했습니다.

Cruzó la última cresta y entró en el valle de abajo.
그는 마지막 능선을 넘어 아래 계곡으로 들어갔다.

Se movió más lentamente, alerta y cauteloso con cada paso.
그는 더욱 천천히, 경계하며 조심스럽게 매 걸음을 옮겼다.

A tres millas de distancia encontró un nuevo rastro que lo hizo ponerse rígido.
3마일을 나간 뒤 그는 몸을 굳게 만드는 새로운 길을 발견했습니다.

El cabello de su cuello se onduló y se erizó en señal de alarma.
그의 목덜미의 머리카락이 놀라움으로 훌날리고 곤두섰다.

El sendero conducía directamente al campamento donde Thornton esperaba.
그 길은 쏜튼이 기다리고 있던 캠프를 향해 곧장 이어졌습니다.

Buck se movió más rápido ahora, su paso era silencioso y rápido.
벅은 이제 더 빨리 움직였다. 그의 걸음걸이는 조용하면서도 빨랐다.

Sus nervios se tensaron al leer señales que otros no verían.
그는 다른 사람들이 놓칠 징조를 읽으며 긴장감을 느꼈다.

Cada detalle del recorrido contaba una historia, excepto la pieza final.
트레일의 각 세부 사항은 이야기를 담고 있었습니다. 마지막 부분을 제외하고요.

Su nariz le contaba sobre la vida que había transcurrido por allí.

그의 코는 그에게 이 길을 지나간 삶에 대해 말해주었다.
El olor le dio una imagen cambiante mientras lo seguía de cerca.
그가 바로 뒤따르자 향기가 그에게 변화하는 그림을 선사했다.
Pero el bosque mismo había quedado en silencio; anormalmente quieto.
하지만 숲 자체는 고요해졌습니다. 부자연스러울 정도로 고요해졌습니다.
Los pájaros habían desaparecido, las ardillas estaban escondidas, silenciosas y quietas.
새들은 사라지고 다람쥐들은 숨어서 조용하고 고요했습니다.
Sólo vio una ardilla gris, tumbada sobre un árbol muerto.
그는 죽은 나무 위에 납작하게 앉아 있는 회색 다람쥐 한 마리만 보았습니다.
La ardilla se mimetizó, rígida e inmóvil como una parte del bosque.
다람쥐는 숲의 일부처럼 뻣뻣하고 움직이지 않고 섞여 있었습니다.
Buck se movía como una sombra, silencioso y seguro entre los árboles.
벅은 그림자처럼 움직이며, 나무 사이로 조용하고 확실하게 움직였다.
Su nariz se movió hacia un lado como si una mano invisible la tirara.
그의 코는 보이지 않는 손에 잡아당겨진 듯 옆으로 움직였다.
Se giró y siguió el nuevo olor hasta lo profundo de un matorral.
그는 돌아서서 새로운 향기를 따라 덤불 깊숙이 들어갔다.
Allí encontró a Nig, que yacía muerto, atravesado por una flecha.
그는 그곳에서 니그가 화살에 찔려 죽은 채로 누워 있는 것을 발견했습니다.

La flecha atravesó su cuerpo y aún se le veían las plumas.
화살은 그의 몸을 꿰뚫었고, 깃털은 여전히 보였다.
Nig se arrastró hasta allí, pero murió antes de llegar para recibir ayuda.
니그는 그곳까지 기어갔지만 도움을 받기 전에 죽었습니다.
Cien metros más adelante, Buck encontró otro perro de trineo.
100야드 더 가서 벅은 또 다른 썰매개를 발견했습니다.
Era un perro que Thornton había comprado en Dawson City.
그 개는 쏜튼이 도슨 시티에서 사온 개였습니다.
El perro se encontraba en una lucha a muerte, agitándose con fuerza en el camino.
그 개는 죽음의 싸움을 벌이고 있었고, 길에서 심하게 몸부림치고 있었습니다.
Buck pasó a su alrededor, sin detenerse, con los ojos fijos hacia adelante.
벅은 멈추지 않고 그의 주위를 돌아다녔고, 시선은 앞을 응시했다.
Desde la dirección del campamento llegaba un canto distante y rítmico.
캠프 방향에서 멀리서 리드미컬한 노래가 들려왔다.
Las voces subían y bajaban en un tono extraño, inquietante y cantarín.
목소리가 이상하고, 섬뜩하고, 노래하듯이 오르락내리락했다.
Buck se arrastró hacia el borde del claro en silencio.
벅은 아무 말 없이 개간지 가장자리로 기어갔다.
Allí vio a Hans tendido boca abajo, atravesado por muchas flechas.
그는 한스가 얼굴을 아래로 하고 누워 있는 것을 보았는데, 그의 몸에는 수많은 화살이 박혀 있었다.
Su cuerpo parecía el de un puercoespín, erizado de plumas.
그의 몸은 깃털이 난 털이 빽빽이 난 고슴도치처럼 생겼습니다.

En ese mismo momento, Buck miró hacia la cabaña en ruinas.
동시에 벅은 파괴된 롯지를 바라보았다.
La visión hizo que se le erizara el pelo de la nuca y de los hombros.
그 광경을 보자 그의 목과 어깨에는 소름이 돋았다.
Una tormenta de furia salvaje recorrió todo el cuerpo de Buck.
격렬한 분노의 폭풍이 벅의 온 몸을 휩쓸었다.
Gruñó en voz alta, aunque no sabía que lo había hecho.
그는 자신이 그렇게 했다는 것을 알지 못한 채 큰 소리로 으르렁거렸다.
El sonido era crudo, lleno de furia aterradora y salvaje.
그 소리는 날카로웠고, 무섭고 야만적인 분노로 가득 차 있었습니다.
Por última vez en su vida, Buck perdió la razón ante la emoción.
벅은 인생에서 마지막으로 이성을 잃고 감정을 잃었습니다.
Fue el amor por John Thornton lo que rompió su cuidadoso control.
존 손튼에 대한 사랑으로 인해 그의 신중한 통제가 깨졌습니다.
Los Yeehats estaban bailando alrededor de la cabaña de abetos en ruinas.
예하트 가족은 파괴된 가문비나무 오두막 주위에서 춤을 추고 있었습니다.
Entonces se escuchó un rugido y una bestia desconocida cargó hacia ellos.
그러자 포효하는 소리가 들렸고, 알 수 없는 짐승이 그들을 향해 달려들었습니다.
Era Buck; una furia en movimiento; una tormenta viviente de venganza.
그것은 벅이었다. 움직이는 분노, 복수의 살아있는 폭풍이었다.
Se arrojó en medio de ellos, loco por la necesidad de matar.

그는 살인의 욕구에 미쳐 그들 한가운데로 달려들었다.
Saltó hacia el primer hombre, el jefe Yeehat, y acertó.
그는 첫 번째 남자, 예하트 족장에게 달려들어 정확히 공격했습니다.
Su garganta fue desgarrada y la sangre brotó a chorros.
그의 목이 찢어지고 피가 물줄기로 뿜어져 나왔다.
Buck no se detuvo, sino que desgarró la garganta del siguiente hombre de un salto.
벅은 멈추지 않고 단번에 다음 남자의 목을 찢어버렸습니다.
Era imparable: desgarraba, cortaba y nunca se detenía a descansar.
그는 멈출 수 없었습니다. 찢고, 베고, 쉬는 틈도 없이 계속했습니다.
Se lanzó y saltó tan rápido que sus flechas no pudieron tocarlo.
그는 너무 빨리 달려가서 화살이 그를 맞힐 수 없었습니다.
Los Yeehats estaban atrapados en su propio pánico y confusión.
예하트 가족은 그들만의 공황과 혼란에 빠졌습니다.
Sus flechas no alcanzaron a Buck y se alcanzaron entre sí.
그들의 화살은 벅을 빗나가고 대신 서로를 맞혔습니다.
Un joven le lanzó una lanza a Buck y golpeó a otro hombre.
한 청년이 벅에게 창을 던져 다른 남자를 맞혔습니다.
La lanza le atravesó el pecho y la punta le atravesó la espalda.
창은 그의 가슴을 꿰뚫었고, 창끝은 그의 등을 찔렀다.
El terror se apoderó de los Yeehats y se retiraron por completo.
예하트족은 공포에 휩싸여 전속력으로 퇴각했다.
Gritaron al Espíritu Maligno y huyeron hacia las sombras del bosque.
그들은 악령을 비명을 지르며 숲의 그림자 속으로 도망쳤습니다.

En verdad, Buck era como un demonio mientras perseguía a los Yeehats.
정말로 벅은 예하츠를 쫓아가는 동안 악마와 같았습니다.
Él los persiguió a través del bosque, derribándolos como si fueran ciervos.
그는 숲을 뚫고 그들을 쫓아갔고, 그들을 사슴처럼 쓰러뜨렸습니다.
Se convirtió en un día de destino y terror para los asustados Yeehats.
두려움에 떨던 예하트족에게는 그날이 운명과 공포의 날이 되었다.
Se dispersaron por toda la tierra, huyendo lejos en todas direcciones.
그들은 땅 곳곳에 흩어져서 모든 방향으로 멀리 도망쳤습니다.
Pasó una semana entera antes de que los últimos supervivientes se reunieran en un valle.
마지막 생존자들이 계곡에 모이기까지 꼬박 일주일이 걸렸습니다.
Sólo entonces contaron sus pérdidas y hablaron de lo sucedido.
그제서야 그들은 손실을 계산하고 무슨 일이 일어났는지 이야기합니다.
Buck, después de cansarse de la persecución, regresó al campamento en ruinas.
벅은 추격에 지친 후 폐허가 된 캠프로 돌아갔다.
Encontró a Pete, todavía en sus mantas, muerto en el primer ataque.
그는 첫 번째 공격에서 사망한 피트가 담요를 두른 채 있는 것을 발견했습니다.
Las señales de la última lucha de Thornton estaban marcadas en la tierra cercana.
근처 흙에는 쏜튼의 마지막 투쟁의 흔적이 남아 있었습니다.

Buck siguió cada rastro, olfateando cada marca hasta un punto final.
벅은 모든 흔적을 따라가며 각각의 흔적을 마지막 지점까지 냄새 맡았다.
En el borde de un estanque profundo, encontró al fiel Skeet, tumbado inmóvil.
그는 깊은 웅덩이의 가장자리에서 충실한 스키트가 움직이지 않고 누워 있는 것을 발견했습니다.
La cabeza y las patas delanteras de Skeet estaban en el agua, inmóviles por la muerte.
스키트의 머리와 앞발은 물속에 잠겨 있었고, 죽은 듯 움직이지 않았습니다.
La piscina estaba fangosa y contaminada por el agua que salía de las compuertas.
수영장은 진흙투성이였고 수문 상자에서 흘러나온 물로 더러워져 있었습니다.
Su superficie nublada ocultaba lo que había debajo, pero Buck sabía la verdad.
구름이 낀 표면은 그 아래에 무엇이 있는지 숨기고 있었지만, 벅은 진실을 알고 있었습니다.
Siguió el rastro del olor de Thornton hasta la piscina, pero el olor no lo condujo a ningún otro lugar.
그는 쏜튼의 냄새를 수영장까지 따라갔다. 하지만 그 냄새는 다른 곳으로 이어지지 않았다.
No había ningún olor que indicara que salía, solo el silencio de las aguas profundas.
밖으로는 아무런 향기도 나지 않았다. 오직 깊은 물의 고요함만이 느껴졌다.
Buck permaneció todo el día cerca de la piscina, paseando de un lado a otro del campamento con tristeza.
벅은 하루종일 수영장 근처에 머물며 슬픔에 잠겨 캠프 안을 왔다 갔다 했습니다.
Vagaba inquieto o permanecía sentado en silencio, perdido en pesados pensamientos.
그는 불안하게 방황하거나, 고요히 앉아 깊은 생각에 잠겼습니다.

Él conocía la muerte; el fin de la vida; la desaparición de todo movimiento.

그는 죽음을 알았습니다. 삶의 끝, 모든 움직임의 소멸을 알았습니다.

Comprendió que John Thornton se había ido y que nunca regresaría.

그는 존 손튼이 떠났고 다시는 돌아오지 않을 것이라는 걸 알았습니다.

La pérdida dejó en él un vacío que palpitaba como el hambre.

그 상실은 그에게 굶주림처럼 뛰는 공허한 공간을 남겼습니다.

Pero ésta era un hambre que la comida no podía calmar, por mucho que comiera.

하지만 아무리 많이 먹어도 배고픔은 해소되지 않았습니다.

A veces, mientras miraba a los Yeehats muertos, el dolor se desvanecía.

때때로 그는 죽은 예하트들을 바라보면서 고통이 사라졌습니다.

Y entonces un orgullo extraño surgió dentro de él, feroz y completo.

그러자 그의 안에서 이상하고도 강렬한 자부심이 솟아올랐습니다.

Había matado al hombre, la presa más alta y peligrosa de todas.

그는 인간을 죽였습니다. 인간이란 모든 게임 중에서도 가장 고귀하고 위험한 게임입니다.

Había matado desafiando la antigua ley del garrote y el colmillo.

그는 몽둥이와 송곳니라는 고대의 법을 어기고 살인을 저질렀습니다.

Buck olió sus cuerpos sin vida, curioso y pensativo.

벅은 호기심과 생각에 잠겨 그들의 생명 없는 몸을 냄새 맡았다.

Habían muerto con tanta facilidad, mucho más fácil que un husky en una pelea.
그들은 너무 쉽게 죽었어요. 싸움 속의 허스키보다 훨씬 쉽게요.
Sin sus armas, no tenían verdadera fuerza ni representaban una amenaza.
무기가 없다면 그들에게는 진정한 힘도 위협도 없습니다.
Buck nunca volvería a temerles, a menos que estuvieran armados.
벅은 그들이 무장하지 않는 한 다시는 그들을 두려워하지 않을 것이다.
Sólo tenía cuidado cuando llevaban garrotes, lanzas o flechas.
오직 그들이 곤봉이나 창, 화살을 휴대하고 있을 때만 조심했다.

Cayó la noche y la luna llena se elevó por encima de las copas de los árboles.
밤이 되었고, 나무 꼭대기 위로 보름달이 높이 떠올랐습니다.
La pálida luz de la luna bañaba la tierra con un resplandor suave y fantasmal, como el del día.
달빛의 희미한 빛이 땅을 낮처럼 부드럽고 희미한 빛으로 물들였다.
A medida que la noche avanzaba, Buck seguía de luto junto al estanque silencioso.
밤이 깊어갈수록, 벅은 여전히 조용한 웅덩이 옆에서 애도하고 있었습니다.
Entonces se dio cuenta de que había un movimiento diferente en el bosque.
그때 그는 숲 속에서 다른 움직임이 일어나는 것을 느꼈습니다.
El movimiento no provenía de los Yeehats, sino de algo más antiguo y más profundo.

그 감동은 예하츠 에서 나온 것이 아니라, 더 오래되고 더 깊은 곳에서 나온 것이었습니다.

Se puso de pie, con las orejas levantadas y la nariz palpando la brisa con cuidado.
그는 일어서서 귀를 치켜들고, 코를 대고 조심스럽게 바람을 살펴보았다.

Desde lejos llegó un grito débil y agudo que rompió el silencio.
멀리서 조용함을 깨고 희미하고 날카로운 비명소리가 들려왔다.

Luego, un coro de gritos similares siguió de cerca al primero.
그러자 첫 번째 소리 바로 뒤에 비슷한 함성의 합창이 이어졌습니다.

El sonido se acercaba cada vez más y se hacía más fuerte a cada momento que pasaba.
소리는 점점 가까워졌고, 지날수록 소리는 점점 더 커졌습니다.

Buck conocía ese grito: venía de ese otro mundo en su memoria.
벅은 이 외침을 알고 있었다. 그것은 그의 기억 속 다른 세계에서 들려오는 소리였다.

Caminó hasta el centro del espacio abierto y escuchó atentamente.
그는 열린 공간의 중앙으로 걸어가서 귀를 기울여 들었습니다.

El llamado resonó, múltiple y más poderoso que nunca.
그 부름은 많은 이의 주목을 끌었고 그 어느 때보다 더 강력했습니다.

Y ahora, más que nunca, Buck estaba listo para responder a su llamado.
그리고 지금, 그 어느 때보다도 벅은 자신의 소명에 응답할 준비가 되었습니다.

John Thornton había muerto y ya no tenía ningún vínculo con el hombre.
존 손튼은 죽었고, 그에게는 인간과의 유대감이 더 이상 남아 있지 않았습니다.

El hombre y todos sus derechos humanos habían desaparecido: él era libre por fin.
인간과 인간에 대한 모든 주장은 사라졌습니다. 마침내 그는 자유로워졌습니다.
La manada de lobos estaba persiguiendo carne como lo hicieron alguna vez los Yeehats.
늑대 무리는 예하트족이 그랬던 것처럼 고기를 쫓고 있었습니다.
Habían seguido a los alces desde las tierras boscosas.
그들은 숲이 우거진 땅에서 무스를 따라 내려왔습니다.
Ahora, salvajes y hambrientos de presa, cruzaron hacia su valle.
이제 그들은 야성적이고 먹이를 갈망하며 그의 계곡으로 들어갔습니다.
Llegaron al claro iluminado por la luna, fluyendo como agua plateada.
그들은 달빛이 비치는 개간지로 은빛 물처럼 흘러 들어왔습니다.
Buck permaneció quieto en el centro, inmóvil y esperándolos.
벅은 중앙에 서서 움직이지 않고 그들을 기다렸다.
Su tranquila y gran presencia dejó a la manada en un breve silencio.
그의 차분하고 큰 존재감에 무리는 잠시 침묵에 잠겼다.
Entonces el lobo más atrevido saltó hacia él sin dudarlo.
그러자 가장 대담한 늑대가 주저하지 않고 그에게 달려들었다.
Buck atacó rápidamente y rompió el cuello del lobo de un solo golpe.
벅은 재빠르게 공격해 단 한 번의 타격으로 늑대의 목을 부러뜨렸다.
Se quedó inmóvil nuevamente mientras el lobo moribundo se retorcía detrás de él.
죽어가는 늑대가 그의 뒤로 몸을 비틀자 그는 다시 움직이지 않고 서 있었다.
Tres lobos más atacaron rápidamente, uno tras otro.

세 마리의 늑대가 잇따라 재빨리 공격해 왔습니다.
Todos retrocedieron sangrando, con la garganta o los hombros destrozados.
그들은 모두 피를 흘리며 물러섰고, 목이나 어깨가 베였다.
Eso fue suficiente para que toda la manada se lanzara a una carga salvaje.
그것은 무리 전체를 흥분하게 만들기에 충분했습니다.
Se precipitaron juntos, demasiado ansiosos y apiñados para golpear bien.
그들은 너무 열의에 차서 몰려들었고, 군중이 너무 많아서 제대로 공격할 수가 없었다.
La velocidad y habilidad de Buck le permitieron mantenerse por delante del ataque.
벅의 빠른 속도와 기술 덕분에 그는 공격보다 앞서 나갈 수 있었습니다.
Giró sobre sus patas traseras, chasqueando y golpeando en todas direcciones.
그는 뒷다리를 돌리며 사방으로 몸을 휘두르며 공격했습니다.
Para los lobos, esto parecía como si su defensa nunca se abriera ni flaqueara.
늑대들에게는 그의 수비가 전혀 열리지 않거나 흔들리지 않는 것처럼 보였습니다.
Se giró y atacó tan rápido que no pudieron alcanzarlo.
그는 돌아서서 너무 빨리 베어서 그들이 그의 뒤로 돌아올 수 없게 했습니다.
Sin embargo, su número le obligó a ceder terreno y retroceder.
그럼에도 불구하고, 그들의 수 때문에 그는 물러서야 했고 후퇴해야 했습니다.
Pasó junto a la piscina y bajó al lecho rocoso del arroyo.
그는 수영장을 지나 바위투성이의 개울바닥으로 내려갔습니다.
Allí se topó con un empinado banco de grava y tierra.

그는 그곳에서 자갈과 흙으로 이루어진 가파른 언덕에 다다랐습니다.

Se metió en un rincón cortado durante la antigua excavación de los mineros.

그는 광부들이 옛날에 땅을 파던 중에 생긴 모서리에 다가갔다.

Ahora, protegido por tres lados, Buck se enfrentaba únicamente al lobo frontal.

이제 세 면이 보호받게 된 벅은 앞쪽 늑대만을 마주하게 되었다.

Allí se mantuvo a raya, listo para la siguiente ola de asalto.

그는 그곳에서 다음 공격에 대비해 궁지에 몰렸습니다.

Buck se mantuvo firme con tanta fiereza que los lobos retrocedieron.

벅은 늑대들이 물러설 정도로 사납게 자리를 지켰습니다.

Después de media hora, estaban agotados y visiblemente derrotados.

30분 후, 그들은 지쳐 있었고 눈에 띄게 패배했습니다.

Sus lenguas colgaban y sus colmillos blancos brillaban a la luz de la luna.

그들의 혀가 늘어져 있었고, 하얀 송곳니가 달빛에 반짝였다.

Algunos lobos se tumbaron, con la cabeza levantada y las orejas apuntando hacia Buck.

늑대 몇 마리가 머리를 들고 벅 쪽으로 귀를 쫑긋 세운 채 누워 있었습니다.

Otros permanecieron inmóviles, alertas y observando cada uno de sus movimientos.

다른 사람들은 움직이지 않고 경계하며 그의 모든 움직임을 지켜보았습니다.

Algunos se acercaron a la piscina y bebieron agua fría.

몇몇은 수영장으로 가서 차가운 물을 마셨습니다.

Entonces un lobo gris, largo y delgado, se acercó sigilosamente.

그러자 길고 마른 회색 늑대 한 마리가 부드럽게 앞으로 기어나왔다.
Buck lo reconoció: era el hermano salvaje de antes.
벅은 그를 알아보았다. 아까 봤던 그 야생형제였다.
El lobo gris gimió suavemente y Buck respondió con un gemido.
회색 늑대가 부드럽게 징징거리자, 벅은 징징거리며 대답했다.
Se tocaron las narices, en silencio y sin amenaza ni miedo.
그들은 조용히, 위협이나 두려움 없이 코를 만졌습니다.
Luego vino un lobo más viejo, demacrado y lleno de cicatrices por muchas batallas.
그 다음은 나이 많은 늑대 한 마리였는데, 수많은 전투로 인해 수척하고 흉터가 있었다.
Buck empezó a gruñir, pero se detuvo y olió la nariz del viejo lobo.
벅은 으르렁거리기 시작했지만, 잠시 멈추고 늙은 늑대의 코를 맡았습니다.
El viejo se sentó, levantó la nariz y aulló a la luna.
그 노인은 앉아서 코를 치켜들고 달을 향해 울부짖었다.
El resto de la manada se sentó y se unió al largo aullido.
나머지 무리도 앉아서 긴 울부짖음에 동참했습니다.
Y ahora el llamado llegó a Buck, inconfundible y fuerte.
그리고 이제 벅에게 분명하고 강력한 부름이 왔습니다.
Se sentó, levantó la cabeza y aulló con los demás.
그는 앉아서 머리를 들고 다른 사람들과 함께 울부짖었다.
Cuando terminaron los aullidos, Buck salió de su refugio rocoso.
울부짖음이 끝나자 벅은 바위로 된 은신처에서 나왔다.
La manada se cerró a su alrededor, olfateando con amabilidad y cautela.
무리가 그의 주위로 모여들어 친절하면서도 조심스럽게 냄새를 맡았다.
Entonces los líderes dieron un grito y salieron corriendo hacia el bosque.

그러자 지도자들은 비명을 지르며 숲으로 달려갔다.
Los demás lobos los siguieron, aullando a coro, salvajes y rápidos en la noche.
다른 늑대들도 뒤따라서 밤에 사납고 빠르게 울부짖으며 합창했다.
Buck corrió con ellos, al lado de su hermano salvaje, aullando mientras corría.
벅은 거친 형 옆에서 그들과 함께 울부짖으며 달렸다.

Aquí la historia de Buck llega bien a su fin.
여기서 벅의 이야기는 마무리되는 게 좋을 듯합니다.
En los años siguientes, los Yeehat notaron lobos extraños.
그 후 몇 년 동안, 예하트 부부는 이상한 늑대들을 발견했습니다.
Algunos tenían la cabeza y el hocico de color marrón y el pecho de color blanco.
어떤 종은 머리와 주둥이는 갈색이고 가슴은 흰색이었습니다.
Pero aún más temían una figura fantasmal entre los lobos.
하지만 그보다 더 두려웠던 것은 늑대들 사이에 유령 같은 존재가 있다는 것이었습니다.
Hablaban en susurros del Perro Fantasma, líder de la manada.
그들은 무리의 우두머리인 유령개에 대해 속삭이듯 이야기를 나누었습니다.
Este perro fantasma tenía más astucia que el cazador Yeehat más audaz.
이 유령 개는 가장 대담한 예하트 사냥꾼보다 더 교활했습니다.
El perro fantasma robó de los campamentos en pleno invierno y destrozó sus trampas.
유령 개는 한겨울에 캠프에서 훔쳐와서 함정을 찢어버렸습니다.
El perro fantasma mató a sus perros y escapó de sus flechas sin dejar rastro.

유령 개는 그들의 개를 죽이고 흔적도 없이 화살을 피해 도망쳤습니다.

Incluso sus guerreros más valientes temían enfrentarse a este espíritu salvaje.
가장 용감한 전사들조차도 이 거친 영혼에 맞서는 것을 두려워했습니다.

No, la historia se vuelve aún más oscura a medida que pasan los años en la naturaleza.
아니, 세월이 흐르면서 이야기는 더욱 어두워진다.

Algunos cazadores desaparecen y nunca regresan a sus campamentos distantes.
일부 사냥꾼은 사라져서 다시는 먼 캠프로 돌아오지 않습니다.

Otros aparecen con la garganta abierta, muertos en la nieve.
어떤 동물들은 목이 찢어진 채 눈 속에서 죽은 채로 발견됩니다.

Alrededor de sus cuerpos hay huellas más grandes que las que cualquier lobo podría dejar.
그들의 몸 주위에는 늑대가 만들 수 있는 것보다 더 큰 발자국이 있습니다.

Cada otoño, los Yeehats siguen el rastro del alce.
매년 가을이면 예하트들은 무스의 흔적을 따라간다.

Pero evitan un valle con el miedo grabado en lo profundo de sus corazones.
하지만 그들은 두려움을 가슴 깊이 새긴 채 계곡 하나를 피합니다.

Dicen que el valle fue elegido por el Espíritu Maligno para vivir.
그들은 이 계곡을 악령이 자신의 집으로 선택했다고 말합니다.

Y cuando se cuenta la historia, algunas mujeres lloran junto al fuego.
그리고 그 이야기가 전해졌을 때, 몇몇 여자들은 불 옆에서 울었습니다.

Pero en verano, un visitante llega a ese tranquilo valle sagrado.

하지만 여름이면 그 조용하고 신성한 계곡을 찾는
방문객이 한 명 있습니다.

Los Yeehats no saben de él, ni tampoco pueden entenderlo.
예하트족은 그를 알지도 못하고, 이해할 수도 없었다.

El lobo es grande, revestido de gloria, como ningún otro de su especie.
늑대는 다른 어떤 늑대와도 비교할 수 없을 만큼 위대한
존재로, 영광으로 뒤덮여 있습니다.

Él solo cruza el bosque verde y entra en el claro.
그는 혼자서 푸른 숲을 건너 숲 사이의 빈터로 들어간다.

Allí, el polvo dorado de los sacos de piel de alce se filtra en el suelo.
그곳에서는 무스 가죽 자루에서 나온 황금빛 먼지가
땅으로 스며든다.

La hierba y las hojas viejas han ocultado el amarillo al sol.
풀과 오래된 잎사귀가 햇빛으로부터 노란색을
가렸습니다.

Aquí, el lobo permanece en silencio, pensando y recordando.
여기 늑대는 침묵 속에 서서 생각하며 기억하고
있습니다.

Aúlla una vez, largo y triste, antes de darse la vuelta para irse.
그는 돌아서서 떠나기 전에 길고 슬픈 울부짖음을 한 번
울부짖는다.

Pero no siempre está solo en la tierra del frío y la nieve.
하지만 그는 추위와 눈의 땅에서 항상 혼자 있는 것은
아닙니다.

Cuando las largas noches de invierno descienden sobre los valles inferiores.
긴 겨울밤이 계곡 아래쪽에 내려올 때.

Cuando los lobos persiguen a la presa a través de la luz de la luna y las heladas.
늑대들이 달빛과 서리 속에서 사냥감을 쫓을 때.

Luego corre a la cabeza del grupo, saltando alto y salvajemente.

그러고 나서 그는 무리의 선두로 달려가 높이, 사납게 뛰어오른다.
Su figura se eleva sobre las demás y su garganta está llena de canciones.
그의 모습은 다른 이들보다 훨씬 크고, 그의 목구멍은 노래로 가득 차 있습니다.
Es la canción del mundo más joven, la voz de la manada.
그것은 젊은 세계의 노래이며, 무리의 목소리입니다.
Canta mientras corre: fuerte, libre y eternamente salvaje.
그는 달리면서 노래를 부릅니다. 강하고, 자유롭고, 언제나 거칠죠.

www.ingramcontent.com/pod-product-compliance
Lightning Source LLC
Chambersburg PA
CBHW010029040426
42333CB00048B/2748